Leben, Lieben und Nicht Wissen

AF199644

Saleem Matthias Riek

Leben, Lieben und Nicht Wissen

Einblicke in die tantrische Kunst des Seins

Bibliografische Information der Deutschen Bibliothek:
Die Deutsche Bibliothek verzeichnet diese Publikation in der Deutschen
Nationalbibliografie; detaillierte Daten sind im Internet über
<http://dnb.ddb.de> abrufbar.

Herstellung und Verlag: BoD - Books on Demand, Norderstedt
ISBN 978-3744894067

Inhalt

Vorwort

Lieben lernen ist meine Lebensaufgabe. Sie stellt mich jeden Tag vor neue Herausforderungen, und ich lerne auch diese Herausforderungen zu lieben, wenn sie auch manches Mal recht unbequem sind. Ich liebe Paradoxien und Widersprüche, und so ist dieses Buch alles andere als ein Lehrbuch: ich möchte dich, liebe Leserin, lieber Leser, berühren und dich unterstützen, tiefer mit dir selbst und allem, was in dir vorgeht, in Kontakt zu kommen. Wenn du viel aus dem Buch herausziehen möchtest, dann bleibe nicht bei Zustimmung oder Ablehnung der hier geäußerten Gedanken stehen. Spüre dem nach, was es in dir berührt, und es öffnet sich ein Raum, in dem wir uns treffen können, auch wenn wir uns nie persönlich begegnen sollten, und auch wenn wir ganz verschiedener Meinung sein mögen.

Dieses Buch ist aus einer Reihe von Artikeln entstanden, die in den letzten zwölf Jahren in verschiedenen Zeitschriften erschienen sind. Ich habe die Texte für dieses Buch überarbeitet und neu zusammengestellt. Heraus gekommen ist eine wesentliche Ergänzung und Vertiefung der Gedanken und Erfahrungen, die ich in meinem Buch „Herzenslust – Lieben Lernen und die tantrische Kunst des Seins" vorgestellt habe.

Es geht in diesem Buch um die Umsetzung der tantrischen Kunst des Seins in den Alltag und um Fallen und Stolpersteine, die uns dabei begegnen können. The Art of Being ist als Seminarinstitut vor mehr als 20 Jahren von Alan Lowen gegründet worden und ist seit vielen Jahren eine Art Heimat für mich. Es begeistert mich heute noch wie am ersten Tag, als ich der Kunst des Seins begegnete, wie tiefgreifend sie unser Erleben verwandeln kann, indem sie uns lehrt, uns selbst, das Leben und einander zuallererst so sein zu lassen, wie wir sind. Diese Haltung ist zutiefst tantrisch und sie ist paradox, so wie das Leben zutiefst widersprüchlich ist. Darin immer wieder eine ungeheure Schönheit, Einzigartigkeit und Tiefe zu erblicken ist eines der Geschenke, die eine alltagsnahe, undogmatische und lebensbejahende Spiritualität uns heute geben kann.

Das Leben ist kein Problem, das es zu lösen gilt, es ist ein großes Geheimnis, das zu leben uns durch alle Höhen und Tiefen unseres Erlebens führt. Inmitten von all dem ruhen wir in unserem Sein. Aus der Stille des Seins heraus sind wir in der Lage, uns selbst und andere Menschen wirklich zu lieben, unseren Sex als eine göttliche Kraft zu genießen und zu gestalten und befriedigende Beziehungen und Partnerschaften einzugehen. Letztere sind immer auch ein großes Lernfeld, das, indem wir es annehmen, uns aus unseren engen Begrenzungen hinaus führen kann und eine Verbundenheit fühlbar macht, die viel größer ist, als wir es uns ausmalen könnten.

Die Themen in diesem Buch ranken sich um Lust und Liebe und unsere mal mehr mal weniger gelungenen Versuche, Herz und Sex, Partnerschaft und authentisches Sein, Alltag und Spiritualität sowie Wissen und Erfahrung mit dem unendlichen Raum des Nicht-Wissens zu verbinden. Jedes der Kapitel steht für sich, das Buch kann also in fast beliebiger Reihenfolge gelesen werden. Dennoch hat sich ein roter Faden herauskristallisiert, der immer wieder auf die Grundlagen von Tantra und der Kunst des Seins zurückführt.

Zum Buch „Herzenslust", das 1999 erschienen ist, habe ich überwältigend viel positives und Herz erwärmendes Feedback bekommen. Viele Frauen wie Männer haben mir berichtet, wie dieses Buch sie tief inspiriert und – man glaubt es kaum, dass ein einfaches Buch das vermag – ihrem Leben entscheidende neue Impulse gegeben hat. Nicht zuletzt deswegen habe ich dieses Material als Weiterführung und Ergänzung zusammengestellt und hoffe, dass es der einen Leserin oder dem anderen Leser Mut macht und Anstöße gibt, sich auf den Weg zu machen und weiter zu gehen. Lieben lernen ist ein Prozess, der vielleicht – und hoffentlich – nie aufhört, der manchmal sehr schmerzhaft ist und doch unser Leben so bereichern und beglücken kann, dass er sich wirklich lohnt.

Freiburg im Januar 2006
Saleem Matthias Riek

Intimität

„Intim" heißt im allgemeinen Sprachgebrauch oft „sexuell", aber das ist hier nicht gemeint. Intimität als eine Seinsweise, in der wir einander nicht nur körperlich nah, sondern auch seelisch verbunden sind, bringt uns so schnell wie kaum etwas anderes in Kontakt mit unserer Wahrheit. In der Nähe eines anderen Menschen haben unsere Illusionen über uns selbst keinen Bestand, und deswegen beginne ich hier mit dem Weg des Lieben Lernens.

Lieben Lernen

Intimität als spiritueller Wegweiser

Intimität, das kann befriedigend sein, oder herzerfüllend, oder auch lustbetont, aber spirituell? Ist das nicht ein bißchen hoch gegriffen? Soll der Vielfalt spiritueller Wege ein weiterer hinzugefügt werden? Es geht mir darum, eine Qualität näher zu beleuchten, die uns direkt zu uns selbst führen kann und die unsere Spiritualität als etwas Alltägliches erfahrbar macht und auf den Boden bringt, in unsere alltäglichen Kontakte und Beziehungen. Tiefe Erfahrungen von allumfassender Liebe in einer Meditation können auch eine Flucht sein, wenn wir sie nicht auch in unsere zwischenmenschlichen Begegnungen einbringen. Oder anders gesagt, es ist möglicherweise leichter, die ganze Existenz zu lieben als den eigenen Nachbarn. Bei dem wird es nämlich konkret.

Wenn wir einen anderen Menschen wirklich nahe an uns heran lassen, werden unsere „Schatten" ziemlich unruhig: es könnte Licht ins Dunkel unserer bestgehütetsten Geheimnisse, schrulligen Gewohnheiten oder verleugneten Gefühlswelten fallen. Intimität ist der Ort, wo unsere verdrängten Seiten und unverarbeiteten Wunden ans Licht kommen, und im Licht liebevoller Bewusstheit kann Intimität heilen.

Intimität, so würden viele meinen, ist das, was wir nicht mit jedem Menschen austauschen würden. Intime Geheimnisse teilen wir, wenn überhaupt, nur mit unserer besten Freundin, unserem besten Freund. Die Intimsphäre ist der Bereich, der niemanden außer mir etwas angeht. Intimität wird auch mit Sex gleichgesetzt, in Begriffen wie Intimkontakt oder Intimschmuck steht intim für unsere Sexualorgane. Das Lexikon übersetzt intim mit „innerst und vertrautest".

Die Frage, wen wir wieweit in unsere Karten schauen lassen, kann ziemlich heikel und brisant werden, wenn wir den kulturellen Konsens verlassen, dass Intimität keinen Fremden etwas angeht. Viele unserer alltäglichen Lügen und Halbwahrheiten würden auffliegen. Die meisten Moralapostel ständen plötzlich ziemlich dumm da. Die ganze Persönlichkeitsstruktur vieler Menschen würde zusammenbrechen, wenn sie alle ihre Intimitäten preisgeben würden. Viel Energie, die wir für unser Image und unsere Versteckspiele einsetzen, könnte frei werden. Gleichzeitig brauchen wir einen Schutz, um in unserer Verletzlichkeit nicht hilflos Missbrauch, Verachtung, Grobheit und Gewalt ausgesetzt zu sein. Keine Kontrolle über die eigene Intimsphäre zu haben ist für viele Menschen eine der größten Bedrohungen.

Um gleich eines klarzustellen: mir geht es in keiner Weise um zwanghafte Offenheit. In der Leitung von Seminaren, in denen es sehr viel Raum für Intimität gibt, lege ich großen Wert darauf, dass niemals jemand irgend etwas tun muss, was er oder sie nicht will. Das Prinzip der Freiwilligkeit und der Respekt vor den individuellen Grenzen ist für mich die Basis, auf der Vertrauen und Innigkeit wachsen können. Öffnung erzwingen oder sogenannte Widerstände brechen zu wollen war und ist einer der Holzwege in der psychospirituellen Szene. Das ist die eine Seite. Die andere Seite ist, dass unser Versteckspiel und die Vermeidung von Intimität und Nähe so sehr zu unserer zweiten Natur geworden sind, dass wir gar nicht mehr merken, wie sehr wir uns verschlossen haben. Alle möglichen Rationalisierungen müssen dafür herhalten, dass wir uns nicht zeigen, wie wir sind.

Als ich vor langer Zeit mein erstes Tantraseminar besuchte, habe ich außer meiner damaligen Freundin niemandem davon erzählt. Ich habe mich geschämt und befürchtet, man könnte denken, ich hätte so etwas nötig. Ich arbeitete damals bereits als Körpertherapeut, und in den diversen Ausbildungen hatten wir viel Körperkontakt, und auch Sexualität und die Dynamik von Mann und Frau waren Thema gewesen. Aber nie entstand in diesen Gruppen eine Atmosphäre, in der Sexualität nicht nur theoretisch oder eben zuhause in der privaten Beziehung, sondern hier und jetzt okay gewesen wäre. Erst im Tantra erlebte ich plötzlich diese Erlaubnis, nach der ich mich so lange gesehnt hatte. Jetzt war ich um so mehr mit meinen eigenen Verboten, Ängsten, Peinlichkeiten und meiner eigenen Missbrauchsgeschichte konfrontiert, und das tat zeitweilig sehr weh. Gleichzeitig blühte ich auf und fühlte mich nach vier Tagen wie ein frisch geöffnetes, zittriges Blatt im Winde. Als ich nach Hause kam, traf ich noch am gleichen Abend meine damalige Freundin, und wir hatten eine der schönsten erotischen Begegnungen. Sie genoss meine Offenheit und überfließende Liebe. Nach und nach keimte jedoch die Frage in ihr auf, was zum Teufel ich den da eigentlich gemacht habe, was mich so geöffnet hat. Ich machte den Fehler, zuviel zu erzählen, und sie flippte vor Eifersucht aus. Was sie vor allem nicht verkraftete war die Intimität, die ich mit anderen geteilt hatte. Für sie war das Reservieren von Intimität für eine Person der Beweis für die Liebe. Intimität mit anderen Menschen war ihr Beweis genug, dass ich sie nicht wirklich liebe und annehme und dass sie für mich nicht gut genug sei.

Das war der Anfang vom Ende meiner damaligen Beziehung, Tantra war fortan nur noch ein Zankapfel. Es gab viele Gründe für das Scheitern der Beziehung. Die verbreiteten Glaubenssätze über Intimität haben dabei eine entscheidende Rolle gespielt, vor allem der, dass Intimität etwas privates sei. „Privat" übersetzt das Lexikon mit „gesondert, für sich stehend". Privatheit ist somit der Zaun, den unsere Kultur um die Intimität errichtet hat. Kein Wunder, dass sich Vertrauen in unserer Kultur nicht ausbreiten kann, wenn außerhalb – und großteils auch innerhalb – dieses Zaunes niemand mit offenen Karten spielt.

Viele Menschen leiden unter Einsamkeit, unter mangelnder „connection". Sie sind sich oft nicht darüber im Klaren, dass sie selbst es sind, die dem Gefühl der Verbindung im Wege stehen. Intimität entsteht, wenn wir aufhören, sie zu verhindern. Intimität wieder erlauben zu lernen ist spirituelles Lernen. Wenn wir begreifen, wie wir die Wahrnehmung unserer Verbindung wieder herstellen können, lernen wir, wie wir uns mit dem Sein, der Existenz, dem Universum oder wie immer wir es nennen wollen, rückverbinden können.

Ein Freund, der in Chefetagen großer Konzerne ein- und ausging, verriet mir einmal, wie er seine Angst vor den Industriebossen reduzierte: er stellte sich vor, wie auch diese mächtigen Männer aufs Klo gingen. Das Bewusstsein dieser grundlegenden Gemeinsamkeit machte es ihm leichter, denen da oben auf gleicher Augenhöhe zu begegnen. Auf diese Weise unterlief er das Machtgefälle. Machtverhältnisse brauchen das Versteckspiel und fürchten wirkliche Intimität wie der Teufel das Weihwasser.

Manche Menschen können unmöglich mit anderen Menschen in einem Zimmer schlafen. Dabei geht es nicht darum, dass die anderen vielleicht schnarchen könnten, sondern mehr darum, dass wir im Schlaf keine Kontrolle mehr haben. Wir alle haben unsere Refugien und Gewohnheiten, an die niemand rühren darf. Können wir uns eingestehen, dass wir einfach Angst haben, gesehen zu werden, wie wir sind? Manchmal verbergen wir soviel voreinander, dass unsere grundsätzlichen menschlichen Gemeinsamkeiten nicht mehr spürbar sind. Intimität entsteht, wenn wir im Kontakt sein und die Kontrolle loslassen können.

Das Ausziehen der Kleidung in Tantraseminaren ist immer wieder ein Thema, an dem vieles deutlich wird. Wenn Tantra-Interessierte bei uns im Büro anrufen, sind es öfter die Männer, die fragen „darf man sich da ausziehen?". Die

Frauen fragen eher „muss man sich da ausziehen?". Beide Fragen kristallisieren – auf geschlechtsspezifische Weise – die gleiche Angst, nämlich die Angst, nicht wir selbst sein zu dürfen. In einer Gruppe bewusst die Kleidung abzulegen ist anders als in der Sauna oder am Nacktbadestrand, wo die meisten sich nach dem Motto „es ist doch nichts dabei!" einfach ausziehen. Sich auszuziehen und sich dabei intensiv zu fühlen ist ein physisches und psychisches Enthüllen. Dabei bewusst zu atmen und sich auch dessen bewusst zu sein, dass andere zuschauen, bringt viele Empfindungen an die Oberfläche: Scham, Peinlichkeit, Stolz, Verletzlichkeit, Angst oder Lust. Wenn dies in einer Atmosphäre von Angenommensein geschieht, kann es enorm heilsam sein. Auch die Erlaubnis, wirklich hinzuschauen, anstatt verstohlen zu blinzeln, ist befreiend. Wir entdecken, dass an unserer Nacktheit nichts falsch ist. In Anbetracht des Tumultes oder der gespielten Coolness, die wir rund um unsere Nacktheit veranstalten, ist es erstaunlich, dass wir nicht zumindest mit Unterwäsche auf die Welt gekommen sind. Wir waren unschuldig und schamlos, bevor wir mit Botschaften bombardiert wurden, was an uns alles nicht stimmt. Wenn wir uns davon wieder befreien, haben wir wahrscheinlich immer noch Vorlieben. Manche Körperteile mögen wir lieber als andere, aber es ist nichts falsch daran einen nackten Körper zu haben, ihn zu betrachten und betrachtet zu werden. Wenn wir bereit sind, zu fühlen, was wir fühlen, können wir uns zeigen, wie wir sind. Wenn wir uns zeigen, wie wir sind, machen wir uns berührbar und riskieren, etwas zu fühlen. In diesem Prozess können wir zu unserer Unschuld als sinnliches und sexuelles Wesen zurückfinden.

Intimität entsteht durch Berührung. Berührung ist ein zentrales Thema in meiner Arbeit, und zwar nicht nur physische Berührung. Wenn wir uns berühren lassen von dem, was wir sehen, hören, fühlen, schmecken oder riechen, spüren wir die Verbindung. Die Sinne bringen uns in Kontakt mit uns selbst und miteinander. Berührung ist mit so vielen Ängsten verbunden, weil sie uns so nah geht. Wir sind in unserer Kindheit generell viel zuwenig liebevoll berührt worden. Dieser Mangel ist vielleicht noch grundlegender als der verbreitete sexuelle Missbrauch. Vielleicht ist zuwenig Berührung sogar die Basis für Missbrauch, denn unpassende oder gewalttätige Zuwendung ist für ein Kleinkind immer noch besser zu ertragen als gar keine Zuwendung. Babys ohne jede Aufmerksamkeit sterben. Also haben wir vieles mit uns machen lassen, was sich ganz und gar nicht gut angefühlt hat. Diese Wunden sind oft schlecht verheilt und nur oberflächlich vernarbt. Wenn wir uns tief berühren lassen, fühlen wir auch diese Wunden wieder. Das ist einer der Gründe, warum so viele Menschen in einem Slalom durch das Leben gehen, um all die Menschen und Situationen herum, die etwas Unangenehmes in uns berühren könnten. Wir halten das für selbstverständlich und geben die Verantwortung dafür ab, wie wir uns fühlen. Schließlich gibt es ja unendlich viele unangenehme Zeitgenossen, die wir nicht an uns heran kommen lassen wollen. Manche treiben den Slalom so weit, dass sie alle anderen Menschen und jede intime Situationen meiden.

Ich kann mich noch gut an eine meiner ersten Gruppen mit Alan Lowen erinnern, als wir mit verbundenen Augen durch den Raum tasteten und uns berühren durften. Nach kurzer Zeit kam ich auf einen Horrortrip und nahm mir eine „Auszeit" am Rand. Ich machte vor allem eine gierige, dicke Frau für meinen Ekel verantwortlich. Später hatte ich dann Gelegenheit, all meinen Ekel auszudrücken. Ich schämte mich so sehr, dass ich nie wieder meine Augen öffnen wollte. Ich erwartete nur ekelverzerrte Gesichter um mich herum. Das Gegenteil geschah: als ich all meinen Mut zusammennahm und die Augen öffnete, sah ich in überwältigend liebevolle Augen und meine Angst löste sich in Glückstränen auf. Und das Erstaunlichste für mich war dann, dass ich später diese vermeintlich gierige, dicke Frau mit aller Liebe berühren konnte. Es waren meine Gier und mein Ekel gewesen, die ich in ihr gesehen und verurteilt hatte.

Uns berühren zu lassen macht das Leben intensiv und erfahrungsreich. Wir lassen uns aber innerlich nur dann wirklich berühren, wenn wir bereit sind, alles zu fühlen, was in uns berührt wird. Sonst sind wir innerlich unbeteiligt, während jemand uns vielleicht streichelt, anlächelt oder etwas Liebevolles zu uns sagt. In einer unserer Gruppen erzählte eine Frau, wie sie gelernt hat, aus ihrem Körper heraus zu gehen, wenn ihr Vater gewalttätig wurde. Später ertrug sie die Sexualität ihres Mannes in 15 Ehejahren und war innerlich abwesend, sie war nicht in ihrem Körper. Wieder fühlen zu lernen und auch im Körper präsent sein zu können bedeutete für sie auch, die Wut und Ekelgefühle zu erlauben, die sich in vielen Jahren aufgestaut hatten.

Befriedigender Kontakt braucht unsere Anwesenheit im eigenen Körper. Wenn wir nicht im Körper zuhause sind, dann kommunizieren vielleicht zwei Intellekte miteinander, aber sie werden sich von den Worten des anderen nicht berührt fühlen. In diesem Zustand lassen sich Kriege verabreden oder Wirtschaftsstrategien erarbeiten, in diesem fühllosen Zustand wird Politik gemacht. Kein Wunder, dass die Politik nicht mit-fühlt, was sie anrichtet. Religionen haben uns Jahrtausende lang gepredigt, dass wir unseren Körper überwinden, unsere „Fleischeslust" besiegen und die Niederungen der materiellen Existenz hinter uns lassen sollten. Da wir jedoch alle einen Körper haben, fallen wir alle immer wieder in das „Böse" hinab und sind über die entsprechenden Schuldgefühle bestens manipulierbar. Viele spirituelle Richtungen des New Age sind in ihrer Körperfeindlichkeit nicht viel weiter als die katholische Kirche. Manche spirituell weitgereisten Zeitgenossen wirken ziemlich blutleer. Sie verhalten sich so, als habe Gott einen großen Fehler begangen, das Universum durch und durch sexuell zu erschaffen. Diesen Fehler müssten wir jetzt durch Abstinenz ausbügeln. Wenn Spiritualität etwas mit der Rückverbindung zur Einheit zu tun hat, aus der wir alle kommen, dann führt uns Intimität geradewegs an die Punkte, an denen wir uns von der Einheit getrennt haben und gibt uns damit die Chance, uns zu heilen.

Intimität braucht die Bereitschaft, all die verinnerlichten Schuld- und Schamgefühle zu fühlen, anzunehmen und vielleicht sogar zu feiern. Wenn mein Lehrer Alan Lowen in seinen Gruppen sagt: „Feiere deine Peinlichkeit, lass dich rot werden, schwitzen und zittern", sieht er meistens in ziemlich erstaunte Gesichter oder erntet Gelächter. Die Scham feiern?? Schuld- und Schamgefühle verlieren ihre Macht über uns, wenn sie einfach sein dürfen. Auf diese Weise werden wir unverschämt.

Mit „unverschämt" meine ich nicht distanzlos. Intimität ist nicht unbedingt die größtmögliche Nähe. Intimität ist die Nähe, in der ich mich und den anderen am meisten spüre. Einmal rief mich ein fremder Mann an und fragte als erstes, vor jedem Hallo, vor jeder Begrüßung: „Ich habe einen kleinen Penis, macht das was?". Das nenne ich Distanzlosigkeit, eine Art Flucht nach vorn. Das geschieht eher bei Männern und vor allem im Schutz der Anonymität des Telefons relativ häufig. Eine solche Pseudo-Offenheit ist eine ebenso effektive Vermeidung von Intimität wie völlige Verschlossenheit.

Für Intimität braucht es oft nicht sehr viel. Bei einem offenen Abend haben wir von einer Frau zu hören bekommen, dass einige Minuten Augenkontakt intensiver waren als alles, was sie in 20 Jahren Ehe erlebt hatte. Das hört sich krass an, ist aber vielleicht gar nicht so ungewöhnlich. Viele lernen in der Ehe, wie sie mit möglichst wenig Reibungsverlusten aneinander vorbeileben können, und wenn das nicht klappt, scheitert die Ehe. In einer langfristigen Liebesbeziehung Intimität immer neu zu erleben heißt auch, den anderen immer wieder so zu sehen, als kenne ich ihn oder sie nicht. Je mehr eingespielt und anscheinend selbstverständlich ist, desto weniger Risiko liegt im Kontakt. Auf die Dauer wird das langweilig, die Beziehung stirbt innerlich und die Liebe wird durch Gewohnheit ersetzt.

Viele der beschriebenen Vermeidungsmuster entdecke ich auch bei mir. Im Zusammenleben mit einer Frau finde ich es gar nicht so einfach, Zeiten des Zusammenseins und Zeiten des Alleinseins klar zu trennen und klar zu vereinbaren, wann wir zusammen sein wollen und wann nicht. Das Zusammenwohnen verführt manchmal dazu, dass wir in einem „Kontaktbrei" ohne Konturen verschwimmen. Die Lust aufeinander und die Erotik lässt dann nach. Auch aufregende Abenteuer mit anderen Menschen sind nicht unbedingt die Lösung, auch das kann eine Vermeidung sein. Intimität bekommt als spiritueller Weg mehr Tiefgang, wenn wir uns ihrem Ruf auch und gerade in einer dauerhaften Beziehung stellen. Die erfüllendsten Liebesnächte erlebe ich dann, wenn ich völlig von meinen Erwartungen und Vorstellungen loslasse. Das ist manchmal schwer, weil mein Verstand sich doch noch so gut an viele wunderschöne vorherige Begegnungen miterinnert und am liebsten eine Neuauflage inszenieren möchte.

Gabrielle und ich waren früher einmal beide Mitglied in einer Pioniergruppe in Freiburg, die sich dem Lieben lernen jenseits der üblichen Beziehungsmuster widmete. Die Gruppe wurde von niemandem geleitet. Die verschiedenen Wünsche und Bedürfnisse unter einen Hut zu bekommen war oft eine Herausforderung. Hinter den Machtkämpfen standen meistens unsere verschiedenen Strategien, Intimität zu kreieren, auf die wir fixiert sind. Dadurch sahen wir oft nicht, dass andere dasselbe Ziel hatten. Wir erschufen miteinander Erfahrungsräume um lieben zu lernen. Eines der gewagten Experimente war, mit jeder anderen Person aus der Gruppe eine Nacht zu verbringen, ohne dass wir uns diese Person normalerweise für ein „Date" ausgesucht hätten. Es war in keiner Weise vorgeschrieben, was in dieser Nacht geschehen soll, muss oder darf. Die Vereinbarung bestand lediglich darin, diese Nacht zusammen zu verbringen, und sei es, dass einer in der Badewanne übernachten muss, weil man sich gar nicht verträgt. In diesen Nächten sind erstaunliche Dinge geschehen, manche Antipathien haben sich in Luft aufgelöst und neue Freundschaften sind entstanden. Wenn ich eine Nacht mit jemandem zusammen bin, entsteht ein ganz anderer Kontakt, als wenn man einen Kaffee zusammen trinkt. Die vielfältigen Bewertungen und Urteile, die wir übereinander haben, stehen plötzlich einfach im Weg und es entsteht eine Neugier, wer der andere denn wirklich ist. Oft haben wir das Versteckspiel einfach losgelassen. Zumindest wurde es ziemlich anstrengend, sich weiter zu verstecken. Viele sind auch an Grenzen gekommen, vielleicht an die Grenzen unserer Liebesfähigkeit, wo wir uns selbst oder den anderen nicht so annehmen können, wie wir sind. Der Impuls „jetzt möchte ich lieber allein sein" hat oft damit zu tun, dass wir im Kontakt nicht das erlauben, was wir allein erlauben würden. Im Kontakt entspannen heißt mich zeigen und sein lassen, wer ich bin. Je mehr mir das gelang, desto schöner und erfüllender waren die Begegnungen.

Beim nächsten Gruppentreffen wurde über die „Dates der Woche" berichtet, so dass alle aus den Erfahrungen lernen konnten. Oft wurden die „Tricks" transparenter, mit denen wir gewöhnlich Intimität vermeiden oder die Ängste, die wir damit verbinden. „Wenn ich mich völlig öffne, wird sie dann zuerst wieder zumachen und mich damit verletzen? Bevor das geschieht mache ich lieber selbst dicht." oder „Vielleicht baut er Erwartungen auf, wenn ich soviel Liebe gebe, und lässt mich dann nicht wieder los." oder „Ohne zusammen zu schlafen bin ich kein richtiger Mann gewesen, und dann wissen es nachher alle, also tue ich alles, um zum Ziel zu kommen." Das Experiment zeigte auch, wieviel leichter es fällt, Nähe, Liebe und Intimität zuzulassen, wenn erstens eine klare Erlaubnis dafür gegeben ist (in diesem Fall durch die Vereinbarung in der Gruppe) und wenn zweitens auch eine klares Ende vereinbart ist (in diesem Fall spätestens nach dem Frühstück). Uns selbst zu erlauben, jemanden einfach zu lieben, und uns selbst auch zu erlauben, wieder Grenzen zu setzen, wo wir das brauchen oder möchten, ist offensichtlich so schwer, dass wir es oft erst gar nicht riskieren. Ich bin jedoch dankbar für solche Erfahrungen, auch wenn ich mich jetzt weit davon entfernt fühle. Der Liebe ist es egal, warum und wieso sie da sein darf. Sie möchte einfach gelebt werden.

Ich lerne immer weiter, wie ich Liebe und Intimität initiieren kann, ohne auf den zündenden Funken zu warten, der vielleicht irgendwann vom Himmel fällt. Mehr und mehr wächst in mir das Vertrauen, dass es nur meine eigene Begrenzung ist, aufgrund derer ich andere nicht lieben kann. Ich liebe meine Arbeit, in der wir im Wesentlichen einen Raum kreieren, in dem es leichter fällt, lieben zu lernen. Wenn niemand die Gruppe leitet, ist das ungleich schwerer, aber um so wichtiger. Intimität ist der Wegweiser. Situationen zu schaffen, in denen wir uns nah sein können und gleichzeitig die Offenheit, daraus zu lernen anstatt an Zielen und Erwartungen festzuhalten, ist für mich der Schlüssel. Je mehr wir lieben lernen, desto weniger Bedingungen muss der andere erfüllen, um von uns geliebt zu werden. Das Lernfeld heißt Intimität. Und es muss nicht nur hinter der verschlossenen Schlafzimmertür stattfinden. Intimität kann überall da stattfinden, wo wir bereit sind, uns mit uns selbst und all dem verbunden zu fühlen, was uns umgibt. Ich glaube, das ist ein wichtiger Aspekt für die Transformation unserer individualistischen Kultur. Und vielleicht ein Wegweiser zur Erleuchtung, der es bekanntlich auch egal ist, wie Du sie erlangst. Also warum nicht durch Liebe, Lust und Intimität?

Geheimnisse der Intimität

Wie wir lernen, authentisch und intim zu sein

Wie können wir unseren Prozess des Lieben Lernens weiter erforschen und vertiefen? Viele suchen z.B. im Tantra vertraute Nähe, prickelnde und liebevolle Erotik, Verschmelzungserfahrungen, die Hochzeit von Liebe, Sex und Meditation, Entspannen in der Ekstase oder grenzenlose Liebe und Verbundenheit. Das sind Sehnsüchte, die durch die Unterstützung eines tantrischen Energiefeldes manchmal wahr werden können. Und dann fallen wir wieder in unsere alltäglichen Verstrickungen und Beziehungsmuster. Wer Tantra auch im Alltag leben möchte steht vor der Aufgabe zu lernen, wie wir unsere Beziehungen und Begegnungen so gestalten können, dass immer wieder Raum für Liebe, Lust und unsere spirituelle Verbindung entsteht.
Tantra beinhaltet nicht nur einschlägige Methoden wie das Feueratmen, die Erweckung der inneren Flöte oder die Verschmelzungsumarmung. Tantra, wenn es mehr sein soll als ein Hobby, beginnt in jedem Moment unseres Lebens. Tantra ist das immer neue Ja zu mir, das Ja zu dir und das Ja zur Verbundenheit mit allem, was ist. Zeitlich klar umgrenzte intime Begegnungen („Intimacy-Sessions") sind eine sehr wirkungsvolle Form der Selbsterfahrung. Wir lernen darin viel über das Zusammenspiel von Liebe und Selbstliebe, von 'Ich selbst

sein' und 'mit allem verbunden sein', und damit über die Basis von Tantra, aber auch die Basis von erfüllenden Liebesbeziehungen.

Die Balance zwischen Liebe und Selbstliebe ist einer der Schlüssel für erfüllende Begegnung. Wenn ich mich nicht liebe, kann ich deine Liebe nicht annehmen. Wenn ich dich nicht liebe, bin ich mit meiner Selbstliebe allein. Wir alle sind in unserem Selbstwert und unserer Unschuld als liebende, sinnliche und erotische Wesen verletzt worden. Uns selbst wieder anzunehmen und lieben zu lernen öffnet uns für den Reichtum der Begegnung. Wenn wir uns selbst lieben, können wir unseren Impulsen vertrauen und brauchen es nicht unserem Partner recht zu machen, um die dringend benötigte Liebe zu bekommen.

Inzwischen sehe ich allerdings immer öfter, wie Selbstliebe mit einem sich abgrenzenden Egoismus verwechselt wird. Heißt Selbstliebe, dass wir nun jede Macke von uns, jeden Trip hemmungslos ausleben? Ich erlebe immer wieder Menschen, die mit einem „ …und ich steh jetzt dazu …" oder „ …ich möchte mich dafür nicht mehr verurteilen …" alles an sich abprallen lassen, was sie unangenehm berühren könnte.

Es ist nicht neu, dass jede spirituelle Erkenntnis in den Dienst von neurotischen Abwehrmustern, von persönlichen Macken oder in den Dienst von Egotrips gestellt werden kann. Die Verwechslung von Egotrip und Selbstliebe ist dabei besonders verhängnisvoll, da sie unser Vertrauen in die Liebe untergräbt. Wenn Selbstliebe zur Folge hat, dass Menschen sich „besser abgrenzen", „mehr zu sich stehen" oder „auch mal an sich denken" können und dabei nicht mehr merken, wenn sie das dazu benutzen, sich von Umwelt und Mitmenschen abzuschotten, wie sollen wir da noch in die verbindende Kraft der Liebe vertrauen? Die Kehrseite davon ist die sogenannte altruistische Liebe, in der sich der oder die Liebende selbst aufgibt oder alles mit sich machen lässt.

Manchmal ist es gar nicht leicht, selbst den Unterschied von Selbstliebe und Selbstverteidigung zu spüren. Oft haben wir innerlich nur die Alternative, uns entweder von uns selbst oder vom anderen abzuschneiden, entweder uns selbst oder den anderen abzuwerten. Aus dieser begrenzten Perspektive sich dann für sich selbst zu entscheiden mag manchmal ein richtiger Schritt sein, wenn wir bislang immer nur für andere da waren. Selbstliebe entfaltet sich jedoch in einem Prozess, in dem wir bereit sind, alles zu spüren, was der andere in uns berührt. Wir können nur lieben und annehmen, was wir auch spüren, erleben, in uns wahrnehmen. Selbstliebe bedeutet nicht, eine rosa Soße über all unseren Schattenseiten auszugießen, um diese dadurch zu versüßen. Früher oder später wird es uns und anderen stinken. Auch die Schattenseiten, Abgründe und ungeliebten Aspekte in uns wollen gesehen und angenommen werden. Uns auf diese Weise selbst lieben zu lernen öffnet uns für die Liebe zum anderen.

Intimacy-Sessions sind eine direkte und einfache Form, uns auf diesen Lernprozess einzulassen. In einer Session kommen zwei Partner für eine vorher klar vereinbarte Zeit zusammen, um sich zu lieben oder miteinander intim zu sein. Diese beiden Elemente, die klare Zeitdauer und die Absicht zu lieben, sind entscheidend. Weitere Elemente können nach Belieben vereinbart und eingebaut werden, soweit sie der Absicht dienlich sind.

In unseren Seminaren arbeiten wir oft mit dieser Struktur, in immer neuen Varianten. Die Aufforderung „Wähle einen Partner und dann habt ihr eine Stunde Zeit, um euch zu lieben" ist für viele erstmal eine Provokation. Die Struktur bringt uns in ihrer Einfachheit mit all den Mechanismen in Kontakt, die wir unserer Liebe und Intimität in den Weg stellen. Diese Muster und Gewohnheiten zu sehen und zu spüren, wie sie sich im Kontakt auswirken, setzt einen sehr tiefgreifenden Lernprozess in Gang, in dem wir lieben lernen können.

Die Übung kann sehr viel auslösen. Für Menschen mit wenig Vorerfahrung ist es wahrscheinlich ratsam, die Sessions erstmal unter Anleitung, im Rahmen einer Gruppe oder eines Workshops zu machen. Auch für Erfahrene kann das unterstützende Energiefeld einer Gruppe enorm viel mehr möglich machen als wir es alleine zustande bringen. Oft wird erst im gemeinsamen Austausch der Gruppe richtig klar, was in den Sessions eigentlich passiert ist, und es beflügelt unsere Phantasie für die nächste Session.

Bestimmte Themen tauchen in dieser Struktur – genau wie im Leben, nur deutlicher – immer wieder auf und verdienen es, genauer betrachtet zu werden.

Erwartungen

Wir bekommen die Einladung oder fassen den Vorsatz uns zu lieben, und schon fühlen wir uns unter Druck. Wir glauben, dass etwas bestimmtes geschehen muss. Wir verbinden Liebe mit bestimmten Bildern und Assoziationen und glauben, diese nun erfüllen zu müssen. Wir setzen uns unter Leistungsdruck als sei Liebe etwas, was bewiesen werden müsste. Viele Männer und Frauen denken auch, dass dann etwas Sexuelles passieren müsste oder sollte.

Das lösende Mantra heißt „Love is letting be", Lieben heißt, das dasein lassen, was da ist, in mir und in meinem Partner. Liebe braucht nicht kreiert oder bewiesen zu werden. Liebe wird sichtbar und spürbar, wenn wir uns in unserem Wesen begegnen. Das kann völlig anders aussehen als wir denken. Es braucht manchmal den Mut, auch ungewohnten Impulsen nachzuspüren, zu folgen und Ausdruck zu geben.

Spontaneität und Vereinbarungen

Viele Menschen glauben, Liebe sei etwas spontanes, sie ließe sich nicht herbeizwingen. Sie fühlen sich gestresst, „auf Knopfdruck lieben zu sollen". Es stimmt, Liebe lässt sich nicht erzwingen, genausowenig wie sich eine Blume aus der Erde ziehen lässt um zu blühen. Aber so wie wir die Blume gießen und düngen und ihr gute Wachstumsbedingungen geben können, können wir auch einen Rahmen schaffen, in dem Liebe gedeihen kann. Dafür braucht es Vereinbarungen und Strukturen, die genug Raum für spontanes Geschehen lassen. Wir können z.B. vereinbaren, eine Stunde lang Augenkontakt zu haben, eine Stunde lang in engem Körperkontakt zusammen zu atmen oder eine Stunde lang sexuell vereinigt zu sein, ohne sich dabei zu bewegen. Wir können nicht vereinbaren, eine Stunde glücklich, erregt oder in Harmonie zu sein. Gefühle sind spontan, deswegen muss die emotionale Dimension offen bleiben. Aber wenn wir einverstanden damit sind, alles zu fühlen, was da ist, was soll uns daran hindern, eine Stunde in der vereinbarten Form des Kontaktes zu bleiben? Wir gehen möglicherweise durch Himmel und Hölle, Wut, Trauer, Freude, Angst, Langeweile, Ekstase … vielleicht jagt ein Gefühl das nächste. Vielleicht hängen wir hier und da fest. Meistens kommen wir dabei an unsere Muster, mit denen wir uns und den Kontakt einschränken. Vielleicht glauben wir, der Lingam (Penis) müsste eregiert sein, wenn wir sexuell vereinigt sind. Oder wir dürften keine Wut empfinden, wenn wir so nah zusammen atmen. Oder wir trauen uns nicht zu weinen und dabei im Augenkontakt zu bleiben.

Im Kontakt bleiben

„Keep on being here anyway!" Wer bei Alan Lowen schon einmal einen Workshop besucht hat, kennt seinen Lieblingssatz. Das „Da bleiben" ist tatsächlich einer der Schlüssel, mit dem wir unsere Liebesfähigkeit enorm erweitern können. Intimacy-Sessions eignen sich vorzüglich, dies in einem überschaubaren Umfang zu lernen. Manchmal geraten wir nämlich an den Punkt, wo uns innerlich zehn Pferde wegziehen wollen und nur noch ein Gedanke durch unseren Kopf jagt: „Nichts wie weg hier." Wenn Teilnehmer in unseren Gruppen an diesen Punkt kommen, rate ich ihnen oft, sich erstmal selbst zu beglückwünschen, denn sie sind in Kontakt mit einem inneren Ort, wovor sie wahrscheinlich schon oft weggerannt sind. Und jetzt sind sie da und haben einen Rahmen, der sicher und ungefährlich ist, und sie können erforschen, was passiert, wenn sie dableiben. In 99 % der Fälle ist es nämlich etwas in uns selbst, wovor wir davonrennen wollen. Der andere oder die Situation hat lediglich die Fähigkeit, uns an diesem inneren Ort zu berühren. Sobald wir das wirklich erkannt haben, steigt die Motivation da zu bleiben. Oft braucht es dafür die wiederholte Erfahrung, dass wir das mitgenommen haben, wovor wir auf der Flucht waren. Beim nächsten Partner wieder dasselbe Spiel. Dann dämmert es uns manchmal.

Da bleiben ist nicht aushalten, mit sich machen lassen oder etwas über sich ergehen lassen. Für Menschen, die sich immer wieder in einer Opferrolle wiederfinden, ist die Herausforderung, im Kontakt Grenzen zu setzen und zu halten. Wenn das einem der Partner absolut nicht möglich zu sein scheint, dann ist diese Struktur für ihn ungeeignet, dann braucht es mehr Unterstützung und klarere Regeln.

In heiklen Situationen da zu bleiben, lebendig zu bleiben und uns zu zeigen wie wir sind, erweitert unsere Fähigkeit, auf jede Situation unsere eigene Antwort zu finden. Wir lernen, in jedem Kontakt zu spüren, was in uns herausgefordert ist, um authentisch da sein zu können.

Tun und Sein

Manchmal ist es nicht leicht zu unterscheiden, wann wir etwas tun, um etwas zu vermeiden und wann wir etwas vermeiden, indem wir es nicht tun. In dieser Frage geht es um die Integration von Tun und Sein. Zusammen zu sein ohne überhaupt etwas zu tun kann in eine tiefe gemeinsame Meditation führen und das pure Sein zur Grundlage unserer Begegnung werden lassen. Wie können wir jedoch lernen, auch im Tun mit unserem Sein verbunden zu bleiben?

Dafür ist es hilfreich, die Polarität von Kreativität und Hingabe innerlich unterscheiden zu lernen. Wir können das in Form eines Wunschrituals erforschen, in dem erst der eine, dann der andere Partner sich etwas wünschen darf und der andere die Wünsche soweit erfüllt, wie er oder sie dazu bereit ist. Einen intimen Wunsch zu äußern kann sehr viel Nähe schaffen, ganz unabhängig davon, ob er dann erfüllt wird. Wir können darin lernen, unsere Wünsche innerlich anzunehmen, sie zu äußern und dann loszulassen. Wenn wir sie nicht loslassen, sind wir nur auf deren Erfüllung fixiert und können nicht annehmen, was wirklich für uns da ist.

Eine andere Möglichkeit ist die klare Trennung von Geben und Nehmen, indem erst der eine, dann der andere Partner sich hinlegt und all die Berührung empfängt, die der andere geben mag. Hier ist für viele die Herausforderung, ihre eigenen Grenzen wahrzunehmen und zu respektieren und dem Partner mitzuteilen, wie oder wo du nicht berührt werden möchtest, um dann wirklich loszulassen. Für andere ist es eine lohnende Entdeckung, dass Liebe geben nicht heißt, es dem anderen recht zu machen. Liebe geben heißt, den eigenen inneren Impulsen und dem eigenen Herzen zu vertrauen und dann dem Partner, der empfängt, die Freiheit zu lassen, alles zu fühlen, was er oder sie dabei fühlt. Liebe berührt viel mehr als nur Wohlgefühl, Lust oder Entspannung. Liebevolle Berührung vermag auch alte Wunden zu erreichen. Es kann befreiend sein, zu schreien und zu toben, während mich mein Partner weiter berührt. Vielleicht schreie ich sogar NEIN! NEIN! und will gar nicht, dass er aufhört, er soll weitermachen, damit ich mein Nein leben lassen kann. Es ist wichtig, ein klares Stoppsignal zu vereinbaren, das wirklich bedeutet „Höre sofort auf, mich zu berühren!". So können dann auch Wut oder Trauer Ausdruck finden ohne mit der Botschaft „Hör auf, mich zu berühren!", verwechselt zu werden.

Die Rollenaufteilung macht Mut, mehr Impulse in die Begegnung einzubringen, weil klar ist, wer gerade für was „zuständig" ist. Im Erleben der Rollen wird auch oft deutlicher spürbar, wann und in welcher Position wir den Kontakt verlieren. Manche werden z.B. beim Geben mechanisch, andere beim Nehmen wie taub, wieder andere werden beim Wünschen plötzlich phantasielos oder fühlen sich beim Erfüllen von Wünschen leicht missbraucht. Dies wahrzunehmen ist die Grundlage, dass die Verbindung von Tun und Sein und damit auch von männlich und weiblich heilen kann.

Grenzen

Nicht nur bei physischer Berührung ist es hilfreich, Grenzen setzen zu können. Wir brauchen Grenzen, innerhalb derer wir uns sicher genug fühlen, um uns zu öffnen. Intimität ist kein Akt des Aufbrechens oder der Gewalt. Intimität braucht Schutz. Grenzen setzen ist jedoch etwas anderes als sich abschotten. Im letzeren Fall setzen wir Grenzen, um uns nicht zu öffnen, um jemanden auf Distanz zu halten, um jemandem nicht zu begegnen. Wirkliche Begegnung wird meistens dann wieder möglich, wenn wir die Gefühle, die diesem Impuls nach Abschotten zugrunde liegen, spüren und mitteilen. „Dein Mundgeruch ist mir unangenehm" oder „ich habe gerade an meine Exfreundin gedacht" oder „ich habe Angst davor, dass du mich sexuell nicht attraktiv findest" oder „Ich weiß gerade nichts mit dir anzufangen" sind mögliche Mitteilungen, die aus der Stagnation herausführen können. Meistens reichen solche Mitteilungen in unsere Tabuzonen, sonst hätten wir sie nämlich schon längst gesagt.

Bewertungen

Ich erinnere mich an eine primärtherapeutische Gruppe, die ich vor Jahren in Poona gemacht habe. Ich saß da, fühlte nichts mehr und dachte nur noch „diese Therapeuten sind die letzten Nieten!" Ich hätte eine Analyse mit vernichtendem Urteil abgeben können, alles exzellent begründet. Danach dauerte es noch ungefähr zwölf Stunden bis bei mir die innere Bombe hochging und meine Gefühle hervorbrachen: Verzweiflung, Wut, Hass, Trauer, alles zusammen. Danach fühlte ich mich gereinigt. Meine Bewertung der Therapeuten hatte sich nicht grundlegend geändert. Aber das alles war relativ unwichtig geworden und es war mir total klar, dass ich die Therapeuten unbewusst genau so gewählt und auch gebraucht hatte, wie sie waren, um mein Kindheitsdrama neu zu inszenieren und zu erkennen. Diesen ganzen Zyklus habe ich inzwischen so oft durchlebt, dass ich weiß, was hinter meinen Bewertungen steht und was mir blüht, wenn sie ganz und gar finster werden.

Wir benutzen oft Bewertungen und Urteile, um etwas nicht zu fühlen, oder um unsere eigenen Antworten nicht finden oder nicht geben zu müssen. „Merkt der unsensible Klotz denn nichts?" enthebt uns z.B. davor zu sagen, was er denn merken sollte und wir bislang nicht klar genug zu sagen wagten. Wir sind so damit beschäftigt herauszufinden, wer was falsch macht und was alles anders sein sollte, dass wir nicht mehr wahrnehmen, was jetzt und hier in uns geschieht. Solche Bewertungen im Rahmen von Intimacy-Sessions auszusprechen kann befreiend sein, wenn wir dabei klar sind, dass sie keine Wahrheiten sind, sondern nicht mehr und nicht weniger als Bewertungen. Oft wird dann wieder Raum für die Gefühle und für die reale Verbindung frei.

Absichten

Intimität entfaltet sich in der Magie des Augenblicks. Eine ungeheure Intensität liegt in dem von Moment zu Moment präsent sein, ohne irgendwo hin zu wollen. Oft machen uns unsere Wünsche und Absichten dabei einen Strich durch die Rechnung, wir versuchen sie loszulassen, aber sie kommen wie an einem Gummiband wieder zurück. Ich erinnere mich an einige wunderschöne Begegnungen, in denen ich innerlich damit beschäftigt war, ob es jetzt wohl stimmig wäre, zusammen zu schlafen. Wie eine Obsession hielt mich dieser Gedanke gefangen und behinderte mich darin, ganz da zu sein. Was es oft schwer macht, solche Wünsche und Gedanken auszusprechen, ist die Tatsache, dass sie mit der aktuellen Situation nicht viel zu tun haben. Sie liegen schon seit langer Zeit in uns auf Halde, und mehr oder weniger bewusst wissen wir das auch selbst. Wir wollen sie also loslassen, aber wie?

In einem meiner ersten Tantra Workshops verliebte ich mich wahnsinnig, so stark, dass ich kaum noch ein Wort herausbrachte. Ich hatte Angst, dass sie vor all der Wucht meiner Gefühle zurückschrecken und sich verschließen würde, wenn ich mich offenbarte. Außerdem war sie offensichtlich in jemand anderes verliebt. In dieser Situation verriet mir der Gruppenleiter ein Geheimnis: „Sage ihr alle deine Wünsche und Phantasien, alles, was du dir im Innern erträumst, und wenn es auch nur Gespinste sind, und sage ihr danach, was du jetzt in diesem Moment mit ihr möchtest und bitte sie zu letzterem um eine Antwort."

Ich tat wie mir geheißen, stotternd und schwitzend, teilte ihr meine romantischen Träume und sexuellen Phantasien mit und dann, was ich hier und jetzt mit ihr wollte: einfach zusammen nackt auf einer Matratze liegen, die Körper aneinander schmiegen und zusammen vibrieren. Nach dem ich geendet hatte, sagte sie auf meine konkrete Frage nach einer Weile „Ja!". Ich war so verdutzt, dass ich nicht reagierte, und der Gruppenleiter erinnerte mich daran: „Sie hat gerade JA gesagt!"

Danach hatten wir eine wunderbare Stunde miteinander, bis sie irgendwann zu ihrem Geliebten wollte. Das tat zwar weh, aber diese Stunde möchte ich nicht missen. Die Erfahrung hat mir die Augen geöffnet, dass gerade das Mitteilen aller unserer Wünsche und Absichten es ermöglicht, den Raum der Absichtslosigkeit zu betreten. Und besonders hilfreich war es, Träumereien und Phantasien von meinem konkreten Wunsch zu trennen, jedoch beides mitzuteilen. Wenn wir nur einen konkreten Wunsch mitteilen, ohne auch all unsere weitergehenden Phantasien zu äußern, spürt das der andere und wird zu Recht misstrauisch, ob das wirklich alles ist. In jedem Fall bleibt natürlich das Risiko, ein Nein zu kassieren. Ein Nein auf eine klare Frage zu bekommen ist zwar manchmal schmerzhaft, jedoch weitaus heilsamer als eine diffuse Abwehr auf versteckt gehaltene Wünsche.

Ablenkungen

Unsere Absichten sind nicht die einzigen „Dämonen", die uns aus dem Moment heraustragen. Auch andere störende Gedanken können uns am Genuss der Präsenz hindern. Für sie gilt das gleiche: wenn wir sie innerlich nicht loslassen können ist es das Beste, sie mitzuteilen, auch wenn damit durchaus ein Risiko verbunden sein kann. Wenn wir z.B. offenbaren, dass wir gerade an unseren früheren Geliebten oder eine andere Frau gedacht haben, finden das die wenigsten Partner schmeichelhaft, manche machen vielleicht eine Szene. Die Vereinbarung, da zu bleiben, wird jetzt wichtig und macht es möglich, durch solche Krisen hindurch zu wirklicher, authentischer Nähe zu finden. Tiefe Erfüllung im Kontakt braucht die Bereitschaft, alles dasein zu lassen, auch wenn unser Verstand uns mit tausend Gründen versorgt, warum wir etwas lieber verschweigen sollten. Offenheit kann auch brutal sein. Das liegt nicht am Inhalt, sondern an unserer Motivation, aus der heraus wir etwas sagen. Wenn wir offen sind, um den anderen damit zu verletzen oder uns zu rächen, kann das Intimität zerstören. Manchmal merken wir das erst im Nachhinein. Entscheidend ist unsere Bereitschaft, uns von der emotionalen Reaktion des Partners berühren zu lassen und im Dialog zu bleiben. So kann Nähe wieder neu entstehen.

Eine Hilfe kann folgende Struktur sein, die ich bei Paul Carter gelernt habe: Partner A fragt „Sag mir, was gerade in Dir geschieht", Partner B antwortet, indem er mitteilt, was gerade in diesem Moment in ihm geschieht, Partner A sagt nur „Danke" als Ausdruck des Anerkennens für die Bereitschaft, zu antworten, nicht als Bewertung des Inhaltes. Dann fragt Partner B „Sag mir, was gerade in Dir geschieht" usw. Es lohnt sich, während einer Session immer mal wieder zu dieser Struktur zurück zu kommen, denn sie bringt zur Wahrheit des Hier und Jetzt zurück. Die Antworten sollten persönlich, kurz und klar sein. Sie können eher trivial sein wie „mir juckt gerade der linke Zeh" oder auch tiefe Gefühle zum Ausdruck bringen wie „ich spüre gerade meine ganze Hilflosigkeit, dich zu erreichen".

Tantra

Im Tantra gibt es viele Methoden und Übungen, die enorm viel Intimität schaffen können. Die Methoden stehen allerdings der Intimität im Wege, wenn wir mehr der Methode als unserem authentischen Selbst vertrauen. Jede Methode suggeriert ein 'richtig' oder 'falsch', jede Methode hat eine Absicht, jede Methode ist ein Tun. Ich begegne hin und wieder Tantrikern, die die Methoden, die äußerlichen Symbole und das Ambiente von tantrischen Kursen mit Tantra verwechseln. An einem gewissen Punkt müssen alle Methoden wieder losgelassen werden, um den Raum des Nicht-Wissens, den Raum des „Sein-Lassens" zu betreten, um das Geheimnis des Augenblicks zu erfahren.

Ich bin immer wieder überrascht, wieviele Widerstände auftauchen können, solche Intimacy-Sessions überhaupt zu vereinbaren. Ich selbst habe noch nie eine Session bereut, obwohl es auch schmerzhafte Prozesse dabei gab. Meistens sind sie sehr lustvoll und befriedigend. Sie entfalten jedoch eine Dynamik, die sich nicht vollständig steuern lässt. Das einzig Gewisse ist die Überraschung. Ich glaube, es ist meine tiefe Furcht vor dem Unbekannten, vor dem vorher nicht Wissbaren, die mich bremst, und gleichzeitig spüre ich die Sehnsucht danach, denn was ich schon weiß, weist selten über meine Begrenzungen hinaus. Intimacy-Sessions sind ein Übungsfeld für Erfahrungen jenseits unserer individuellen einschränkenden Glaubensmuster, für die Erfahrung, dass das Leben immer mehr ist als wir uns vorstellen können, für die Erfahrung, dass Liebe immer schon da ist, wenn wir authentische Begegnung erlauben. Wer weiß, vielleicht ist das ganze Leben eine Intimacy-Session, eine Einladung, du selbst zu sein, alleine und im Kontakt. Wie es so schön heißt: „Wenn du selbst dich nicht lebst, wer sonst sollte dich leben?"

Die Struktur der „Intimacy-Sessions" im Telegrammstil:

1. Vereinbart eine Zeitdauer, in der ihr in jedem Fall zusammen bleibt.
2. Vereinbart klare Formen, in denen ihr im Kontakt bleiben wollt. Möglich sind z.B. Augenkontakt, ein bestimmter Körperkontakt oder verbaler Kontakt mit der Struktur „Sag mir, was gerade in dir geschieht" oder natürlich auch eine Verbindung mehrerer Elemente.
3. Weitere Vereinbarungen können getroffen werden, z.B. das Wunschritual oder das 'Geben und Nehmen'.

4. Trefft keine Vereinbarungen darüber, was ihr fühlen wollt oder sollt. Die emotionale Dimension bleibt offen.
5. Beginnt und beendet das Ritual mit einer Geste des Anerkennens eurer Bereitschaft, miteinander da zu sein.

Das Paradox der Sehnsucht

Leben und Lieben zwischen Erwartung und Realismus

Intimität ist für die meisten Menschen etwas, wonach wir uns stark sehnen, wovor wir aber auch Angst haben, besonders dann, wenn wir in den intimen Kontakt auch unsere tiefen Wünsche und Bedürfnisse einbringen. Wie können wir mit dieser Ambivalenz von Angst und Sehnsucht fruchtbar umgehen?

Sehnsucht, die wir voll und ganz genießen, hat etwas von der Erregung kurz vor dem Orgasmus. Ein intensives Ziehen, das sich auf unseren ganzen Körper, auf unser ganzes Erleben ausbreiten kann. Höchste Verzückung. Ekstase. Ein so intensives Gefühl wie die Erregung kurz vor dem Höhepunkt können wir meistens nur zulassen in dem Vertrauen, dass die Intensität nach dem Orgasmus ganz von allein wieder abklingt. Wir haben Angst, solche Intensität auf Dauer nicht aushalten zu können. Sie könnte uns in den Wahnsinn treiben.

Je mehr wir der erlösenden Qualität des Orgasmus vertrauen desto eher können wir ihn vielleicht auch herausschieben. Wir genießen das Surfen auf den geilen Wellen unserer Lust. Je mehr wir darin präsent bleiben und entspannen, desto intensiver, vollständiger und erfüllender wird der Orgasmus. Und im Unterschied zu den Theorien des Sexualforschers Wilhelm Reich und auch der gängigen westlichen Sexualwissenschaft, die das Entspannen und Loslassen als eine Funktion des Orgasmus ansieht, lehrt uns Tantra, dass Loslassen, tiefe Entspannung und auch Erfüllung im Sex von Anfang an und auch mitten in höchster Erregung geschehen können. Wir betreten innere Räume, in denen es kein Ziel mehr gibt und der intensive Drang zum Orgasmus sich in die Weite des Bewusstseins hinein auflösen kann.

Für mich sind das die sexuell erfüllendsten Erlebnisse, wenn ich lange Zeit nahe am Höhepunkt entlang surfe und sich dann jeder Druck kommen zu wollen auflöst. Mein ganzer Körper pulsiert, mein Herz geht auf, und sogar der Gedanke, dass dies ewig dauern möge ist nur ein Kräuseln auf den Wogen des Seins. Der Orgasmus darf kommen oder auch nicht, die Erfüllung hat sich unabhängig davon bereits gefunden.

Solche Erfahrungen im Sex lehren mich auch viel über das Wesen der Sehnsucht. Sehnsucht kann schmerzhaft sein, sie wird von vielen gefürchtet weil ihre Intensität unerträglich wie ein brennendes Feuer werden kann. Sich in einen Menschen zu verlieben, der diese Gefühle nicht erwidert, gilt als ein großes Unglück. Was aber die Intensität unerträglich macht ist nicht zuletzt der Glaube, dass sie äußerer Erfüllung bedarf, und die liegt außerhalb unserer Kontrolle. Das macht Angst. Die meisten Menschen verlassen an diesem Punkt die Sehnsucht, und zwar in zwei verschiedene Richtungen:

- Wir werden „realistisch", schneiden uns von den Gefühlen ab und wenden uns anderen Dingen zu. Im diesem Fall haben wir unser Problem entsorgt, das Leben ist wieder auszuhalten, nur ist es etwas grauer. Vielleicht sind wir zufrieden mit einem gemütlichen Fernsehabend. Sicher, praktisch und gut.
- Wir verwandeln unsere Sehnsucht unbewusst in eine Erwartung. Wir erleben uns dann so, als hätten wir Kontrolle über die Erfüllung unserer Wünsche und fühlen uns subjektiv stärker. Wir glauben, das Ersehnte stünde uns irgendwie zu oder sei einzufordern. Das ist anscheinend leichter auszuhalten als die volle Intensität der Sehnsucht zu spüren und zu zeigen, es aber jenseits unserer Kontrolle zu belassen, wie unser Partner, unsere Umgebung oder das Universum darauf antwortet.

Die letztere Strategie der Erwartungen mag kurzfristig helfen, uns selbst auszuhalten, hat aber langfristig keine gute Wirkung. Es ist ein bekanntes Phänomen, dass genau das sich nur unter Mühen einstellt oder sich uns immer wieder entzieht, was wir unbedingt haben wollen oder wovon wir unser ganzes Glück abhängig machen. Wer sich unbedingt verlieben will steht dem Verlieben selbst im Weg. Frisch Verliebte werden jedoch von ihren Schmetterlings-Gefühlen ereilt wie durch einen Blitz aus heiterem Himmel. Sehr oft können wir beobachten, dass dem Glücklichen noch zusätzliches Glück in den Schoß fällt, der Unglückliche hingegen noch weiteres Unglück anzieht. Was hat es damit auf sich? Was hat das mit der Wirkung von Erwartungen zu tun?

Liebesbeziehungen sind ein wunderbares Forschungsgebiet, um dem Verständnis dieses Phänomens näher zu kommen. Und in diesem Bereich finden wir auch viele unserer tiefsten Sehnsüchte: wir sehnen uns nach Nähe, nach Verbundenheit, nach Herausforderung, nach Angenommensein, nach sexuellem Begehren, nach Sicherheit wie auch nach Freiheit und Autonomie. Wenn wir unsere Sehnsüchte in diesem Bereich nicht aushalten, dann wählen wir unbewusst eine der beiden Varianten: wir schminken uns unsere Träume ab, verleugnen und verdrängen sie, oder wir verwandeln sie in eine Erwartung. In beiden Fällen wird mein Partner nicht leicht mit meiner Sehnsucht mitschwingen können. Erwartungen und Sehnsüchte werden dabei oft vermischt und verwechselt, obwohl sie sich doch so ganz anders anfühlen:

- Erwartung klingt etwa so: „Wir hatten jetzt vier Wochen keinen Sex, ich frage mich, warum wir überhaupt noch zusammen sind! Deine Prüfung ist vorbei. Jetzt hast du keine Entschuldigung mehr …"
- Sehnsucht klingt anders: „Ich spüre soviel Lust in meinem Körper, ich sehne mich danach dich zu spüren, uns am ganzen Körper zu elektrisieren und unsere Lust miteinander zu feiern. Die Abstinenz vor der Prüfung war hart. Aber ich spüre mein Begehren um so mehr! Und es fühlt sich wunderbar an!"

Beide wollen Sex, ihre Ausstrahlung aber ist genau entgegengesetzt, wobei sicher der Tonfall noch entscheidend mitspielt. Eine Sehnsucht ist viel eher motivierend, eine Erwartung demotivierend. Was nicht heißt, dass der Ausdruck einer Sehnsucht mehr äußeren Erfolg hat als das Äußern einer Erwartung. Leider gelingt es uns all zu oft, andere mit Erwartungen erfolgreich unter Druck zu setzen. Aber auf Dauer bezahlen wir sehr teuer dafür.

Es liegt in unserer menschlichen Natur, dass wir anderen Menschen sehr gerne ihre Wünsche erfüllen, wenn wir uns frei fühlen, und auch unsere eigenen Wünsche Berücksichtigung finden. Wenn hingegen jemand uns zuständig macht für die Erfüllung seiner Sehnsüchte, dann provoziert dass früher oder später unsere Abneigung. Es macht einfach viel weniger Spaß, etwas zu schenken, wozu wir uns gedrängt fühlen oder was von uns erwartet wird.

Warum entwickeln wir dann trotzdem soviele Erwartungen? Ich glaube, weil wir an einem Punkt die Intensität der Sehnsucht nicht mehr aushalten. Durch die Verwandlung in einen Anspruch oder in eine Erwartung fühlen wir uns vermeintlich stabiler und kraftvoller. Wir sind weniger verletzlich und können nach Belieben unsere Ohnmachtsgefühle durch Beschuldigung nach außen abwehren. Wenn wir Pech haben, springt der andere darauf an und gibt unserem Druck nach. Und zahlt es uns dann irgendwann heim. So lernen wir schmerzhaft unsere Erwartungen loszulassen. Das gilt inzwischen als esoterisch korrekt. Viele schütten dann aber das Kind mit dem Bade aus, indem sie sich auch ihre Wünsche und Sehnsüchte abschminken. Oft ist es eine Pendelbewegung zwischen Erwartung und Resignation. Doch das Leben liegt genau dazwischen, ist nicht schwarz oder weiß. Unsere Sehnsucht öffnet uns für die frischen Farben des Lebens.

Diese Zusammenhänge intellektuell zu verstehen reicht nicht aus, um wirklich in unserer Sehnsucht präsent bleiben zu können. Oft ist es der Erfahrungshintergrund aus der Kindheit, der unsere Fähigkeit einschränkt, sehnsüchtig zu sein, dabei offen und frei diese Sehnsucht zu genießen und auch unser Gegenüber frei zu lassen.

Ich bin z.B. von Muttern geprägt mit der Vorstellung aufgewachsen, dass Frauen eigentlich nur den Männern zuliebe Sex haben. In meinen Beziehungen zu Frauen habe ich es später zwar oft anders wahrgenommen, aber immer wenn eine Frau mal keine Lust hatte kam dieses uralte männliche Schuldgefühl wieder hoch, mit meiner Geilheit eigentlich eine Zumutung zu sein. Ich brauchte die Lust der Frau also nicht in erster Linie als Gegenüber für meine Lust. Auf dieser Ebene hätte ich ein Nein durchaus verkraften können. Ich brauchte es als Bestätigung dafür, als Mann überhaupt okay zu sein. Dadurch fehlte mir Spielraum, mit Zurückweisungen zurechtzukommen. Erst als mir dieser Zusammenhang langsam klar wurde und ich mich mit dem damit verbundenen Schmerz aussöhnen konnte, fing ich an, meine Lust als ein Geschenk zu betrachten, das eine Frau annehmen kann oder auch nicht, ohne mein lustvolles Selbstgefühl dadurch zu bedrohen. Und doch klingt der alte Schmerz immer mal wieder an.

Bei vielen Frauen ist es die Sehnsucht nach Nähe, die schwer auszuhalten ist. Wenn im Hintergrund noch der alte Schmerz z.B. wegen eines emotional unerreichbaren Vaters lauert, dann können wir diese Sehnsucht auch in einer aktuellen Situation nicht halten und die Kontrollmechanismen setzen ein. Es ist oft eine tiefe innere Arbeit, Einfühlung mit dem Herzen und Entwicklung von Selbstliebe notwendig, um solche Muster loslassen zu können.

Sehnsucht ist eigentlich ein Gefühl so schön wie die intensive Geilheit vor dem Orgasmus. Manchmal kaum auszuhalten. Und genau wie die Geilheit die genitale Begrenzung überschreiten und ganzkörperlich und absichtslos werden kann, so kann auch jede Sehnsucht weit werden, zu einem pulsierenden Lebenselixier. Wir spüren sie unabhängig von ihrem Objekt, „diesseits unserer Fingerspitzen", in unserem eigenen Körper, und sie wird zu einer sprudelnden Quelle, die ihre Erfüllung in sich trägt wie ein Fluss, der ganz von allein zum Ozean fließt. Wir können in die Sehnsucht hineinatmen, sie innerlich begrüßen lernen und uns in sie hinein entspannen. Unsere lebendige Sehnsucht kann ein wichtiger Wegweiser werden auf unserem spirituellen Weg, auf dem Weg unserer größten Sehnsucht.

Die freie Schwingung unserer Sehnsucht hat eine starke Resonanz in unserer Umgebung, und wir ziehen automatisch Menschen und Situationen an, die in unserer Frequenz mitschwingen. Und wenn wir uns dieses Gesetz zunutze machen wollen, um endlich doch die Kontrolle über unsere Erfüllung zu bekommen, nun ja, das ist wohl sehr menschlich, funktioniert aber nicht.

Das ist das Paradox der Sehnsucht, an dem unser Verstand verzweifeln und unser Herz weit werden kann. Wir verstehen es nur mit dem Herzen gut.

Sexualität

In unserer Einstellung zum Sex spiegelt sich unsere Einstellung zum Leben. Die universelle Urkraft des Lebens offenbart sich uns im Sex wie in kaum einer anderen Erfahrung. Wir alle sind aus einer sexuellen Begegnung heraus entstanden. Sex kann uns höchste Glücksgefühle bescheren, aber auch tiefsten Schmerz und großes Leid. Tantra und die Kunst des Seins widmen sich nicht zuletzt deswegen mit einer offenen Grundhaltung der Sexualität, weil wir in ihr einen Vorgeschmack davon bekommen können, was es heißt, das Leben wirklich anzunehmen und zu leben.

Lust – Angst

Ein ungleiches Paar im Licht der Liebe

„Wer möchte mehr Lust erleben?" fragen wir manchmal in unseren Gruppen, und fast alle Hände gehen nach oben. Bei Liebe ist es ähnlich, bei Sexualität werden es schon weniger, Trauer und Wut wollen ungefähr die Hälfte aller Teilnehmer mehr spüren. Und Angst? Sie ist immer das traurige Schlußlicht in dieser Umfrage. Angst gilt auch in spirituellen Kreisen oft als Gegenspieler der Liebe und der Lust. Was sollte mich noch hindern, wirklich ich selbst zu sein, wenn nicht meine Angst? Es gibt kaum eine Übeltat, die nicht der Angst zur Last gelegt werden könnte.

Es ist jedoch nicht die Angst selbst, sondern unser Umgang mit ihr, der uns in Zuständen der Angst Amok laufen oder erstarren lässt. Das tantrische JA zu dem, was ist, – sollte es gerade vor der Angst halt machen? Lust und Angst liegen näher zusammen, als wir glauben möchten. Was uns das eine suchen und das andere meiden lässt, sind unsere Urteile und Bewertungen.

Sie sind ein ungleiches Paar – Lust und Angst, aber dennoch sind sie oft unzertrennlich. Sie haben ein sehr paradoxes Verhältnis miteinander. Manchem macht Lust Angst, anderen macht Angst Lust, wieder anderen vergeht alle Lust, wenn sie Angst haben, und anderen vergeht alle Angst, wenn sie in Kontakt mit ihrer Lust sind … Wenn wir – wie im Tantra – unsere Lust für unser psychisches und spirituelles Wachstum nutzen wollen, tun wir gut daran, das Verhältnis von Lust und Angst näher anzuschauen. Wenn wir in Liebe leben wollen anstatt der Liebe hinterherzurennen, dann können Lust, Angst und Lustangst wertvolle Wegweiser sein.

Obwohl Angst nicht gerade das beliebteste Gefühl ist, möchten manche freiwillig Angst haben. Warum sonst sollte sich jemand einen spannenden Krimi oder einen Horrorfilm ansehen, was sonst wäre der Reiz von waghalsigen Sportarten? Was die Angst in diesen Fällen für manche attraktiv macht, ist vor allem die Tatsache, dass die Situation frei gewählt werden konnte. Dadurch ist es leichter, Angstgefühle anzunehmen, wir fühlen uns nicht außer Kontrolle. Wenn wir es innerlich annehmen, Angst zu haben, kann sie sich in Aufregung, in ein hochgeladenes Kribbeln und sogar in Ekstase verwandeln.

Wir alle haben gelernt, dass wir in Liebesdingen besser keine Angst haben sollten. Uns wurde beigebracht, Unsicherheit, Schüchternheit oder Scham seien unattraktiv, und so verdichten sie sich zur Angst, die uns völlig blockiert. Dabei gibt es erhebliche geschlechtsspezifische Unterschiede. Männer erfahren Angst oft als direkten Gegenspieler ihrer Potenz, und deswegen haben sie Angst vor der Angst. Aber eigentlich ist nicht die Angst selbst das Problem, sondern der Leistungsdruck, potent sein zu müssen und keine Angst haben zu dürfen. Viele Männer suchen deswegen nach Wegen, ihre Lust zu befriedigen, ohne sich irgendwelchen Unsicherheiten stellen zu müssen. Das gelingt vielen am besten in der Phantasie, und diese am einfachsten mit Hilfe von Pornografie. Die Fixierung vieler Männer auf Sex und die Trennung vom Herzen ist oft ein Ausdruck davon, dass die Angst nicht dasein darf.

Frauen stellen sich im Bereich Liebe und Sex meistens eher ihrer Angst. In sexuellen Angelegenheiten Angst zu haben gehört fast zum Selbstbild, wobei die Verantwortung dafür oft der Bedrohung durch den Mann zugeschoben wird. Interessant ist allerdings, dass Männer, die völlig harmlos daherkommen, von vielen Frauen zwar als Freund angenommen, als sexuelles Wesen aber nicht ernst genommen werden. Softies, die es den Frauen recht machen wollten, können ein Lied davon singen. Brauchen Frauen eine Dosis Angst, um Erotik zuzulassen? Für Frauen scheint es ein großes Tabu zu sein, ohne Angst oder auch mit Angst einfach ihre Lust zu leben.

Manchmal initiieren wir in unseren Gruppen den Dialog der Geschlechter. Es werden Fragen an das andere Geschlecht gestellt, die sonst selten in einer offenen Atmosphäre geäußert geschweige denn beantwortet werden:

- Was denkt eine Frau, wenn ein Mann aus einem Pornoshop kommt?
- Warum sind viele Männer nicht mit einer Frau zufrieden und müssen zwanghaft fremd gehen?
- Was passiert bei einem Mann, wenn er nicht zum Orgasmus kommt?
- Wie möchte eine Frau von einem Mann, der Interesse an ihr hat, angesprochen werden?

Die Antworten fallen individuell natürlich sehr verschieden aus, aber der Dialog auf der kollektiven Ebene schafft eine ganz spezielle Atmosphäre, in der nicht nur Fred zu Lisa oder Anna zu Walter spricht, sondern Mann zu Frau und Frau zu Mann. Es wird sichtbar, dass es nicht *die* Antwort gibt und erst recht keine

Lösung, aber dass es sehr spannend, lustvoll und erotisch sein kann, mit den Fragen zu leben. Lust und Liebe zwischen Mann und Frau sind kein außergewöhnlicher Einzelfall, wie angesichts der zahllosen Beziehungsdesaster fast zu glauben wäre. Sie sind unser natürlicher Zustand, wenn Lust, Liebe und alles was mit ihnen verbunden ist, sein darf. Das erfahren wir in jedem unserer Workshops. Wir kreieren einen geschützten Raum, in dem sein darf, was ist. Dann werden Lust und Liebe regelrecht ansteckend, eine „ansteckende Gesundheit" sozusagen, wie jemand kürzlich treffend bemerkte.

In der Lustangst kommen Lust und Angst zusammen und verschmelzen. Lustangst ist energetisch ein Erregungs – Stau. Wenn Lust stimuliert wird und gleichzeitig innerlich verboten ist, dann staut sich die Energie im Körper und kann zu einer Vielzahl von Symptomen führen. Die Lustverbote sind meistens nicht mehr bewusst, sie stammen aus unserer Kindheit.

Auch hier begegnen uns immer wieder die Unterschiede zwischen den Geschlechtern. Frauen haben gelernt, dass es nicht okay ist, einfach Lust zu haben. Viele Frauen haben Angst davor, als Flittchen, als eine, die es wohl mit jedem macht, verurteilt zu werden, wenn sie ihr volles Lustpotential erlauben. In der Unterdrückung ihrer Lust haben Frauen oft etwas anderes entdeckt, was ihnen zwar keine Lust schenkt, aber Macht: das Spiel mit der Verweigerung. Viele Frauen sind sich nicht bewusst, wieviel Kraft sie daraus ziehen, begehrt zu werden: sie werden gebraucht, nach ihnen wird verlangt, und das verleiht Wert. Subjektiv mögen sich diese Frauen als Opfer einer patriarchalen Kultur betrachten und sie sehen keine Möglichkeit, den Opferstatus zu verlassen. Eine Frau, die ihre Lust spürt und erlaubt, steht plötzlich vor der Situation, selbst von Männern etwas zu wollen anstatt gewollt zu werden. Das kann sich zunächst wie ein herber Verlust anfühlen, ein Verlust von Macht. Aus der Lust wird Lustangst und Ver-lustangst.

Männer haben gelernt, dass Lust ein Trieb ist, der eben abreagiert werden muss. Männer haben oft weniger Angst vor der Lust als davor, dass mehr daraus wird, dass andere Gefühle berührt werden, wenn sich die Lust im Körper ausbreitet. Die Fixierung auf die Ejakulation ist eine der Folgen, denn nach der Ejakulation ist Ruhe, die Energie ist entsorgt. Manche Männer, die mit tantrischen oder taoistischen Sexualtechniken experimentieren, sind erstaunt, was sich alles hinter dem Zwang zur Ejakulation verbirgt. Wenn die Energie nicht entladen wird, breitet sie sich weiter im Körper aus und kann alle möglichen

Gefühle wecken. Der subjektiv empfundene Zwang zur Entladung entsteht weniger aus der Fixierung auf die Lust beim Samenerguss, sondern viel mehr durch den drohenden Verlust der Kontrolle über unsere Gefühle. Auch hier ist die Lustangst eine Verlustangst, in diesem Fall vor dem Verlust der Kontrolle. Üblicherweise sind die beschriebenen geschlechtsspezifischen Angst- und Vermeidungsmuster Stoff genug für heillose Verstrickungen zwischen Mann und Frau, die wir alle gut kennen. Tantra eröffnet neue Perspektiven, denn Tantra wertet nicht. Wir sind gut genug, so wie wir sind, wir brauchen uns nicht zu beweisen. Wenn wir auf die allgegenwärtigen Bewertungen verzichten, dann sind der Konsum von Pornos, Machtgewinn durch Verweigerung usw. eine großartige Komödie, manchmal auch ein Trauerspiel, aber sie verlieren die Starre dessen, was nicht sein und schon gar nicht eingestanden werden darf. Wenn wir unsere Energie nicht darauf verschwenden müssen, uns zu rechtfertigen oder zu verteidigen, dann können wir eher einen ehrlichen Blick darauf riskieren, wofür wir all das brauchen, was uns letztlich von unseren Sehnsüchten trennt, von unserer Lust und unserer Liebe.

Wenn wir unsere Lust erlauben, unsere Angst erlauben, wenn wir auch unsere Unlust erlauben, wenn wir mehr und mehr alles das erlauben, was wir fühlen, kommen wir in Kontakt mit unserem unmittelbaren Sein. All die tantrischen Techniken, auf hohem Erregungsniveau zu entspannen, können nur dann wirklich wirksam werden, wenn wirklich alles geschehen darf. Wenn wir intensive Lust aufbauen und die Energie dann durch den Körper zirkulieren lassen, werden all die alten Gefühle wieder berührt, die abgekapselt auf ihre Wiederbelebung warten. Dann stehen wir plötzlich vor der Frage: Darf Ekel sein? Darf Wut sein? Darf Trauer sein? Darf Schmerz sein? Oder versuche ich mich von all dem zu trennen, um einem vermeintlich tantrischen neuen Selbstbild zu entsprechen? Manchmal erleben wir in unseren Gruppen in oder nach kraftvollen tantrischen Ritualen, dass Dämonen wie Schuldgefühle, Selbstvorwürfe, Enttäuschung usw. wie aus heiterem Himmel mit Macht zum Vorschein kommen. Dann ist es wichtig, dafür Raum zu schaffen, diese Gefühle und Gedanken da sein zu lassen und ihnen evtl. Ausdruck zu geben, damit Heilung und Annehmen geschehen kann.

Viele Menschen, die sich eigentlich für Tantra interessieren, glauben, dafür nicht jung, attraktiv, potent, selbstbewusst oder kontakt- und beziehungsfähig genug zu sein. Manche Tantra – Gruppierungen scheinen solche Ängste zu nähren, umgeben sie sich doch gerne mit dem Flair eines heiligen, von Duft- und Räucherwerk durchtränkten Ambiente, in dem makellose Körper sich in völliger Harmonie einander hingeben und zu höchster Lust in der Verschmelzung gelangen. Wenn dies geschieht, wunderbar, aber wenn es zum neuen Image wird, dem wir entsprechen müssen, dann wird es eng und hat mit Tantra nicht viel zu tun.

Lust ist ein so göttliches Geschenk, dass es tragisch ist, wie sehr Lust in unserer Kultur verteufelt worden ist. So wie der Teufel ein abgespaltener Engel ist, so ist Lust ursprünglich das wonnevolle Spüren der Lebensenergie, von dem wir uns durch die vielfältigen Verbote und Gebote haben trennen müssen. Die Angst vor der Lust wurzelt letztlich in der Angst vor dem Leben selbst. Wir glauben, alles unter unserer rationalen Kontrolle haben zu müssen, weil wir nicht mehr mit der Selbstregulation allen Lebens in Kontakt sind. Dabei ist das Leben nach wie vor so viel intelligenter als wir es uns überhaupt vorstellen könnten. Das wird z.B. im Trance – Tanz erfahrbar, wo wir uns mit schlafwandlerischer Sicherheit wild bewegen können, aber sofort hinstürzen, sobald wir anfangen, über unsere Bewegungen nachzudenken.

Wenn wir in unserer Arbeit sinnliche Beckenübungen wie die Beckenschaukel oder die Welle demonstrieren, lade ich manchmal dazu ein, sich vorzustellen, diese Bewegungen an einer Straßenbahnhaltestelle zu machen. Unmittelbar wird jedem klar, wie natürlich und gleichzeitig absurd diese Idee ist. Lust wurde in bestimmte Reservate verbannt, wo sie einerseits nicht viel mehr als ein Schattendasein fristen kann, wo andererseits dann aber jede Menge Glückserwartungen an sie gestellt werden. Den ganzen Tag missachten wir die Bedürfnisse unseres Körpers, und abends im Bett soll er uns plötzlich die größten Wonnen bescheren. Lust haben zu sollen oder zu müssen ist einer der besten Lustkiller, nicht zuletzt deswegen, weil wir nicht dem Fluss unserer Energie vertrauen können. Sogenannte Potenzprobleme beim Mann oder sogenannte Orgasmusschwierigkeiten bei der Frau sind zu Symptomen geronnene Körpersprache, der wir partout nicht zuhören wollen. In allen diesen Fällen ist Angst im Spiel.

Was also ist zu tun, wenn Angst und Lust so eng gekoppelt sind, dass wir auf dem Pfad der Lust früher oder später zwangsläufig der Angst begegnen? Was also tun, wenn sich die Geschlechter um das Phänomen der Angst herum polarisieren und Krieg führen oder den Kontakt abbrechen anstatt sich die Lust und die Liebe zu schenken, die sie einander geben könnten? Die Angst zum Feind erklären? Die Abwesenheit von Angst herbeisehnen?

Manche Menschen glauben, dass sie für Tantra bereit sind, wenn sie nicht mehr soviel Angst haben. Wenn ich darauf gewartet hätte, ich würde heute noch einen großen Bogen um Tantra machen. Tantra ist ja gerade ein Raum, in dem wir lernen können, das anzunehmen und sein zu lassen, was da ist. Tantra ist ein Raum, in dem wir nicht zuletzt auch lernen können, unsere Angst anzunehmen. „Do what you are afraid to do!" ist eine der bevorzugten Ermutigungen von Alan Lowen, und er bringt die Einladung auf den Punkt, sich mitten in die Erfahrung von Angst hineinfallen zu lassen, ohne sich in ihr zu verlieren, sondern das zu tun, was ich tun möchte. Die Angst blockiert dann nicht mein Handeln, sondern sie koloriert es, sie fährt mit, aber auf dem Beifahrersitz.

Als ich in einer Gruppe mit Alan Lowen einmal erwähnte, dass ich Angst vor dicken Frauen hätte, schlug er sogleich die Inszenierung einer Situation vor, die mich genau mit meiner Angst, aber auch mit der dahinter liegenden Sehnsucht in Kontakt bringen sollte: von drei wohlbeleibten Frauen umringt und berührt werden. Zunächst lehnte ich dankend ab. Als es später dann doch „zufällig" zu dieser Situation kam, und ich bereit war, sie zu erforschen, verwandelte sich die Angst in ein wüstes Gemisch von widerstreitenden Gefühlen, die zu erlauben mein Verhältnis zu dicken Körpern völlig verwandelte: plötzlich konnte ich sie liebevoll berühren. Davon waren die betroffenen Frauen vielleicht genauso überwältigt wie ich. Es hatte nichts mit den Frauen zu tun, es war einfach die Angst vor meinem eigenen Ekel gewesen, den zu zeigen eines meiner größten Tabus war. Viele Menschen, vor allem die, die einmal physisch oder atmosphärisch sexuell missbraucht worden sind, kennen dieses Tabu. Ekel dasein lassen und ihn zeigen zu dürfen kann ein Durchbruch sein, denn Ekel ist oft tief verbunden mit Lust, die früher einmal verboten oder erzwungen wurde.

Wenn wir lernen, Angst anzunehmen, verwandelt sie sich in einen wertvollen Wegweiser, der uns äußerst präsent macht und sich in Erregung transformieren kann. Angst ist eine natürliche Reaktion auf gefährliche Situationen. Wenn der Ausdruck der plötzlich bereitgestellten Energie unterbleibt, staut sich die Angst und äußert sich in chronischen Symptomen. Deswegen ist es wichtig, in der Angst mit Atmung, Stimme und Bewegung lebendig zu bleiben, sonst werden wir innerlich starr. Die Starre ist nicht die Angst, sondern die Abwehr der Angst und ihres Ausdrucks. Die Angst zu leben heißt uns zittern, schwitzen, rot werden und weiche Knie bekommen zu lassen.

Auch die Lust ist ein wertvoller Wegweiser, denn sie lässt sich auf Dauer nur mit großem Aufwand manipulieren. Lust, die sich spontan aus dem Loslassen heraus einstellt, ist auf wunderschöne Weise wahrhaftig, sie ist das Empfinden des energetischen Strömens im Körper, das von alleine geschieht, wenn wir es nicht – bewusst oder unbewusst – verhindern.

Lust und Angst könnten sich vorzüglich ergänzen. Lustangst ist ein Tor zur Ekstase. Wir müssen lediglich das Etikett verändern, das auf diesem Wegweiser steht. Anstatt: „Stop! Zurück! Hier auf keinen Fall weiter!" steht dann da: „Du bist genau richtig hier, lass dich atmen und mit voller Aufmerksamkeit da sein, lass dich alles fühlen, was du fühlst, lass dich in deine Gefühle hineinentspannen ..." und manchmal werden sich Türen öffnen, von denen du gar nicht wusstest, dass es sie gibt.

Wie wäre es, Angst haben zu dürfen, Unsicherheiten zu zeigen, Schamesröte zu genießen, Herzklopfen und Schweißausbrüche zu begrüßen als Vorboten der Ekstase? Wie wäre es, wenn ich mich meine Attraktionen und meine Lust fühlen und zeigen lasse, und bereit bin alles zu fühlen, was auch immer dann in mir berührt wird? Vielleicht würde ich beginnen, das Leben zu lieben, mit mir, mit dir, mit uns allen mitten darin.

Das Innere Kind darf dabei sein

Wie wir Störungen im Sex willkommen heißen und darin heilen

Tantra ist nichts für Kinder. Vielleicht gerade noch etwas für Teenager. Im Tantra steht die innere Hochzeit von Mann und Frau, die Verbindung von Sex, Herz und Bewusstsein im Vordergrund. Das ist wohl eher etwas für Erwachsene. Aber wenn wir unsere Ängste im Sex nicht mehr abschneiden oder vermeiden, dann kommen wir auf Dauer nicht darum herum, dass unser Inneres Kind dabei sein darf.

Wie erwachsen muss man oder frau für Tantra sein? Wenn Interessierte uns anrufen und fragen, was denn in den Gruppen so geschieht, werden uns alle möglichen Fragen gestellt: Wie alt sind die Teilnehmer? Muss man sich ausziehen? Wie läuft so ein Workshoptag ab? Brauche ich Vorerfahrungen? Kann ich auch ohne Partner kommen? Aber die Frage „wie erwachsen muss ich für Tantra sein?" habe ich noch nie gehört. Und trotzdem scheint mir, dass in all den Fragen diese Frage mitschwingt. Oder genauer gesagt: ist mein Inneres Kind im Tantra sicher und gut aufgehoben? Oder muss ich so tun, als sei ich erwachsen?

Erwachsen sein ist in unserer Kultur eine ernste Angelegenheit. Mit der Schulzeit begann „der Ernst des Lebens" und spätestens mit der Pubertät war die Zeit ziellosen Spielens vorbei. Wessen sexuelles Erwachen wurde in der Pubertät gefeiert? Wer konnte mit all den Möglichkeiten, die die körperlichen und hormonellen Veränderungen der Pubertät mit sich brachten, frei experimentieren und spielen? Wer Schauspielertalent genug hatte tat so, als wüsste er oder sie bereits alles (zumindest was auch in der „Bravo" stand ...). Wer bei den pubertären Angebereien nicht mithalten konnte machte erneut Bekanntschaft mit dem „Ernst des Lebens" – in diesem Fall des Liebeslebens. Für mich persönlich war diese Zeit rabenschwarz, ich fühlte mich völlig überfordert und zog mich für Jahre in eine Bücherwelt zurück. Mädchen und Jungen, die die Möglichkeit hatten, ihre Sinnlichkeit und Erotik liebevoll zu erkunden, können sich glücklich schätzen. Für die meisten von uns ist diese Zeit nicht ohne tiefe Wunden aus Schuld- und Schamgefühlen, aus Missbrauch und Einsamkeit vorüber gegangen. Wer konnte sich damals offen und ehrlich einem anderen Menschen oder gar den eigenen Eltern mit den Sorgen und Nöten anvertrauen?

Die Heilung unserer sexuellen Wunden, das Annehmen und feiern unserer Erotik ist eines der Themen im Tantra. Bevor wir sexuelle Energie für unser spirituelles Erwachen nutzen können, bevor sexuelle Vereinigung zur Meditation werden kann, bevor wir uns ekstatischen Zuständen überlassen können, brauchen unsere Verletzungen liebevolle Aufmerksamkeit. Denn so lange nicht gefühlter und unverarbeiteter Schmerz in unseren Körpern lagert und die Energie absorbiert, kommen wir nicht weit. Wir müssen uns früher oder später diesem Schmerz erneut stellen, wenn wir ihn heilen wollen.

Der Heilungsprozess ist allerdings oft lebenslang, und wer möchte schon so lange warten, bis wir auch die Freuden tantrischer Begegnung erforschen können? Unser Erleben läuft immer auf verschiedenen Ebenen gleichzeitig, und wenn wir mit jemandem im Bett sind, sind dort meistens eine ganze Ansammlung von Personen mitbeteiligt: unser bewusstes Ich, unser verletztes Kind, unsere strafende Mutter, unser verspieltes Kind, unser drohender Vater, unsere versorgende Mutter, unser innerer Teenager ..., und vielleicht auch schon unser innerer Tantriker. Alle diese Aspekte sind mit im Bett, ob wir wollen oder nicht.

Wir können höchstens verschiedene innere Stimmen, wie sie z.B. im „Voice-Dialogue" genannt werden, aus unserem bewussten Erleben verbannen, um den Preis reduzierter Lebendigkeit und Ganzheit.

Wie erwachsen müssen wir für Sex sein? Wenn wir das Innere Kind aus unserer Sexualität ausschließen, dann wird unsere Sexualität genauso wie die Politik, die Wirtschaft, die Kultur: in der Substanz grau, übertüncht durch grellfarbige Propaganda. Dürfen wir mit Sex spielen? Dürfen wir im Sex 'Nicht wissen'? Dürfen wir unsere körperlichen Lüste neu erforschen? Dürfen wir unserem Partner Fragen stellen wie beim „Doktor-Spielen"? Oder müssen wir weiter so tun, als wüssten wir schon alles: Vorspiel, Hauptspiel, Höhepunkt, Nachspiel. Ende.

Im Tantra gibt es so vieles neu zu entdecken, nicht zuletzt auch in unserer Erotik und Sexualität. Es gibt Zustände von Lust, Liebe und Ekstase, von denen die meisten Menschen nicht einmal zu träumen wagen. Der Weg dahin ist jedoch nicht einfach, er führt durch die Heilung unserer Wunden und durch die Achterbahn aller unserer Gefühle. Es ist ein Weg des Lernens. Um so schöner wäre es, wenn diesmal mit dem Beginn des tantrischen Lernens der Ernst des Lebens aufhören würde. Tantra wäre eine Schule, in der es okay ist, Fehler zu machen. Eine Schule, in der authentische Erfahrung wichtiger ist als totes Wissen. Eine Schule, in der es nicht darum geht, besser oder der Beste zu sein, sondern du selbst. Eine Schule, in der es möglich ist, Lieben zu lernen. Eine solche Schule achtet und respektiert das Innere Kind, den Aspekt in uns, in dem wir noch all die Erfahrungen und Potentiale unserer Kindheit in uns tragen.

Wenn ich die Sorgen von Männern oder Frauen, die uns anrufen und die sich für Tantra interessieren, aber gleichzeitig noch Ängste haben, auf einen Nenner bringen sollte, dann wäre der: darf ich in Tantrakursen sein wer und wie ich bin oder wird von mir etwas Bestimmtes erwartet? Ich höre in dieser Frage das Innere Kind, das eine Kindheit lang mit Erwartungen bombardiert wurde, wie es sein soll und was es zu tun hat. Aus dieser Erfahrung heraus fällt es den meisten Menschen schwer, es sich auch nur vorzustellen, dass es einen Raum geben könnte, in dem Du ermutigt wirst, nicht mehr und nicht weniger als Du selbst zu sein. Einen Raum, in dem Du nichts tun musst, fast alles tun darfst (außer bestimmter Regeln zum eigenen Schutz und zum Schutz der anderen), und in dem Du eingeladen wirst zu fühlen, was Du fühlst. Einen Raum, in dem das Innere Kind sicher ist.

Für die Sicherheit des inneren Kindes ist es zentral, dass Grenzen respektiert werden. Grenzen sind organisch und dynamisch, sie verändern sich ständig, genau wie unsere Gefühle. Grenzen sind etwas anderes als unsere angelernten Blockaden oder statischen, verinnerlichten Verbote. Für fast alle Frauen und für sehr viele Männer ist das Nicht-Respektieren der eigenen Grenzen eine der größten Wunden und Hemmnisse für Intimität. Wenn ich meinem Partner nicht jederzeit „Stopp" sagen kann, wie kann ich mich dann öffnen und „Ja" sagen?

In unseren Gruppen gibt es in jeder Situation, in jeder Übung und in jeder Struktur einen sicheren Platz, der es möglich macht, Grenzen jederzeit zu respektieren und Stop oder Nein zu sagen. Ich höre immer wieder von Tantra-kursen, in denen nicht so viel oder gar kein Wert auf den Respekt für Grenzen gelegt wird. Dort heißt es dann „Kümmere Dich darum in einer Therapie" oder „das sind nur Deine Egoverhaftungen, lass die einfach los". Jedes „Puschen" über die Grenzen hinweg bringt vielleicht manchmal vordergründig Erfolge, neue Er-fahrungen und ein kurzfristiges Gefühl von Freiheit. Es verschreckt aber erneut das Innere Kind, und tiefe Entspannung rückt noch weiter in die Ferne. Darüber hinaus kommen sehr viele Menschen mit sexuellen Missbrauchserfahrungen zum Tantra, oft zunächst gar nicht bewusst. Wenn Grenzen dann erneut nicht respektiert werden, wiederholt sich oft nur die alte Missbrauchssituation.

Gerade weil wir mit „erwachsenen" Themen arbeiten, mit dem Dialog zwi-schen Mann und Frau, mit Erotik und Sexualität, mit Liebe und Meditation, ist es um so wichtiger, das Innere Kind bewusst dabei zu haben. Es kann sein, dass es in einer lust- und liebevollen Situation anfängt zu schreien und zu weinen, und niemand weiß in diesem Moment warum. Reagieren wir dann wie unsere Eltern mit „Hör sofort damit auf, Du störst!!" oder „Ist ja schon gut" oder „Du brauchst nicht zu weinen, es gibt gar keinen Grund!"? Oder können wir uns erlauben, das Erleben unseres inneren Kindes in unsere erwachsenen Begegnungen zu integrieren?

Wenn wir das Innere Kind ausschließen, weil wir z.B. zielstrebig auf bestimmte ekstatische Zustände hinarbeiten wollen, weil wir Angst haben, was unser Partner davon hält oder weil es in der Meditation unsere Stille stört, dann ist es ja nicht aus der Welt. Es geht in den Untergrund. Dort wird es im schlimmsten Fall verkümmern, im besseren Fall wird es von dort aus unsere erwachsene Welt sabotieren und uns darauf aufmerksam machen, dass wir etwas sehr wertvolles aus unserer Erfahrung ausschließen. Es wird möglicherweise in den unpassendsten Momenten das Steuer übernehmen und uns eine Menge Ärger einbringen. Es kann Beziehungen zerstören und psychosomatische Symptome herbeizaubern. Es kann besonders gut unsere Sexualität stören. Das Innere Kind kann wirklich biestig werden, wenn wir ihm nicht zuhören. Genauso wie reale Kinder.

Ich selbst brauche auch immer wieder den Ärger, den mein Inneres Kind mir macht, um aufzuwachen. Inzwischen begreife ich allerdings oft schneller, was es mir sagen will, wenn mein Hals zu schmerzen anfängt oder wenn ein Beziehungsstreit zu eskalieren droht. Wenn ich mit meinem inneren Kind nicht in Kontakt bin, kann ich tantrische Rituale komplett vergessen. Es verpasst mir dermaßene Unlustgefühle, die so lange anhalten, bis ich hinhöre.

Wenn ich mich umschaue und mir die allgegenwärtigen Beziehungskonflikte und -desaster anschaue, dann bekomme ich den Eindruck, als wenn in allen diesen Konflikten niemals zwei Erwachsene miteinander streiten. Es sind oft zwei etwa dreijährige innere Kids, die am Steuer sitzen und das Geschehen bestimmen. Das können sie nur so lange tun, weil die streitenden Erwachsenen gar nicht merken, was in ihnen gerade ihr Verhalten bestimmt und kontrolliert. Auf diese Weise kann das Innere Kind geradezu diktatorisch werden. Der Ausweg liegt nicht darin, das Innere Kind zu verbannen, er liegt auch nicht darin, das Innere Kind am Steuer des eigenen Verhaltens zu belassen. Er liegt darin, das Kind behutsam auf den Beifahrersitz zu setzen, das Steuer wieder selbst in die Hand zu nehmen und dann dem inneren Kind zuzuhören. Dann hört es meistens erstaunlich schnell auf, uns zu sabotieren oder zu tyrannisieren.

Aber es gibt nicht nur diese negative Motivation, das Innere Kind in unser Erleben zu integrieren. Viel größer sind die Geschenke des inneren Kindes. Wer freut sich am meisten über einen wundervoll geschmückten Raum für ein tantrisches Ritual, mit Kerzen, schönen Düften, Federn, Glocken, Zimbeln und schönen Tüchern? Für das Innere Kind ist das wie Weihnachten. Mit dem Ambiente ist es natürlich nicht getan, dass sich unser Inneres Kind wohl fühlt. Es ist die Wiederverzauberung unserer Welt, die vor allem das magische Kind aufblühen lässt, und mit ihm unsere Intuition und unsere spirituelle Verbundenheit mit der Existenz. Es ist die Ziellosigkeit und das neugierige Erforschen erotischer Energie, die das spielerische Kind wach werden lässt und mit ihm eine Unermeßlichkeit an Kreativität, an Leichtigkeit und an müheloser Lernbereitschaft. Es ist der Raum des 'Nicht-Wissens', der das spontane Innere Kind ermutigt, einfach zu sein, ohne sich anpassen zu müssen, und mit ihm geschehen oft Durchbrüche in eine andere Dimension, in die Dimension von Sein jenseits aller Solltest, Müsstest, Dürftest. In diesen Seinszuständen können wir erfahren, dass Lust und Liebe unsere Natur sind und dass Lust und Liebe immer schon da sind, wenn wir aufhören, sie zu verhindern. Das Innere Kind kann uns dorthin führen. Tantra kann uns dorthin führen. Wenn das Innere Kind im Tantra dabei sein darf, dann führt ja kaum noch ein Weg an der Liebe vorbei, an dem Geschenk unserer Existenz.

Lust und Schmerz

Tore zum Sein

Zum Geschenk unserer Existenz und auch unserer Sexualität gehört allem Anschein nach nicht nur die Lust, sondern auch der Schmerz. Allen Lebewesen scheint es gemeinsam zu sein, dass sie angenehme Empfindungen suchen und unangenehme meiden. Beeindruckend, mit welcher Klarheit z.B. eine Katze sich anschmiegt, wenn sie Lust darauf hat, und wie sie sich schnell davonmacht, wenn es ihr unangenehm wird. Unsere natürlichen Wegweiser, die uns von Geburt an mitgegeben wurden, sind einerseits organisches Wohlbefinden bis hin zu intensiver Lust und andererseits Unwohlsein bis hin zum Schmerz. Diese Wegweiser sind dazu da, uns in Richtung wachsenden Wohlbefindens zu bewegen. Darüber hinaus helfen sie uns, in der Gegenwart präsent zu sein.
Wenn ich jedoch betrachte, welche Erfahrungen wir als Menschen, und besonders als erotische und sexuelle Wesen, miteinander machen, dann scheint es manchmal gerade genau umgekehrt zu sein. Einfach unserer Lust zu folgen bringt uns manchmal in sehr schmerzliche Situationen, und Schmerzvermeidung macht eine Beziehungskrise oft erst richtig katastrophal.
Welcher Mann, der richtig Lust auf eine Frau hat, wagt es noch, dies direkt und unmittelbar zu zeigen? Zu oft hat er zu hören bekommen, dass Männer doch immer nur das Eine wollen, sexfixiert sind und Frauen nicht respektieren, wenn sie einfach ihrer Lust folgen. Und Frauen, die Angst vor dem Schmerz

des Verlassenseins haben und diese Erfahrung unbedingt vermeiden wollen, ziehen doch oft genug wie magisch genau diese Erfahrung wieder an.

Es scheint so, dass wir auf dem Ozean des Lebens unseren naturgegebenen Navigationshilfen Lust und Schmerz nicht mehr vertrauen können. Etwas in uns scheint im wörtlichen Sinne verkehrt zu sein. Dementsprechend viele Frauen und Männer finden, trotz großer Sehnsucht nach einer erfüllenden Beziehung, nicht mehr zueinander oder ihre Beziehung überlebt kaum die Verliebtheitsphase.

In meiner Erfahrung sind es tiefe Wunden, die unser Vertrauen in die Weisheit von Lust und Schmerz über Jahrhunderte oder Jahrtausende untergraben haben. Diese Tradition haben wir in unserer Kindheit sozusagen im Zeitraffer verinnerlicht. Jeder und jede von uns kann ein Lied davon singen, wie unser Vertrauen in unserer Kindheit verletzt oder gar zerstört wurde. Unser Verhältnis zur Sexualität ist oft eine Brennpunkt dieser Entwicklung, aber sicher nur die Spitze vom Eisberg. Dennoch können wir gerade durch eine neugierige, einfühlsame und respektvolle Erforschung unserer Sexualität zu einem tieferen Verständnis unserer Lust zurückfinden.

Ich liebe Lust, ich liebe geilen und wilden genauso wie zarten und meditativen Sex. Wenn ich mich aber genau beobachte, merke ich, dass ich oft gar nicht aus einer unmittelbaren Lustempfindung heraus der Lust folge sondern aus einer Erinnerung oder Phantasie. Manchmal suche ich auch Lust als Vermeidung, weil ich z.B. Leere, Trauer oder Anspannung gerade nicht spüren möchte. So gesehen ist es kein Wunder, dass die Navigation nach der Lust nicht funktioniert.

Wirkliche Lust entsteht aus dem zunächst zarten und delikaten Zusammenspiel von weiblicher und männlicher Energie in unserem Körper. Physiologisch gesehen sind es die beiden Zweige des autonomen Nervensystems, der Sympathicus und der Parasympathicus, die beide beteiligt sein wollen, damit sich Lust entfalten kann. Aus der Polarität dieser Energien entsteht lustvolles Strömen im ganzen Körper. Für solche frei fließende und pulsierende Lust brauchen wir uns nicht anstrengen, und sie führt uns – wenn wir ihr folgen – auch in kräftigere Gefilde von Begehren und zuweilen auch bis zu Höhepunkten des Loslassens und darüber hinaus. Sie hat Zeit, sich in uns auszubreiten, weil wir sie nicht vorzeitig zum Orgasmus puschen, und sie kann uns dadurch auch vollständiger ergreifen. Sie kann leichter unser Herz berühren und unseren

Verstand transzendieren. Eine ganze Landschaft erotischer Erfahrungs- und Begegnungsmöglichkeiten öffnet sich vor den Toren unserer Sinne.

Diese Art Lust bleibt jedoch auch offen für vermeintliche „Störungen". Sie dient nicht der Schmerzvermeidung, im Gegenteil respektiert sie auch unangenehme Empfindungen in deren eigener Weisheit und lässt ihnen Raum und Weite, ihre Botschaft an uns zu übermitteln.

Wir kennen wahrscheinlich alle diese Situation: ein Partner ist so richtig in Fahrt, und der andere – wenn er sich denn traut – kommt nicht hinterher und bremst den ersten aus. Wenn dafür keine Akzeptanz in der Beziehung vorhanden ist, dann werden solche Störungen schnell chronisch und die Lust aufeinander versiegt. Wenn wir jedoch offen dafür sind hinzuschauen, dann können wir entdecken, dass der vermeintlich störende Partner auf etwas aufmerksam macht, was in das sexuelle Erleben integriert werden möchte und was dann der ganzen Erfahrung mehr Tiefe und Erfüllung geben kann.

Damit komme ich zur anderen Seite unseres natürlichen Navigationssystems. Wir lernen nicht nur durch Lust, sondern auch durch Schmerz. Wir leben allerdings in einer Schmerzvermeidungskultur. Es gilt schon fast als Menschenrecht, keinen Schmerz mehr fühlen zu müssen. Und dennoch sind die meisten Menschen voller Schmerz, viele ohne es zu merken. Sie haben gelernt den Schmerz zu betäuben. Schmerz ist der unmittelbare Ausdruck davon, dass etwas in uns in Anspannung oder in Unfrieden ist. Was das genau ist, erfahren wir nur, wenn wir uns auf den Schmerz einlassen und ihn spüren, nicht indem wir eine Schmerzpille einwerfen oder ihn verdrängen. Wenn wir auf den Schmerz hören und ihn innerlich annehmen, verliert er meistens nach einer anfänglichen Phase größerer Intensität seine quälendsten Eigenschaften. Er wird zum Wegweiser. Dem Partner unseren Schmerz zu zeigen kann uns auch nach heftigen Konflikten wieder öffnen und Nähe und Verständnis herbeiführen. Der Effekt der Schmerzvermeidung ist das Gegenteil: aus Schmerz wird dumpfes Leiden, wir verschließen uns und wir verlieren die Orientierung.

Wenn wir im Körper einen Schmerz einfach ignorieren oder betäuben, dann versiegt meist auch die Lust. Und die Wahrscheinlichkeit wächst, ernsthaft zu erkranken. Genauso ist es in unseren Beziehungen. Wenn meine Lebensgefährtin etwas macht, was mir weh tut, dann ist mein Verstand manchmal rasend schnell damit beschäftigt, nach Lösungen zu suchen, auch wenn er sich dabei immer wieder im Kreis dreht. Meine ganze Energie konzentriert sich im

Kopf. Die gedankliche Suche nach Lösungen ist gewöhnlich schneller als das Schmerzempfinden und führt mich nicht zu einer wirklichen Lösung sondern allzuoft in heillose Situationen, die mich wütend oder resigniert hinterlassen. Inzwischen gelingt es mir immer häufiger, auf Beschuldigungen zu verzichten, weil ich weiß, dass dadurch eine noch schmerzhaftere Spirale in Gang kommt. Manchmal helfe ich mir mit Rückzug. Die Zeit kann Wunden heilen.

Oft genug taucht dann aber eine ähnliche Situation wieder auf, bis ich irgendwann genug Geistesgegenwart besitze und mich erinnere: es geht zunächst darum, das, was ist, zu fühlen. Wenn ich da hinein entspanne, dann zeigen sich Lösungen oder Perspektiven wie von allein. Plötzlich habe ich den Eindruck, dass meine Partnerin mir zuhört, nachdem ich mich vorher so oft von ihr nicht gehört gefühlt habe. In Wirklichkeit spüre und lausche ich aber jetzt selbst mehr in mich hinein, auch wenn es weh tut. Das spiegelt dann oft meine Partnerin, indem auch sie auf ihre Abwehr verzichten kann und mir wirklich zuhört.

Schmerz offenbart seine Weisheit, wenn wir ihn fühlen und auf ihn hören. Oft genug ist es alter Schmerz, der in Beziehungen reaktiviert wird. Dafür kann es keine Lösung mehr geben, denn die alten Situationen sind vorbei. Der Schmerz klopft so lange an die Türe, bis wir ihn spüren und von Herzen annehmen. Dann kann er heilen.

Tantra lehrt uns nicht zuletzt das Leben zu genießen, unsere Lust anzunehmen und zu leben und auch darin spirituell zu wachsen. Daneben ist es aber auch die Fähigkeit Schmerz zu fühlen, die uns menschlicher werden und unser Mitgefühl reifen lässt. Schmerz gibt uns Zugang zu unserer Tiefe. Gelassenheit gegenüber dem Schmerz verleiht uns Würde, die ihre eigene Anmut hat und unser verletzliches Herz kräftigt.

Eigentlich könnte es einfach sein. Lust und Schmerz sind weise Ratgeber, wenn wir auf sie lauschen. Und sie bringen uns in die Gegenwart. Sie sind immer jetzt. Manchmal ist es schwer, ihre Botschaft zu empfangen. Wenn ich mir meine Gewohnheiten anschaue, Schmerz zu vermeiden, dann kommen sie mir zuweilen übermächtig vor. Ich fühle mich dann ohnmächtig und hoffnungslos. Unser Misstrauen und unsere Missverständnisse reichen wohl sehr tief, und es braucht etwas Drittes, um wirklich zu heilen und neu zu vertrauen: Unser Herz, unsere Liebe, unsere Bereitschaft alles so dasein zu lassen wie es ist. Die Kunst des Seins.

In diesem Raum der Achtsamkeit und Liebe entdecken wir die Weisheit des

Lebens, die größer ist als wir, auch größer als unsere eingefahrenen Gewohnheiten. Veränderungen geschehen wie Wunder. Wir können sehen, dass das Leben oder der Partner, der uns so sehr verletzt hat, zugleich auch Spiegel sind und eine beständige Einladung zu Bewusstheit und Heilung. Wir können Verantwortung übernehmen, zu unserer Lust stehen, uns unsere Verletzungen und Irrtümer vergeben und zu einer unmittelbaren Unschuld zurückfinden. Lust und Schmerz werden zwei Tore zum Sein. Sein mit dem, was ist. Darin liegt das Geheimnis tiefer Erfüllung.

Männliche Höhepunkte

Mann gönnt sich ja sonst nichts – oder vielleicht doch?

Ist Sex ein Männerthema? Nach tausenden von Jahren Patriarchat könnte es manchmal den Anschein haben. Darin liegt eine tiefe Wunde, nicht nur für Frauen, sondern auch für uns Männer. Ein Leben ohne Sex ist für die meisten Männer erschreckend, nicht vorstellbar. Viele Männer kaufen sich den ersehnten sexuellen Kick oder was dazu nötig ist, ganze Industrien leben davon. Das ist offensichtlich immer noch besser, als ganz ohne dazustehen.
Wenn wir die ganze Palette von pauschalen Urteilen und Bewertungen wie „Männer wollen doch nur das eine" oder „Männer sind Schweine", mit denen dieses Phänomen oft genug belegt worden ist, einmal beiseite lassen, dann können wir feststellen: Für Männer ist eine unermessliche Menge Energie mit dem Sex verbunden. So gesehen ist es verständlicherweise nicht leicht, damit bewusst umzugehen. Was wir Männer durch ein bewusstes Erforschen unserer Sexualität entdecken können, das möchte ich zumindest anklingen lassen.
Ob und inwieweit die folgenden Ausführungen zumindest teilweise auch auf Frauen zutreffen, lasse ich offen. Mein Fokus sind jetzt einmal nur die Männer.
Welche wundersame Magie, welches Glücksversprechen, welcher unwiderstehliche Trieb, welche Suche nach Geilheit sind da am Werk und lassen uns Männer in einer enormen Vielfalt immer wieder nach dem Einen suchen? Zwei Motive kommen mir zuallererst in den Sinn: zum einen die Vereinigung mit der Frau, mit dem Weiblichen, und zum anderen der sexuelle Höhepunkt, der Or-

gasmus gepaart mit der Ejakulation. Beides ist zutiefst verlockend, aber beides enthält auch ein großes Risiko. Bei den Spinnen frißt die Schwarze Witwe nach der Kopulation das Männchen, die Gottesanbeterin enthauptet es noch während des Aktes. Mann braucht allerdings keine männliche Spinne sein, um Angst davor zu haben. Die Vereinigung mit der Frau, wenn sie nicht nur rein physisch bleibt, bedroht tatsächlich unsere Ich-Grenzen, unsere männliche Identität wird an einem Punkt bedeutungslos. Wir werden sozusagen psychisch gefressen. Der orgastische Höhepunkt, wenn er wirklich unseren ganzen Körper, unser ganzes Sein mit erfasst, ist ein Sterben, er kehrt jede Polarität um. Wir sind nicht mehr das, was wir waren, und wir sind plötzlich auch das, was wir nicht sind. Wir sind Alles. Wir lösen uns auf. Dass beides zusammen kommt, die Vereinigung und der Orgasmus, nach was sollten wir uns mehr sehnen? Und was sollte erschreckender sein?

Und dann?

Viele Männer erwachen aus diesem Taumel als ziemlich genau diejenigen, die sie waren. Ernüchtert zwar, aber wohlbekannt. Etwas hat gefehlt, oder es war zumindest nicht von Dauer. Vielleicht schlafen wir erstmal eine Runde oder rauchen eine Zigarette des Vergessens, bis das Verlangen neu erwacht.

Das Sexualverhalten der meisten Männer erinnert an Suchtstrukturen. Wir sind mehr oder weniger sexsüchtig, obwohl oder gerade weil wir nie das bekommen, was wir eigentlich wollen. Aber was wollen wir eigentlich? Um das herauszufinden braucht es Neugier und vielleicht auch eine gewisse Unzufriedenheit mit den Zyklen von Begierde, Befriedigung und Enttäuschung. Es braucht die Bereitschaft, ungewohnte Pfade zu betreten und inmitten des Strudels von Erregung, Lust und Ekstase innezuhalten.

Innehalten. Wenn wir in dieses Wort hineinlauschen, hören wir schon eine der Empfehlungen des Tantra, um die Sexualkraft bewusst zu erleben und mit ihr zu unserem Kern vorzudringen: der Verzicht auf die Ejakulation. Diese Empfehlung löst bei den meisten unvorbereiteten Männern eine ganze Palette von Reaktionen aus. Viele reagieren mit Unverständnis („Was soll das denn bringen?") oder Empörung („Sollen wir um den Hauptpreis betrogen werden?"). Oder sie deuten die Empfehlung schnell in einen zeitweiligen Verzicht auf Ejakulation um. Das kennen viele Männer, dass der Höhepunkt viel geiler wird, wenn er länger hinausgezögert wird. Aber dann gar nicht kommen???

Viele Mythen ranken sich rund um das Thema Ejakulation, von der Geschichte des Onan, der verbotenerweise seinen Samen verspritzt hat, ohne für Nachkommen zu sorgen, bis hin zu taoistischen Lehren des Verlustes an Chi Energie, die an die Ermahnung „Du hast nur tausend Schuß!" erinnern, mit denen manche von uns als Teenager in Angst und Schrecken versetzt wurden. Auf der Basis solcher sexualfeindlicher Konditionierungen werden auch Lehren wie Tantra oder Tao schnell wieder zu neuen Dogmen, die Pharisäer hervorbringen, uns in unserer Erfahrung aber kaum der Magie des Sexus näher bringen. Mit den folgenden Ausführungen möchte ich also keine neuen Glaubenssätze aufstellen. Vielmehr möchte ich dazu anregen, selbst zu erforschen, zu entdecken, sich mit Achtsamkeit und Bewusstsein in die sexuelle Erfahrungswelt hineinzubegeben, alles für möglich zu halten und nichts zu glauben, was du nicht selbst erlebt hast.

Orgasmus und Ejakulation sind nicht das gleiche. Es gibt Orgasmen ohne Ejakulation und Ejakulationen ohne Orgasmus. Auch die männliche Sexualität ist nicht ganz so simpel wie es noch in vielen Sex- und Aufklärungsbüchern geschrieben steht. Während die Ejakulation normalerweise klar und unverkennbar zu Tage tritt, ist der Orgasmus ein komplexeres Phänomen, das sich bei näherer Erforschung in sehr verschiedenen Qualitäten ereignen kann. Die Palette reicht von einem körperlich sehr eng umgrenzten lustvollen Reflex, vergleichbar einem Niesen, das einen Erguss auslöst, bis hin zu einer den ganzen Körper umfassenden seelischen Hingabe, in der sich für Momente, vielleicht sogar länger, jede Identifikation auflösen kann. Der Unterschied könnte kaum größer sein, und dennoch handelt sich um zwei Pole eines Kontinuums.

In dem Alter, in dem wir als Jungen normalerweise anfangen, Orgasmen zu erleben, waren die wenigsten von uns wirklich frei, ihn in seiner Vieldimensionalität offen zu erforschen. Ganz im Gegenteil, viele von uns taten es heimlich unter der Bettdecke und waren noch bemüht, nicht laut zu sein und keine verräterischen Flecken zu hinterlassen. So hat der pubertierende männliche Körper gelernt, das lustvolle Geschehen eng zu begrenzen und es sich bloß nicht ausbreiten zu lassen. Viele Jungen haben darüber hinaus gemerkt, dass sich durch die lustvolle Entladung bequem auch andere unangenehme Gefühle vertreiben lassen, indem sich danach eine gewisse schläfrige Entspannung einstellt, die uns mancher Sorgen zu entheben scheint.

Damals war uns sicher nicht bewusst, dass wir damit Sex systematisch an ein Verhaltensmuster koppeln, das die vorhandene Energie in den Genitalien vorübergehend konzentriert, um sie dann mit der Entladung im ganzen Körper abfallen zu lassen. Sorgen und Unbehagen waren nicht weg, wir haben sie nur nicht mehr gespürt.

Wenn wir jetzt als erwachsene Männer plötzlich anfangen, Sex ohne Ejakulation zu erforschen, dann ist das überhaupt nicht lustig, so lange wir in diesem alten Verhaltensmuster gefangen bleiben. Dann wird uns nämlich tatsächlich der einzige tiefe lustvolle Moment auch noch geraubt, und wir bekommen obendrein noch die Probleme und das Unbehagen zurück, was wir vorher durch das zeitweilige Ablassen von sexuellem Druck bequem entsorgen konnten.

Eine tantrische Erweiterung unserer Sexualität ist energetisch gesehen genau das Gegenteil des oben beschriebenen Verhaltens. Wir benutzen die sexuelle Erregung zusammen mit frei fließender Atmung, um das Energieniveau im ganzen Körper anzuheben, um alle unsere Empfindungen deutlicher spüren zu können und in hoher erotischer Ladung zu entspannen. Das hat den enormen Vorteil, dass wir Lust im ganzen Körper und lange bevor ein Entladungs-Orgasmus einsetzt in einer Intensität erleben können, von der wir vorher kaum zu träumen gewagt haben. Aber, wie immer im Leben, es hat auch gravierende Nachteile: wir erleben auch die uns unangenehmen und schmerzlichen Gefühle, die wir erfolgreich verdrängt hatten, wieder neu und verstärkt und kommen kaum darum herum, uns diesen Gefühlen zu stellen.

In Männerworkshops und Tantragruppen habe ich zuweilen die Männer ermuntert, über Nacht damit zu spielen, sich mehrmals bis kurz vor einer Ejakulation zu stimulieren und dann innezuhalten und nicht zu kommen. Am nächsten Morgen haben wir die Erfahrungen zusammengetragen. Manche waren ganz kribbelig, konnten nicht mehr einschlafen, manchen wurde schlecht, andere wurden traurig oder wütend oder hatten bemerkenswerte und bezeichnende Träume. Einige, und zwar meistens die, die schon öfter damit experimentiert hatten, erlebten spontan eine Lust, die sich im ganzen Körper ausbreitet, ein wohltuendes, ekstatisches Vibrieren bis in die Zehenspitzen, ein tiefes Erfülltsein oder einfach Frieden. Und es gab immer welche, die es einfach nicht geschafft haben. Der Zwang zum Ejakulieren war für sie unüberwindlich.

Manche erlebten diese Übung als so frustrierend, dass sie über Jahre hinaus nichts mehr davon wissen wollten. Deswegen ist es gut, auf die zu erwartenden Hindernisse vorbereitet zu sein, wenn wir unser sexuelles Erleben erweitern möchten.

Sex ohne Ejakulation ist nämlich ein Supergau für die von unserer westlichen Kultur geprägte Männlichkeit. Eine solche Übung konfrontiert mit einem Schlag eine ganze Palette von Konditionierungen, die sich uns Männern tief in unsere Körper eingegraben haben.

Da ist zunächst die Fixierung auf ein Ziel. Es mag sein, dass es in unserer archetypischen Natur als Männer liegt, Ziele zu verfolgen. Die Fixierung auf ein Ziel, ohne dass der Weg dorthin wirklich erlebt werden kann, ohne Verbindung zum archetypisch weiblichen *Sein*, ist jedoch eine verzerrte und pervertierte Form von Männlichkeit, die wir allerdings tief verinnerlicht haben. Mit ihr geht die Abwertung des Weiblichen einher, die in unseren Körpern in der Unfähigkeit verankert ist, das pure Dasein als lustvoll und erfüllend zu erleben.

Das Spielen mit dem Ejakulationsverzicht konfrontiert mit unserer Gespaltenheit gegenüber den Gefühlen. Unser Gefühlsleben ist eine Ganzheit, der wir Gewalt antun, wenn wir sie in gute und schlechte Gefühle unterteilen. Männer gelten immer noch als weniger gefühlsbetont als Frauen. Dahinter stehen vor allem die ungezählten Glaubenssätze, mit denen wir Teile unseres Gefühlslebens entwerten und infolgedessen auch permanent unterdrücken. Wenn wir durch ein höheres Energieniveau im Körper unsere Gefühle deutlicher spüren, ist das eine gute Chance, uns nach und nach mit der ganzen Palette unserer Gefühle wieder anzufreunden.

Männlichkeit wird oft assoziiert mit Kontrolle haben müssen. Ist der Verzicht auf Ejakulation nicht ein weiterer Zwang zur Kontrolle? Viele Männer erleben vorzeitigen Samenerguss tatsächlich als Kontrollverlust. Dabei steht meistens gerade ein Übermaß an Kontrolle dahinter, die sich längst in chronischen Muskelverspannungen verselbständigt hat. Aus diesem Grund rate ich auch von vielen Techniken der „Ejakulationskontrolle" (z.B. die „Squeeze-Technik", bei der kurz vor dem Höhepunkt der Samenerguss durch Fingerdruck auf bestimmte Punkte unterbunden werden soll), wie sie in Sexratgebern, aber auch in manchen Tantrabüchern empfohlen werden, eher ab. Wir Männer können unser lustvolles Erleben viel besser erweitern, wenn wir früh genug vor dem „Point of no return" die Stimulation reduzieren und durch Entspannung und vertiefte Atmung die Erregung sich im Körper ausbreiten lassen. Auch dadurch klingt der unabweisbare Drang zur Entladung wieder ab, ohne dass die Energie ganz abfällt. Und schmerzhafte Symptome wie „dicke Eier" sind seltener.

Männer haben in unserer Kultur gelernt, Sex von vielen anderen Lebensbezügen abzuspalten. Sex ist inzwischen zwar auch öffentlich überall präsent, aber nicht in einer heilsamen, d.h. verbundenen Weise. Für die Heilung der Spaltung von Sex und Herz, von Sex und Spiritualität, und von Sex und Gemeinschaft ist kaum Raum, wenn wir uns immer nur auf einem schmalen Grad in Richtung Gipfel voranbewegen. Angeblich denken Männer alle paar Minuten an Sex. Wie wäre es, wenn diese Gedanken und Phantasien nicht ein abgespaltenes Schattendasein fristen müssten, sondern uns in jedem Moment mit der erotischen Spur verbinden, die als Lebenslust alles Leben durchdringt, ohne unbedingt immer explizit sexuell sein zu müssen?

Männer gelten als Kommunikationsmuffel. Wie langweilig würde auch der erotischste Tango, wenn alles nur auf den Schlußakkord abzielen würde. Genauso tanzen aber leider die meisten Paare den sexuellen Tanz im Bett. Wenn wir das Ziel eines Höhepunktes im Sex loslassen, dann gewinnen wir die Freiheit, uns in einem mehrdimensionalen sexuellen Raum zu bewegen anstatt auf einer Einbahnstraße. Erst in diesem Raum sind wir wirklich frei, im Sex mit einer Partnerin zu kommunizieren, offen unsere eigenen Impulse einzubringen und auf die Impulse der Partnerin zu antworten. Sex wird zu einem lebendigen, pulsierenden, kreativen Tanz der Körper.

Ich finde es also durchaus lohnend, im Sex damit zu spielen, keinen Erguss zu haben. Heißt das auch, dass wir keinen Orgasmus haben? Meine eigenen Erfahrungen und die vieler anderer Männer sind hier sehr unterschiedlich und vielfältig. Je mehr wir uns auf das Erforschen einlassen, desto mehr entstehen Erlebnisräume, die sich als orgastisch bezeichnen lassen und in denen eine Abgrenzung von Orgasmus und Nicht-Orgasmus schwer fällt und auch nicht mehr viel Sinn macht. Alle Varianten hier aufzuführen würde ein eigenes Buch füllen! Sei neugierig! Mach dich auf die Entdeckungsreise! Und ich spreche bewusst vom *Spielen*, denn mir ist jede Dogmatik in diesem Bereich unsympathisch. Wir haben genug Gebote und Verbote zum Thema Sex im Hirn, wir brauchen diese Liste nicht auch noch „tantrisch erweitern".

Hier einige konkrete Tips zum Spielen:

- Verbinde sexuelle Stimulation mit Körperbewegungen, die Muskelspannungen lockern und den ganzen Körper immer wieder ins Spiel bringen. Unterlasse ganz bewusst die Anspannung von Bein- und Gesäßmuskulatur, mit der du vielleicht sonst deine Lust in die Genitalien presst, oder lass zumindest zeitweilig alle Anspannung los. Unterbrich die sexuelle Aktivität und tanze eine Runde, und mach dann weiter.

- Wende deine Aufmerksamkeit immer wieder der Atmung zu. Du brauchst die Atmung nicht zu forcieren, sie vertieft sich von alleine, wenn du sie beobachtest. Auch dadurch kann sich deine Erregung im Körper ausbreiten.

- Erforsche deinen Anus, massiere das Perineum, spiele mit dem Schließmuskel. Wenn du mit einem Finger – oder vielleicht auch mit einem geeigneten Gegenstand – eindringen möchtest, erforsche das weiche Innengewebe und finde die Prostata, die sich etwas fester anfühlt als das umliegende Gewebe. Die Berührung und Massage der Prostata ist eines vom intimsten und lustvollsten, was Männer erleben können. Es kann aber sein, dass dir dort zunächst nur Schmerz, Brennen, Harndrang oder Empfindungslosigkeit begegnen, die alle eine Folge chronischer Verspannungen im Beckenbereich sind und Zeit brauchen, um zu heilen. Wenn du deine Empfindungsfähigkeit im Anus wiedergewonnen hast, kannst du die eher männliche Schwanzlust jederzeit mit der eher weiblichen Qualität deiner analen Lust verbinden, auch ohne dass du dort stimuliert wirst. Du entspannst den ganzen Beckenboden und gibst dadurch der Energie die Möglichkeit aufzusteigen und dein Herz und deinen Geist zu erreichen.

- Spiele mit den Empfindungen vor dem Orgasmus. Lasse sie sich immer wieder ausbreiten, durch Atmung, Bewegung und das Öffnen für die anale Lust. Kurz vor dem Orgasmus werden bereits sogenannte Glückshormone ausgeschüttet, die du viel ausgedehnter erforschen kannst, wenn du nicht kommst. Die Ejakulation bekommt oft eine ganz andere Qualität, wenn der zwanghafte Drang zu ihr nachgelassen hat. Die Energie hat sich im Körper ausgebreitet und fällt dann mit einem Samenerguss auch nicht so rasch ab. Wenn du also komplett vergessen hast, dass es auch noch den Orgasmus mit vollständiger energetischer Entladung und einem vollen, saftigen Samenerguss gibt, dann bist du für ihn bereit ....

Du kannst diesen Anregungen alleine nachgehen, aber natürlich kannst du sie auch in die Kommunikation mit deiner Partnerin oder deinem Partner einbauen. Manche Frauen werden überrascht sein, dass Männer sexuell nicht immer so einfach strukturiert sind wie sie dachten. Sie werden dich vielleicht fragen, stumm oder mit Worten, ob du sie überhaupt begehrst, wenn du nicht kommst. Deine eigenen, schon überwunden geglaubten Vorurteile werden dir vielleicht noch einmal von außen gespiegelt. Du wirst getestet, ob du es nicht vielleicht doch vor allem der Frau recht machen möchtest, oder ob du im Gegensatz dazu „ganz bei dir bleibst" und die Anwesenheit eines anderen Menschen gar nicht groß ins Gewicht fällt …

Hier kommt die zweite große Herausforderung. Wenn wir unsere eigene Fähigkeit entwickelt haben, in Lust zu schwelgen, ohne etwas erreichen und ohne etwas vermeiden zu müssen, können wir dann in dieser hohen energetischen Ladung soweit präsent bleiben, dass wir noch jemanden anders wahrnehmen als nur uns selbst? Dies ist die Schwelle zur wirklichen sexuellen Vereinigung. Meine Energie tanzt, deine Energie tanzt, wir können mit unseren liebgewordenen Identifikationen zurücktreten und die erotischen und sexuellen Körper frei miteinander tanzen lassen. Dieser Tanz wird nicht ohne Liebe bleiben, er wird uns im Herzen berühren und vielleicht weit darüber hinaus. In diesem Tanz werden wir verwandelt, Sex wird zur Transformation unseres Bewusstseins. Die Spinne lässt grüßen, die kosmische Spinne.

Dieser Prozess fängt nicht erst beim kosmischen Orgasmus an. Tantra beginnt mit der Neugier darauf, wer wir wirklich sind, und dazu gehört, wer wir als Männer sind. Wenn wir uns als Männer auf die Entdeckungsreise jenseits unserer sexuellen Konditionierungen machen, unsere Unschuld als sexuelle Wesen zurückgewinnen und lernen, bewusst mit unserer sexuellen Energie umzugehen und zu spielen, dann ist die unermessliche Energie des Sex eine Quelle unserer Motivation und Inspiration. Wir können mit ihr wachsen und reifen, in Lust und Liebe.

Sex zwischen Sucht und Vermeidung

Endlich ist sie nackt, geht es ihm durch den Kopf.
Sie neckt ihn gekonnt und quälend. Sie lässt sich Zeit.
Diese Lust, er findet sie göttlich. Er will in sie hinein. Nichts anderes zählt mehr für ihn als sich endlich mit ihr zu vereinigen.

Sie war gerade noch heiß auf ihn, doch plötzlich flaut ihre Lust ab. Sie ringt noch mit sich selbst, es trotzdem zu tun, um der guten Stimmung wegen.

Er ahnt schon, was jetzt kommen könnte, und wird noch drängender, will nicht wahrhaben, dass der Kontakt bereits verloren gegangen ist.

Sie ringt sich durch. Sie sagt Stopp. Sie klingt sicherer als sie sich fühlt.

Er reagiert verständnisvoll. Doch innerlich ist er enttäuscht und wütend.

Sie fühlt sich schuldig und schämt sich. Und sagt erstmal nichts.

Was werden die beiden jetzt tun? Sich enttäuscht zurückziehen? Den anderen mit subtilen oder offenen Vorwürfen traktieren? Sich in der Verletzlichkeit der eigenen Wahrheit zeigen und riskieren, noch mehr verletzt zu werden? Sich lachend in die Arme fallen und sich köstlich über diesen Klassiker unter den Komödien amüsieren? Umdrehen, einschlafen und das alles erstmal alleine verdauen oder bis zur nächsten Therapiestunde vertagen?

Wie wir mit Sex umgehen so gehen wir auch mit dem Leben um. Sex ist größer als wir selbst. Aus Sex sind wir geboren, von der sexuellen Polarität Yin und Yang sind wir durchdrungen, durch Sex pflanzt sich das Leben fort. Wer sind wir schon im Vergleich zu dieser universellen Kraft? Ein kleines Ich, einzigartig und unersetzlich, aber durchaus verzichtbar aus der Perspektive des großen Ganzen. Sind wir mit diesem Ich voll und ganz identifiziert – wie wir das gewöhnlich alle sind – dann ist die sexuelle Kraft etwas zutiefst bedrohliches, das niemals ganz unserer Kontrolle unterliegt. Ist diese Kraft ganz und gar entfesselt kann sie uns dazu verführen, uns selbst zu gefährden oder uns selbst ganz aufzugeben. Biologisch gesehen ist das sogar ihr Sinn. Arterhaltung geht vor Selbsterhaltung. Bei manchen Spinnenmännchen ist es ja üblich, nach der Paarung eines plötzlichen Todes zu sterben oder von ihrem Weibchen gefressen zu werden, auf dass der Nachwuchs gedeihe. So weit gehen Mann und Frau wohl kaum, aber etwas von dieser plutonischen Kompromisslosigkeit kann sich durchaus auch im menschlichen Sex offenbaren, nicht nur in SM-Studios. Wilde hemmungslose Lust kann geil sein oder auch Angst machen, oder beides. Ungezügelter Sex kann gewohnte soziale Verhaltensnormen außer Kraft setzen, Hierarchien durcheinanderwirbeln. Vielleicht sind dies Gründe, warum fast alle Kulturen den Sex durch irgendeine Art von Moral, Reglement oder Tabus in die Schranken zu weisen versuchen.

In unserer Kultur wurde Sex lange unterdrückt, abgewertet und verteufelt, und seit wenigen Jahrzehnten wird diese direkte Unterdrückung teilweise durch einen neuen Mechanismus ersetzt, der ebenso wirkungsvoll und doch weniger offensichtlich die anarchische sexuelle Kraft einzugrenzen sucht: sie wird funktionalisiert, sie wird gnadenlos vermarktet (Sex sells), sie wird auf Leistung getrimmt (Durchhaltevermögen und multiple Orgasmen als Pflicht) und Sexappeal wird zum Statussymbol. Durch all das wird die Sexualität eingebunden und festgezurrt in die vielfältigen Verstrickungen unserer Persönlichkeit, in die Abhängigkeiten und Begehrlichkeiten unseres kleinen Ich. Und allen diesen Mechanismen zum Trotz bleiben sie doch Gegenpole, die unmittelbare und universelle sexuelle Kraft und die Sicherheitsbedürfnisse unserer individuellen Existenz.

Wir alle haben unser eigenes Arrangement gefunden, wie wir mit diesem Dilemma in unserem Alltag umgehen. In unserem Alltag und in unserem ganz konkreten Körpererleben finden wir die entsprechenden sexuellen Muster wieder, in die uns unser kulturelles und familiäres Umfeld hineinwachsen ließ. Dabei bewegen wir uns zwischen den gleichen Polen wie auch unsere Kultur insgesamt. Entweder wir tendieren dazu, Sex weitgehend zu vermeiden, ihn körperlich kaum oder gar nicht zu spüren und/oder ihn in bestimmte Alltagsreservate einzusperren (nur Samstag Nacht, nur im Bett, nur mit meinem Partner, nur Mithilfe meiner Phantasie …). Sex wird dann bestenfalls zu einer mehr oder minder angenehmen Freizeitbeschäftigung oder unser Leben wird weitgehend asexuell. Vom Gewahrsein, in jedem Moment unseres Lebens von sexueller Polarität durchpulst zu werden und, bildlich gesprochen, mit brasilianischem Körpergefühl durchs Leben zu tanzen sind wir weit entfernt. Den anderen Pol erleben viele als eine Art Besessenheit von Sex. Manche Wissenschaftler wollen herausgefunden haben, dass Männer nicht nur alle paar Minuten, sondern sogar alle paar Sekunden an Sex denken. Frauen etwas seltener. Dieses Besetzt-Sein vom Sex, ob wir ihn nun konkret ausleben oder nicht, gleicht einer Sucht. In der Sucht bekommt Sex eine Funktion, er erfüllt einen bestimmten Zweck, der eigentlich nichts mit Sex zu tun hat, und kann dadurch kaum noch seine eigene Kraft entfalten.

Es ist kein Geheimnis, dass in unserer Kultur Frauen eher dazu neigen, Sex zu vermeiden und Männer mehr zur Sexsucht tendieren. Wir sehen es regelmäßig an den Anmeldezahlen zu unseren Workshops. Die einfache Formel lautet: je mehr Sex im Titel, desto mehr Anmeldungen von Männern, je mehr Liebe und Beziehung im Titel, desto mehr Frauen. Statistik ist manchmal unverschämt plump und direkt. Es gibt Ausnahmen, und eine Weile dachten wir sogar, der Trend dreht sich um. Derzeit scheint er sich wieder zu verstärken. Diese Polarität findet sich in vielen Beziehungen wieder. Die Muster sind längst Klischees und so abgedroschen, dass ich mich schon fast entschuldigen muss, sie hier vorzubringen. „Er will immer nur das Eine", „Sie will mehr Zärtlichkeit", „Muss denn jede Berührung gleich zum Sex führen?" „Kann sie denn nicht auch mal von sich aus initiativ werden?" Keiner kann's mehr hören, und doch ist das die klassische Rollenverteilung. Bestätigt durch viele Ausnahmen. Bei manchen Paaren wechseln die Rollen, was durchaus ein gutes Zeichen sein kann, denn wir können uns dann leichter in den anderen einfühlen. Andere investieren viel Energie in den Versuch, diese Muster vor dem Partner oder sogar vor sich selbst geheim zu halten, was nicht unbedingt ein gutes Zeichen ist. Aus dem verborgenen entfalten die Muster oft die stärkste Wirkung.

Ich selbst gehöre eher zur Kategorie der Sexsüchtigen. Ich bin nicht im klinischen Sinne sexsüchtig. Wenn ich aber ehrlich bin, dann muss ich zugeben, dass ich Sex, vor allem Sex mit mir selbst, oft in meinem Leben dazu benutzt habe, um andere Gefühle und Befindlichkeiten zu vermeiden. Um meine innere Leere nicht zu spüren. Um mich geliebt zu fühlen. Um mich von schmerzhaften Erlebnissen abzulenken. Um meine Einsamkeit zu vertreiben. Um Trauer oder Wut zu verdrängen. Um mich als Mann zu bestätigen. In meinem psychischen System hat Sex eine Funktion bekommen. Sex ist nicht frei, wenn ich mich z.B. selbst befriedige, um mich nicht so allein zu fühlen. Ich nenne diesen Sex „Umzu-Sex". Es ist wie bei anderen Süchten auch: Je dringender der Zweck ist, für den wir Sex oder Alkohol oder Essen oder Beziehungen oder Arbeit oder Medikamente oder was auch immer einsetzen, um so eher sind wir wirklich süchtig. Wir können nicht davon lassen, weil sonst das ursprüngliche lebensgeschichtliche Thema mit seinen mehr oder minder unerträglichen Gefühlen an die Oberfläche käme. Aber auch dann, wenn wir nicht süchtig im engeren Sinn sind, dient Umzu-Sex meistens dazu, den bedrohlichen Strudeln der sexuellen Eigendynamik zu entkommen und den Kopf über Wasser zu halten. Eine wirklich geniale Strategie: Wir kontrollieren den Sex durch Sex.

Für Menschen, die dazu tendieren, sexuelles Begehren eher nicht zu spüren oder auf Sparflamme zu kochen kann es gerade umgekehrt genau dann bedrohlich oder gar unerträglich werden, wenn die Situation oder der Partner so richtig geil wird. Auch hier gibt es oft lebensgeschichtliche Hintergründe wie sexueller oder erotisch-atmosphärischer Missbrauch. In der Vermeidung von Sex in seiner rohen Kraft liegt jedoch auch eine Strategie, das Leben nicht in seiner Fülle an uns heran zu lassen. Wir gehen lendenlahm durchs Leben und alles hat seine Ordnung.

Es bringt meiner Ansicht nach gar nichts, diese Symptome und Strategien zu beklagen und Besserung zu geloben. Bereits hier hilft uns die Haltung des Tantra, die uns lehrt, anzunehmen was ist. Daraus kann ein mitfühlendes Verständnis für uns selbst und füreinander wachsen. Die Veränderung geschieht dann manchmal fast wie von selbst, oder zumindest fühlt es sich so an, weil sie genau dann geschieht, wenn wir innerlich mehr losgelassen haben.

Aber wir brauchen eigentlich gar kein Tantra, um hier zu lernen. Ein Partner reicht aus! Sogar ein nicht vorhandener Partner hilft schon weiter. Das Leben präsentiert uns in der Regel genau die Partner und die Situationen, die uns früher oder später auf uns selbst zurück werfen. Diese Lektionen zu verstehen und auch anzunehmen fordert uns allerdings immens. Für den Mann heißt es dann: kann ich die Stopps und Neins meiner Partnerin annehmen, als Gelegenheit innezuhalten und hinzuschauen, welcher geheime Zweck sich gerade im Boot meiner Geilheit befördern lässt? Wie kann ich diesem Zweck seine eigene Würdigung zukommen lassen und dadurch frei werden, mit meiner Geilheit meiner Partnerin wirklich zu begegnen? Die Frau steht vor der Herausforderung, das drängende Begehren des Partners nicht einfach abzuwehren, sondern es willkommen zu heißen, was nicht bedeutet, dass sie es auch befriedigen muss. Mit einem liebevollen „Stopp mal" oder „Pause bitte", könnte sie sich von ihrem Druck befreien und sich die Zeit verschaffen zu spüren, wovor sie eigentlich zurückweicht. Wie kann sie auf ihre Weise ihre eigenen Bedürfnisse und aus diesen heraus auch ein Ja finden?

Das sind Lektionen, die immer neu und immer tiefer gelernt werden wollen. Ich muss hier meine eigenen Zeilen immer wieder lesen, so gerne vergesse ich sie und verliere mich in den Lektionen, die zu lernen ich am liebsten meiner Partnerin verordnen würde ... damit ich den Schmerz nicht mehr spüren muss, der unweigerlich hochkommt, wenn Sex die Zwangsjacke seines Eingebundenseins in Funktionen abstreift und seine unmittelbare Potenz entfaltet. Und das heißt dann auch, dass die sexuelle Energie durch den ganzen Körper strömen darf und ohne festes Ziel alle Gefühle in mir berühren kann, ob ich sie nun fühlen will oder nicht.

In dieses Verständnis hineinzuwachsen birgt die Chance, dass Sex zu einer erfüllenden und befriedigenden Dimension unseres Alltages wird. Ich habe lange geglaubt, ich müsste nur eine Frau finden, die eben auch soviel Lust auf Sex hat wie ich, und musste dann einsehen, dass diese naheliegende Lösung keine ist. Denn beim Partner oder der Partnerin merken wir viel schneller als bei uns selbst, wenn er oder sie im Sex gar nicht wirklich uns begegnet, sondern etwas anderem hinterherjagt. Genau das, was wir auch tun, wenn wir Umzu-Sex betreiben. Was uns nicht immer bewusst sein mag und uns doch tief frustriert. Was wir aber selten wahr haben wollen. Und so sind beidseitig sexsüchtige Paare oft auch streitsüchtige Paare, die nicht all zu lang zusammen bleiben. Ein Artikel in der Zeitschrift „Psychologie Heute" brachte es auf den Punkt: Je heftiger die Leidenschaft im Bett, desto dringender meide den Traualtar! Ein zwar nachvollziehbarer aber hoffentlich doch voreiliger Schluss.

Paare, die beide sexuell auf Sparflamme kochen, mögen gut im Alltag miteinander harmonieren und kaum noch merken, dass aus Mann und Frau Bruder und Schwester geworden sind. Alles läuft liebevoll und vielleicht sogar zärtlich ab, und es ist ganz und gar zahnlos. Auch nicht die große Erfüllung. Nicht selten bricht Eros dann plötzlich und bedrohlich von ganz unvorhergesehener Seite in den Alltag ein, indem z.B. ein Partner sich heftig woanders verliebt. Die wohlige Sicherheit hat sich als trügerisch herausgestellt. Es lohnt sich in jedem Fall, die eigenen sexuellen Muster zwischen Sucht und Vermeidung anzuschauen. Die meisten von uns brauchen allerdings mehrere freundliche oder auch krassere Erinnerungen des Schicksals, um diese Einladung anzunehmen und sich die Verantwortung für das eigene Liebesleben voll und ganz zur eigenen Brust zu nehmen.

Aus tantrischer Perspektive geht es allerdings um weit mehr als um einen erfüllenden sexuellen Alltag. Der Alltag von Tantraschülerinnen und -schülern traditioneller Schulen war aus heutiger Sicht zunächst nicht sehr erotisch. Es ging die ersten Jahre oder Jahrzehnte nur um Meditation. Bis dann irgendwann mit Hilfe innerer sexueller Bilder meditiert werden durfte, aber erst dann, wenn sie einen nicht mehr in blinder Lüsternheit davontragen. Einweihung in tantrische sexuelle Praktiken war in der Regel nur sehr Fortgeschrittenen vorbehalten. Mit solchen Aussichten wären hier nur wenige hinter dem Ofen hervor zu locken. Viele kommen zum Tantra, weil sie schlicht und einfach einen erfüllenden erotischen Alltag, weil sie Tag für Tag Liebe erleben wollen. Dies erscheint aus einer spirituellen Perspektive gesehen oberflächlich. Diese Motivationen abzuwerten finde ich allerdings weder tantrisch noch hilfreich. Sie sind ein wertvoller Ausgangspunkt, der wie alles andere auch angenommen werden möchte. Schlicht und einfach wird dieser Weg kaum bleiben, wenn wir ihn weiter gehen. Die meisten lernen hier recht schnell ihre inneren Achterbahnen kennen.

Wenn wir uns auf den tantrischen Weg machen und uns darauf auch im Alltag einlassen, dann werden irgendwann die tieferen Schichten berührt, und persönliche Liebe und leidenschaftlicher Sex werden zu einem Gleichnis für etwas Größeres, was sich darin abbildet. Soweit wir wach, bewusst und wirklich präsent sind, können wir im Eros eine Kraft spüren, die uns nie auf Dauer zufrieden sein lässt. Sie treibt uns weiter, sie bringt uns in Kontakt mit unserem zutiefst menschlichen Dilemma, einerseits grenzenlos lieben zu wollen und andererseits doch nur begrenzt lieben zu können. Dieses Paradox ist nur so lange ein Dilemma, wie wir uns weigern, es zu tanzen, es zu akzeptieren und unsere einzigartige Antwort darauf zu finden. Künstlerinnen, Tänzer und Poeten aller Zeiten haben dieses Thema zu Papier, zu Gehör und auf die Bühne gebracht. Es ist der Stoff, der uns zutiefst bewegt. Wir können aus dem Zuschauerraum heraustreten und unseren Alltag zum Mittelpunkt dieses spannenden Projektes machen. Sex gibt uns die Kraft und die Lust, diesen Tanz zu riskieren. Wir können jeden Tag neu – als sexuelle und liebesbegabte Wesen und mit allem was wir sind – riskieren zu erfahren, wie Sex, Liebe und Leben größer sind als wir selbst. Erfahrbar und doch nicht kontrollierbar. In unserer eigenen Verantwortung und doch so etwas wie Gnade. Wie erschreckend für unser Ich, das sich so sehr nach Sicherheit sehnt. Und wie schrecklich, wenn es anders wäre.

Liebe

Lieben zu lernen ist das Herz der Kunst des Seins. „Liebe ist nicht alles, aber Alles ist nichts ohne die Liebe!" spiegelt eine tiefe Weisheit unseres Erlebens. Ich wünsche mir für mich, für dich und für jeden Menschen auf diesem Planeten immer wieder den Mut, besonders da lieben zu lernen, wo wir daran scheitern und uns resigniert zurückziehen.

Unser Lieben lernen beginnt dann genau an diesem Platz: können wir uns lieben mit unserer Mutlosigkeit und Resignation? Können wir uns lieben in unserer Unfähigkeit zu lieben? Hier will der Verstand wahrscheinlich widersprechen, aber vielleicht können wir zuweilen unserem Herzen Gehör schenken.

Lieben heißt sein lassen

Eine lebendige Schule der Liebe

Die Verantwortung für unser Liebesleben zu übernehmen bedeutet nicht zuletzt auch bereit sein zu lernen. Müssen wir wieder zur Schule gehen? Das Fach Liebe kam wohl kaum in unserer Schullaufbahn vor. The Art of Being ist eine Liebesschule, aber von einer etwas anderen Art als andere Schulen. Viele Frauen und Männer besuchen Tantragruppen, um lieben zu lernen oder um im Alltag unerfüllte sinnliche, erotische oder emotionale Bedürfnisse zu befriedigen. Eine Liebesschule kann weit mehr vermitteln als Unterricht in esoterischen Sexualpraktiken.

Wenn ich das Image von Tantra in der Öffentlichkeit betrachte, dann wird jedoch eher letzterer Eindruck bestätigt. Schade, denn auf diese Weise werden viele Menschen abgeschreckt, die sich im Grunde ihres Herzens wirklich für mehr Liebe öffnen möchten und für die Tantra ein guter Weg sein könnte. Die meisten Menschen, die überhaupt schon einmal etwas von Tantra gehört haben, halten Tantra für nichts weiter als eine exotische Sexualtechnik. Wenn wir in der esoterischen Ecke des Buchladens das Tantra-Regal betrachten, sehen wir 90 % Bücher zum Thema Sex. Am Bahnhofskiosk finden wir Tantra-Videos, die wie Softpornos daherkommen. Viele Bordelle bereichern ihr Angebot um „Tantra-Massagen". Kein Wunder also, dass Tantra hauptsächlich mit Sex assoziiert wird. Unsere Kultur greift von jeder neuen Entwicklung zunächst einmal den Skandal auf, und das ist bei Tantra die Tatsache, dass Sex nicht nur bejaht, sondern sogar kultiviert und zur spirituellen Entwicklung genutzt wird. Sex quasi in der Kirche, das interessiert die Medien.

„Nichts für mich" ist die folgerichtige Reaktion vieler Frauen und auch Männer, denen eine so fixierte Ausrichtung auf Sexualität Angst macht, die glauben, sie seien dafür nicht schön, jung, emanzipiert oder selbstbewusst genug, oder deren Suche und Sehnsucht über Sex hinaus geht. Andererseits sind manche Männer und seltener auch Frauen froh darüber und wollen am Telefon schnell herausfinden, ob sich in unseren Kursen denn auch alle ausziehen und ob es mehr oder weniger garantiert auch zum sexuellen Kontakt kommt.

Liebe und Sexualität sind in unserer Kultur sehr gespalten. Für viele Menschen dient die tantrische Offenheit gegenüber Erotik und Sex als Beleg für Lieblosigkeit, Missachtung von Grenzen oder mangelndem Respekt. Für andere steht „Gefühlsduselei" nur im Weg, wenn sexuelle Wünsche und Phantasien endlich einmal Realität werden sollen oder wenn Sex gar als eine Art Expresszug zur Erleuchtung dienen soll.

Ja, Tantra verbindet Sexualität und Spiritualität, öffnet die „innere Flöte" vom Wurzel- bis zum Kronenchakra. Aber der Weg führt mitten durch das Herz, die Brücke ist die Liebe. Auch manche Tantriker scheinen mit ihren gezielten Übungen eine Art „Bypassoperation" um das Herz herum vornehmen zu wollen, suchen die höchste Ekstase mit sexueller Lust zu vereinen, aber wollen mit ihrem emotionalen Schmerz nicht behelligt werden, der sich um das Herz herum abgelagert hat und das Herz verschlossen hält. Ganzheit und Heilung können so nicht geschehen, denn wirkliche Vereinigung ist nur möglich in einem Zustand der Liebe.

Aber was ist Liebe überhaupt, dieses viel besungene, gedichtete, missverstandene und missbrauchte Wort, das doch von unserer Sehnsucht umschwirrt wird wie von Motten das Licht?

Zunächst einmal möchte ich erwähnen, was Liebe nicht ist:

- Liebe ist nicht Bedürfnisbefriedigung, auch wenn die meisten Liebesbeziehungen zum Zwecke der Bedürfnisbefriedigung eingegangen werden.
- Liebe hat nichts damit zu tun, Erwartungen zu erfüllen oder erfüllt zu bekommen. Erwartungen sind Stolpersteine auf dem Weg zur Liebe.
- Liebe ist nicht Wohlbefinden, obwohl viele Menschen Liebe suchen, um sich wohl zu fühlen. Liebe stellt sich nicht ein, wenn wir unserem Unwohlsein chronisch ausweichen.
- Liebe ist nicht Zweisamkeit, obwohl unsere Kultur uns vorgaukelt, dass nur Zweisamkeit der Hort der Liebe sei. Die romantische Falle, Liebe für eine Person zu reservieren und sich rund herum abzuschotten ist einer der Gründe für das Elend in vielen Liebesbeziehungen.
- Liebe ist nicht Erotik oder Sexualität. Sexuelle Anziehung als solche ist anonym, archaisch und rücksichtslos. Sie wird erst durch die Verbindung zum Herzen eine Angelegenheit von Ich und Du. Sexualität ist an sich blind, sie wird erst durch die Liebe sehend.
- Liebe ist auch nicht Glück. Aber Glück ist ein ebenso weites Feld …

Vor einiger Zeit war ich Zeuge eines gruppendynamischen Spiels. Sechs Mitglieder einer Gruppe waren aufgefordert, sich selbst bezüglich der eigenen Kompetenzen einzuschätzen und dementsprechend zwischen Platz eins bis sechs einzuordnen. Zunächst ging es ums Geld. Abgesehen von kleinen Differenzen konnte man sich über die Reihenfolge einigen. Dann ging es um Liebe. Es begann ein nicht enden wollendes Gerangel um Platz eins …

Experten der Liebe glauben viele zu sein, und dieser Glaube scheint auch durch Beziehungsdesaster und Kontaktschwierigkeiten hindurch unerschütterlich zu sein. Wenn doch nur die anderen auch so lieben würden wie wir selbst! Wer von sich nicht so überzeugt ist, hält Lieben vielleicht für eine Art Naturtalent, das, wenn man es schon nicht geerbt hat, sowieso nicht erreichbar ist. Uns dafür zu öffnen, dass es über die Liebe noch einiges zu lernen gibt, ist das Tor, durch das wir mehr Liebe in unser Leben einladen können.

„Love is letting be" (dt.: „Lieben heißt Sein Lassen") ist einer der Kernsätze von Alan Lowen, und er ist auch zu einem Leitsatz meiner Arbeit geworden. Das klingt einfach und ist auch einfach, aber gerade zu dieser Einfachheit zurückzukehren ist oft schwer. Es ist ein unendlicher Prozess, all die Stimmen in uns wieder zu Bewusstsein kommen zu lassen, die uns suggerieren, wir seien nicht okay oder das, was gerade geschieht, sei nicht in Ordnung. Wann immer wir etwas bewerten, lassen wir es nicht sein, sondern wir machen etwas daraus: etwas Gutes oder etwas Schlechtes. Frage einen Menschen „wie fühlst Du Dich?" und meistens wird die Antwort nicht sein, wie er oder sie sich fühlt, sondern die Bewertungen dieses Gefühls wie gut, schlecht oder vielleicht mittelprächtig. Viel seltener bekommen wir eine wirkliche Antwort wie traurig, wütend, ängstlich oder ruhig.

„Sein lassen" braucht zuallererst, dass wir uns erlauben zu fühlen, mit allen Sinnen wahrzunehmen, was wirklich da ist: in uns selbst, im anderen, zwischen uns. Je mehr wir uns erlauben zu fühlen, – und das beginnt natürlich mit dem Fühlen unseres physischen Körpers – begegnen wir den Gefühlen, die wir nicht geschehen lassen, die wir zurückweisen. Die Wurzel dafür ist das, was wir als Kinder gelernt haben: „Sei keine Heulsuse!", „Ein Indianer kennt keinen Schmerz!", „Halt Dich zurück!", „Du brauchst keine Angst haben", „Mach nicht so ein langes Gesicht!" usw. Wir haben gelernt, dass bestimmte Gefühle nicht willkommen sind und dass wir sie besser nicht sein lassen, weil wir sonst physisch oder emotional bestraft werden. Oft ist uns nicht bewusst, wie diese alten Entschlüsse nicht zu fühlen unsere Liebe begrenzen.

Dasselbe geschieht oft auch in Tantragruppen. Das Ritual ist wunderschön inszeniert, alle sind sinnlich, ekstatisch, glücklich, und du stürzt plötzlich in einen alten Schmerz ab. Darf das dann dasein oder versuchst du, dem tantrischen Image gerecht zu werden, das vermeintlich oder real von dir erwartet wird? Alle ziehen sich aus und du brauchst in diesem Moment einfach den Schutz deiner Kleidung. Kannst du dir dann erlauben, bei deiner Wahrheit zu bleiben? Leider höre ich oft, dass in Tantragruppen Grenzen missachtet werden, für Individualität zu wenig Platz ist und Unvorhergesehenes sich kaum entwickeln kann. Eine Gruppe, in der Liebe wachsen und blühen soll, braucht diese Freiheit. Es ist Aufgabe der Gruppenleiter, eigene Gefühle von Inkompetenz oder Autoritätsverlust zu spüren und anzunehmen, die sich schnell einstellen können, wenn nicht jeder Teilnehmer den Anweisungen folgt. Damit ein Prozess wirklich tief geht, braucht es keinerlei Zwang oder Druck. Im Gegenteil, freiwillige Öffnung geht ungleich viel tiefer als eine von außen geforderte. Letzterer fehlt die Liebe.

Liebe ist kein spezielles Gefühl. Liebe ist ein Zustand, in dem jedes Gefühl sein darf, in dem wir die Existenz so annehmen können wie sie ist. Dieser Zustand fühlt sich unendlich gut an, aber die Erinnerung an dieses schöne Gefühl, das wir mit Liebe assoziieren, führt uns oft in die Irre. Wenn wir es nicht fühlen, wollen wir, dass es sich wieder einstellt. Wir manipulieren uns selbst, unsere Mitmenschen, unsere Liebsten und wundern uns, dass es nicht funktioniert. Wir geben uns Mühe, sind nett, kaufen einen Blumenstrauß …, aber was wir dann oft nicht tun ist zu fühlen, was wirklich ist, und das dasein zu lassen. Annehmen führt uns zurück in die Liebe, insbesondere das Annehmen der Gefühle und Situationen, die wir abgelehnt haben und die uns dadurch aus dem Zustand der Liebe geworfen haben.

Wenn du nicht liebst, aber lieben möchtest, geht es darum, die richtigen Fragen zu stellen. Anstatt zu fragen: „Wie kann ich wieder Liebe fühlen?" können wir uns fragen: „Was fühle ich gerade und bin ich bereit, es zu fühlen?"

Auch für mich persönlich ist das ein zyklischer Prozess. Er beginnt damit zu merken, wenn mir die Liebe abhanden gekommen ist. Dann frage ich mich, was ich gerade nicht sein lasse. Wenn ich mir erlaube, das zu fühlen und beschließe, es dasein zu lassen, fühle ich mich wieder verbunden mit dem, was ist. Ich liebe. Bis ich wieder merke …

Es ist absurd, wie wir in Liebesdingen die Verantwortung verteilen. Wenn mich jemand nicht liebt, glaube ich, ich müsste anders sein, um geliebt zu werden. Wenn ich dich nicht liebe, glaube ich, du müsstest anders sein, damit ich dich lieben könnte. In dieser Sicht der Dinge findet kein tiefes Lernen und kein Wachstum statt, da jeweils der andere die Verantwortung für die eigene Liebe bzw. deren Abwesenheit trägt. In Wahrheit ist es meine Verantwortung, wen ich lieben kann, und deine, wen du lieben kannst. Wenn ich dich nicht liebe, ist das meine Begrenzung, wenn du mich nicht liebst, deine! Wenn ich mich frage, was ist in mir gefordert, um dich lieben zu können, kann ich anfangen zu lernen. Wenn ich z.B. bisher geglaubt habe, ich würde dich nicht lieben, weil du zu wenig attraktiv, zu dominant oder zu langweilig bist, dann bedeutet die heilsame Umkehr der Verantwortung: was muss ich in mir akzeptieren, annehmen und dasein lassen, um mangelnde Attraktivität, Dominanz oder Langeweile dasein zu lassen? Vielleicht sind es z.B. mein Ekel, meine Unterlegenheitsgefühle oder meine eigene Langeweile, die gefühlt und angenommen werden wollen. Dann erst kann ich dich so lieben, wie du bist.

Das Sein-Lassen von Gefühlen heißt nicht unbedingt, sie auch auszudrücken: Es geht nicht darum, überall und jederzeit wahllos zu weinen, zu schreien oder mit den Knien zu schlottern. Es geht darum, sich selbst die Gefühle einzugestehen, sie wahrzunehmen und sie innerlich anzunehmen, in dem wir sagen: Ja, das ist es, was ich gerade fühle.

Aus dem Verständnis von Liebe als „Sein Lassen" ergeben sich weitere Qualitäten der Liebe:

- Liebe ist wahr. Jede Lüge braucht Aufwand. Wir achten – bewusst oder unbewusst – darauf, uns nicht in Widersprüche zu verwickeln, und der Aufwand wird immer größer. Wohin das führen kann wissen viele, die schon einmal einen „Seitensprung" verheimlicht haben. Sein Lassen, im Fluss sein, geschehen lassen, erlauben wir nur, wenn wir bereit sind, dass die ganze Wahrheit über uns ans Licht kommt.

- Liebe ist frei. Wenn wir eine Beziehung nach unseren Konzepten und Glaubenssätzen gestalten, begegnen wir Situationen, die einfach nicht ins Konzept passen. Das kann z.B. passieren, wenn wir glauben, Liebe sei ihrer Natur immer monogam. Unser Partner fühlt sich von einer anderen Frau, einem anderen Mann angezogen. Können wir die Realität dieser Attraktion da sein lassen, oder müssen wir sie verleugnen? Können wir uns erlauben, zu fühlen, was in uns berührt wird, oder fangen wir an, unserem Partner zu erklären: „Wenn du mich wirklich lieben würdest …"? Die Freiheit der Liebe hat nichts damit zu tun, jede Attraktion wahllos auszuleben. Das wäre ziemlich unfrei. Es geht darum, wahrzunehmen, was wirklich geschieht und auf dieser Basis zu entscheiden, was ich damit anfange.

- Liebe ist auch Bindung. Sein Lassen bedeutet auch die Verbindung anzuerkennen, die eine tiefe Begegnung schafft. Wenn wir viel Angst vor Abhängigkeit oder Enge haben, werden wir uns vielleicht von Bindungen abschneiden. Die Angst vor der Enge anzunehmen öffnet uns dafür, die Verbindung anzuerkennen und frei zu bleiben.
- Lieben tut nicht weh, auch wenn manche Schlagerschnulzen uns das vorheulen. Aber Liebe macht verletzlich. Wenn wir uns erlauben, authentisch zu sein und uns so zu zeigen, wie wir sind, dann berührt es uns, wie andere Menschen auf uns reagieren. Vielleicht müssen wir uns manchmal schützen. In diesem Fall ist es gut das zu wissen, so dass wir diesen Schutz auch ablegen können, wenn wir Liebe und Intimität erfahren möchten. Es ist kein Spaß, mit einer Rüstung im Bett zu liegen, und du wirst sie nicht ablegen können, wenn du gar nicht weißt, dass du sie trägst. Du wunderst dich vielleicht nur, dass es sich alles etwas eckig anfühlt.

Die Qualität von Lieben als Sein lassen ist ein zentral für meine Liebesbeziehungen, aber auch für meine tantrische Arbeit. Oft kommen Menschen in Gruppen mit festen Erwartungen, wie ihre Erfahrungen aussehen sollten. Vor einiger Zeit hatten wir einen Workshop, zu dem mehr Männer angemeldet waren. Dies ist ein mittlerer Horror für manche Tantragruppenleiter, weil Männer sich oft besonders schwer tun mit Liebe und Nähe untereinander. Bei Licht besehen heißt das aber doch, wieviel Wachstum hier möglich und nötig ist. Die Vermeidung von Liebe und Nähe unter Männern ist einer der Hauptgründe für den traurigen Zustand unseres Planeten. Ein Mann reiste vor Beginn des Workshops mit der Begründung ab, Tantra sei sinnliche Begegnung von Mann und Frau, und seine Phantasie sei, von zehn Frauen gleichzeitig gestreichelt zu werden. Und das sei hier ja wohl nicht möglich. Abgesehen davon, dass die Erfüllung dieser Phantasie auch bei ausgeglichenem Zahlenverhältnis von Frauen und Männern wohl kaum garantiert gewesen wäre, so liegt dem doch ein grundlegendes Missverständnis zugrunde. Tantra bejaht unsere sinnlichen Wünsche, bejaht uns als Mann, als Frau, feiert die Begegnung von Mann und Frau. Tantra macht uns frei in der Bejahung unserer Wünsche. Aber gerade dadurch werden wir unabhängiger davon, ob sie erfüllt werden. Am quälendsten sind die Wünsche, von denen wir glauben, dass wir sie nicht haben sollten. Wir suchen ihre Erfüllung nicht nur um ihrer Erfüllung willen, sondern um indirekt endlich das Okay dafür zu bekommen, dass wir diesen Wunsch überhaupt haben. Wer aus sexueller und sinnlicher Not in Tantragruppen kommt, kann viel lernen, um aus dieser Not herauszuwachsen. Wer in Tantragruppen kommt, weil er glaubt, dort Anspruch auf die Befriedigung seiner Wünsche und Bedürfnisse zu haben, wird enttäuscht werden. Die Männer und Frauen, die sich vom Ungleichgewicht der Geschlechter bei dem erwähnten Workshop nicht abschrecken ließen und da blieben, haben eines der tiefsten, ehrlichsten und liebevollsten Wochenenden erlebt, gerade weil die Erwartungen losgelassen werden mussten. Was wir dann oft bekommen sind Geschenke. Ich habe auch meine Vorlieben, und ich mag ausgewogene Gruppen und helfe durchaus auch mal nach, wenn es geht. Aber wenn es denn einmal partout nicht klappt, was ich mir vorstelle: bin ich bereit, das anzunehmen, was wirklich da ist? Ich bin froh, dass wir den Workshop nicht abgesagt haben.

Unser Institut heißt „The Art of Being", weil die Qualität des Seins in unserer Arbeit Vorrang hat vor allem Tun. Sie ist die Basis. Die Strukturen, die wir in unseren Gruppen anbieten, sind dazu da, genug Lebendigkeit, Kontakt und Vertrauen aufzubauen, bis wir anfangen, wirklich wir selbst zu sein. Was dann geschieht ist magisch. Die ausgefeiltesten tantrischen Techniken können diese Qualität nicht ersetzen. Wenn wir uns selbst sein lassen, können wir uns auch gegenseitig sein lassen. Wir brauchen uns nicht mehr selbst oder gegenseitig zu stoppen, weil etwas in uns nicht sein darf. Wir können sehr wohl Grenzen setzen, wenn wir das brauchen, aber dafür brauchen wir nicht mehr den Partner ins Unrecht zu setzen („Weil du schon wieder …. möchte ich jetzt nicht tiefer gehen!"). Wann immer wir auf dieser Grundlage zusammen sind, stellt sich Liebe ganz von allein ein. Die Begrenzungen schaffen wir selbst, wann immer wir uns nicht sein lassen. Je häufiger wir das erfahren, desto mehr wächst das Vertrauen, dass Liebe unser Naturzustand ist. Unsere Aufgabe ist es hauptsächlich, die Hindernisse dafür aus dem Weg zu räumen.

Auf dieser Grundlage der Liebe mit all den verschiedenen tantrischen Techniken und Ritualen zu spielen, bekommt eine ganz andere Qualität. Wir müssen nichts beweisen, nicht gut genug sein, wir können uns selbst, unsere Begegnungen und die Existenz feiern als das, was sie ist. Das ist für mich die Basis von Tantra und der Kunst des Seins. Und es gibt für mich bis heute keine erfüllendere Aufgabe als Liebe für immer mehr Menschen immer tiefer erfahrbar zu machen. Und nicht zuletzt auch für mich selbst.

Meine Vision von Tantra ist die einer Liebesschule im besten Sinne: ein Ort, wo wir lernen können, authentisch wir selbst zu sein, unsere Unschuld als sinnliche und sexuelle Wesen neu zu entdecken, alte Verletzungen zu heilen und zu meditieren als eine Form von Selbstliebe; ein Ort, wo wir nicht weiter oder besser sein müssen als wir sind; ein Ort, wo wir uns ohne Anstrengung entwickeln, wo wir wachsen und lieben, weil es unserer Natur entspricht; ein Ort zur Feier des Seins. Lieben heißt Sein lassen.

Liebe und Ideale

Wie wir der Liebe im Wege stehen

Liebe und Ideale liegen vermeintlich nahe beieinander. Liebe gehört zu den am meisten beschworenen, besungenen, geforderten und ersehnten Phänomenen unserer Kultur. Gleichzeitig ist die Abwesenheit von Liebe in unserer alltäglichen Erfahrung genauso wie die lieblose Art und Weise, in der unsere Gesellschaft organisiert ist, unübersehbar. Das bedingt sich gegenseitig, wie es scheint, denn was wir nicht haben, das ersehnen wir, und was uns fehlt, das fordern und beschwören wir. Erstaunlich ist jedoch, dass der Mangel an Liebe dabei konstant zu bleiben scheint. Warum kommen wir der Liebe durch ihre Idealisierung kaum näher? Vielleicht haben wir nur noch nicht die richtige Adresse für unsere Forderungen, den wirklichen Gott für unsere Gebete, die stimmige Affirmation für unsere Wünsche oder den passenden Partner für unsere Sehnsüchte gefunden. „Wer suchet der findet!", so heißt es doch.

Aber suchen wir an der richtigen Stelle? Mir kommt es manchmal so vor als suchten wir so wie der bekannte Narr, der in einer dunklen Ecke seinen Schlüssel verloren hat und ihn unter der Laterne sucht, weil es dort heller ist. Wir suchen im Reich der Ideale, wo alles hell, rein und klar ist. Und wo suchen wir nicht? In unserem alltäglichen, eher dunklen, grauen und nebulösen Beziehungsdickicht, das manchmal so verworren ist, dass dort nichts mehr zu holen zu sein scheint. Aber genau darin haben wir die Liebe verloren, genau dahin haben sich all die Verliebtheiten entwickelt, manche früher, manche später, in unseren unbewussten, unklaren Gewohnheiten ist unsere Liebe abgesoffen.

Dorthin zu schauen ist mühsam, also fangen wir an zu träumen, schwärmen insgeheim von unserem idealen Liebhaber, von der Traumfrau, die uns versteht, annimmt und mit der die „Körperchemie", sprich Erotik, einfach fließt. Speziell für erfahrene Esoteriker sollte es ja kein Problem sein, die ideale Beziehung zu manifestieren, den Seelenpartner, der irgendwo auf uns wartet, per Horoskopie, Channeling oder vielleicht doch lieber über eine spirituelle Partneragentur in unser Leben einzuladen.

Gestern bekamen wir zwei Feedbackbögen von unserem letzten Workshop, von einem Mann und einer Frau. Beide beschreiben ausführlich, wieviel sie erfahren und gelernt haben, gefehlt habe nur seine Traumfrau bzw. ihr Traumpartner. Ich schätze die Offenheit in dieser Mitteilung, denn oft gestehen wir uns solche Wünsche und Ideale gar nicht mehr ein, und doch bestimmen sie unser Handeln. Gerade wenn unsere Ideale unbewusst sind, sind wir innerlich so fixiert, dass wir unseren Traumpartner gar nicht mehr erkennen würden, wenn er auf einem schwarzen Ross statt auf einem weißen Schimmel daherkommt.

Oft kommen Männer und Frauen in unsere Gruppen, die eine Trennung hinter sich haben. Für manche ist es eine schockierende Erfahrung, dass die Trauer über den Verlust eines geliebten Menschen der Öffnung für eine neue Begegnung vorausgeht. Neue Begegnungen reichen nicht aus, um eine Trennung zu verarbeiten und zu überwinden. Auch hier braucht es die Bereitschaft, hinzuschauen und anzuerkennen, was da ist, anstatt nur in neue Träume und Sehnsüchte zu fliehen.

Wenn wir die Liebe wiederentdecken und mehr in unser Leben einladen wollen, wo können wir sie suchen und finden? Ist die Liebe wirklich oder ist sie ein unerreichbares Ideal? Ist Liebe eine Realität und von Dauer oder ist sie nur etwas, was wir uns aus dem Reich des Schönen, Guten und Wahren borgen, bis wir wieder in der kalten, lieblosen und einsamen Normalität unserer Existenz aufwachen? Die Vorstellung, die Welt gemäß unserer Ideale neu erschaffen zu müssen, um glücklich sein zu können, ist neben Resignation und Fatalismus eine der destruktivsten Gewohnheiten, mit denen wir unsere Beziehungen vergiften, unser soziales Netz zerreißen, unsere Kultur und unsere Natur zerstören und uns von unserer spirituellen Verbindung abschneiden. Idealen nachhängen und sie manifestieren zu wollen ist so verlockend und phantastisch wie Autobahnbau, Kommunismus und Positives Denken. Was sich der Realisierung entgegenstellt wird platt gemacht oder verleugnet. Der Preis, den wir dafür zahlen, wird uns meist erst spät bewusst. Dann suchen wir schnell nach einem neuen Ideal, weil uns nicht klar ist, dass jedes Ideal seinen Schatten hat.

Unsere Sucht nach Idealen verweist auf ein grundlegendes Misstrauen: wir misstrauen dem, was ist, wir misstrauen dem Sein. Wir sehen keinen Wert darin, wir streben nach Höherem. Die Wurzel für dieses Misstrauen liegt in uns selbst: wir fühlen uns nicht gut genug, wie wir sind, wir müssen uns anstrengen, um liebenswert zu sein, wir müssen unsere wahren Motive, Empfindungen und Gedanken verschleiern, gut unter Kontrolle halten oder verbergen, denn ein negatives Urteil von außen würden wir nicht mehr verkraften. Das Dispolimit auf unserem Selbstwertkonto ist bereits durch unsere eigenen Selbstzweifel, Selbstvorwürfe und Schuldgefühle weit überzogen.

Also arbeiten wir an uns, wir jagen von Workshop zu Workshop, von Therapie zu Therapie, von Pontius zu Pilatus, jedoch niemand spricht uns frei. Vielleicht sind wir ein Stück weiter gekommen, haben ein altes Trauma geheilt, aber leider sind drei neue aufgebrochen. Wie wir sind, ist nie gut genug, das ist oft die Wurzel unseres Tuns und Strebens. Viele erleben dieses Muster in der Projektion, weil es zu schmerzhaft ist, die eigenen Unwertgefühle ständig zu fühlen: der Partner oder die Partnerin ist nicht gut genug. Ich liebe sie nicht mehr, die Libido ist verschwunden, er ist so unbewusst über seine Trips, wir haben uns auseinanderentwickelt … Und noch beliebter ist die Projektion noch weiter nach außen: die Regierung, die Gesellschaft, die Kirchen, die Kultur, die Zivilisation, alles nicht gut genug. Darauf können wir uns alle einigen, oder nicht?

Liebe in dem finden, was ist, scheint ein ähnlich albernes Unterfangen wie der Versuch der Alchimisten, aus Blei Gold zu fertigen. Genau dieses Unterfangen hat aber dafür gesorgt, dass meine Liebe in meinen Beziehungen durch alle Krisen hindurch immer wieder neu erblüht ist. Wenn die Liebe wirklich ist und kein Ideal, und wenn Liebe nicht nur ein Einzelfall ist, die „sechs Richtigen" im Lotto sozusagen, sondern universell anwesend, dann lohnt es sich, genauer hineinzuschauen in das, was ist.

Liebe und Intimität ist das, was entsteht, wenn wir aufhören, es zu verhindern.

Alles was es dazu braucht, ist die Erlaubnis, dass dasein darf, was da ist. Es ist ein Loslassen von allen solltest, müsstest, dürftest, ein Hineinentspannen in das, was du wirklich fühlst, was du wirklich bist. Die Basis dafür ist der Körper, der uns unmittelbar mit unserer Existenz in Kontakt bringt. Verankert in unserem Körperbewusstsein werden wir sicherer in dem, was wir fühlen. Wir können lernen, traurig zu sein, wenn wir traurig sind, wütend zu sein, wenn wir wütend sind, lustvoll zu sein, wenn wir lustvoll sind. Das klingt provozierend einfach. Dieses Sein Lassen ist jedoch etwas ganz anderes als jeden Trip hemmungslos auszuleben. Wann immer wir mehr oder weniger zwanghaft etwas tun oder etwas zum Ausdruck bringen müssen, wann immer wir subjektiv davon überzeugt sind, keine Wahl zu haben oder nur eine Wahlmöglichkeit sei richtig, gibt es etwas, was wir tief im Innern nicht dasein lassen. Zwanghafte Wutausbrüche sind z.B. meistens eine Vermeidung von Schmerz, zwanghaftes Weinen oft eine Vermeidung, Hilflosigkeit direkt zu zeigen oder um Hilfe zu fragen. Das heißt nicht, dass an der Wut oder Trauer etwas falsch wäre, die Zwanghaftigkeit ihres Ausdrucks ist jedoch ein Hinweis darauf, dass noch mehr da ist, was angeschaut und „sein gelassen" werden möchte. Wenn wir sicherer sind in unseren Gefühlen, sind wir mehr und mehr auch in unseren Gedanken in Kontakt mit dem, was ist. Blei wird zu Gold, das Sein Lassen verwandelt unsere Erfahrung.

Ich erinnere mich an eine Situation mit einer Frau. Wir liegen zusammen im Bett und wollen uns nah sein. Plötzlich überfällt mich eine bleischwere Müdigkeit. Früher hätte es oft nur zwei Auswege aus dieser Situation gegeben: Ich sage, dass ich zu müde bin und schlafen möchte, und beende so die Situation. Oder ich gebe indirekt der Frau die Verantwortung für meine Müdigkeit, mache ihr Vorwürfe oder sage etwas Verletzendes und provoziere damit ihre Wut und wir enden in einem heftigen Streit. In diesem Fall entschied ich mich, klar und bewusst diese Bleischwere zu fühlen, in sie hinein zu atmen ohne sie weghaben zu wollen, und ziemlich bald spürte ich eine enorme Traurigkeit. Die Müdigkeit war wie weggeblasen, und nach dem Erlauben der Trauer kam wie aus dem Nichts die Lust, die vorher wie unerreichbar schien, und mit ihr die Liebe. „Love is letting be" ist wie der Scheinwerfer für mich, mit dem ich auch im Dunkeln nach der Liebe suchen kann und mich nicht in die Welt der Ideale flüchten muss. Die Lotusblume wurzelt und nährt sich im Schlamm.

Sollten wir also all unsere Träume und Hoffnungen, unsere Ideale und Visionen begraben und nur noch im Trüben fischen? Sollten wir auch in der unbefriedigendsten Beziehung ausharren und sie so lange sein lassen, bis der hässlichste Frosch zum Prinzen wird? Vielleicht, vielleicht auch nicht. Sein lassen ist in jedem Fall kein Aussitzen und warten auf bessere Zeiten. Im Sein Lassen entdecken wir, dass auch unsere Wünsche, Träume und Ideale da sind, und es steckt enorm viel Kraft und Energie darin, unsere Wünsche, Träume und Ideale dasein zu lassen. Ideale sind dazu da, uns anzutreiben, zu motivieren, zu begeistern, sie können uns die Kraft geben, Unmögliches zu realisieren. Doch hüte sich wer kann vor dem Irrtum, dass Liebe die Realisierung unserer Wünsche sei. Liebe ist immer bereits da, wir haben den Kontakt zu ihr hier und jetzt verloren und wir können sie immer nur hier und jetzt wiederfinden.

Viele Teilnehmer und Teilnehmerinnen kommen in unsere Tantra-Seminare, weil sie sich die Erfüllung einiger ihrer Sehnsüchte versprechen: mehr Sinnlichkeit, die Verbindung von Sex und Herz, die Rückverbindung mit dem Sein, die Hochzeit von Liebe, Sexualität und Meditation … Und es ist nichts verkehrt daran, aus diesen Gründen in unsere Seminare zu kommen, denn nicht selten werden solche Wünsche wahr. Wenn die Zeit im jeweiligen Gruppenprozess reif ist, sagen wir die ganze Wahrheit: Tantra hat nichts mit der Erfüllung von Wünschen zu tun. „Mit Speck fängt man Mäuse" war ein passender Kommentar eines Teilnehmers. Und tatsächlich, vielen ist bei der ersten Anmeldung nicht bewusst, dass Tantra über die Erfüllung von Wünschen weit hinaus geht.

Mit Wünschen ist das nämlich so eine Sache: manchmal werden sie erfüllt und manchmal nicht. So ist das Leben. Wir können affirmieren, was das Zeug hält, kreieren und diskreieren, wie es neu-esoterisch heißt, wieviel wir wollen, da haben wir einmal nicht aufgepasst und schon ist es passiert: wir haben, was wir nicht wollten (zumindest nicht bewusst). Viele spirituelle Traditionen lehren im Kern die Abstinenz, das Loslassen von all unseren Wünschen und Begierden, um uns aus dem Teufelskreis von Wünschen und Leiden zu befreien. Tantra zeigt uns einen Weg, Erfolge und Misserfolge gleichermaßen vollständig zu erfahren und dasein zu lassen. Mit Misserfolgen, Zurückweisungen und unerwünschten Gefühlen genauso dasein zu können wie mit Erfolg, Glück und liebevoller Begegnung ist eine Fähigkeit, durch die wir entdecken können, dass Liebe immer da ist, egal wie tief wir gerade im Schlammassel stecken. Tantra ist der Weg mitten durch alle Aspekte unserer Existenz hindurch.

In dem Maße, in dem wir alle Aspekte unserer Erfahrung annehmen lernen, verwandeln sich die Diskrepanzen von Wunsch und Wirklichkeit und entwickeln sich von einem Dilemma zu einer lebendigen Pulsation, die uns Energie gibt. Wir spüren einen Wunsch, wir visualisieren eine Idee, wir malen uns eine Traumphantasie in allen Einzelheiten aus, und dann lassen wir los und sind bereit, all dem zu begegnen, was dann wirklich geschieht: die Anwort des Lebens oder der Existenz auf den Impuls, den wir zum Ausdruck gebracht haben. In dieser Antwort steckt unendlich viel mehr Weisheit als wir wahrzunehmen in der Lage sind. Es lohnt sich genauer hinzuschauen, um dann wieder unsere innere Antwort darauf zu finden. Es ist der Respekt vor dem, was ist, einschließlich vor uns selbst, wie wir sind, der uns der Wirklichkeit der Liebe näher bringt.

Auch als Leiter von Workshops sind wir mit der Polarität von Wunsch und Wirklichkeit konfrontiert. Wir wählen ein Thema, haben ein ungefähres Programm, aber wir wissen vorher nicht, was sich dann wirklich ereignen möchte. In jeder Gruppe gibt es das offizielle Thema und das ungeplante, das inoffizielle Thema. Letzteres ist nicht selten ein Schattenthema, etwas, was wir nicht gerade bewusst einladen würden. Das Spannende ist nun, dass wir uns zwar die liebevollsten Übungen und Rituale ausdenken können, um den Boden für Vertrauen und Authentizität zu schaffen, wirkliche Liebe ereignet sich aber im Ungeplanten, im Raum des Nicht-Wissens, und tiefer und zuverlässiger als es planbar wäre. Das sind für mich die beglückendsten Momente meiner Arbeit, wenn die Realität der Liebe die Gruppe führt und auch wir als Leiter ihr einfach folgen und Raum geben.

Viele Gemeinschaften stolpern über ihre Fixierung auf die Verwirklichung von Idealen, über ihre Ideologie. Das ZEGG, ein politisch-kulturelles Zentrum in Belzig, tritt beispielsweise mit der Vision der freien Liebe an und verwirklicht diese Vorstellung mit bewundernswerter Entschlossenheit. Erotische Kontakte sind dort relativ leicht zu knüpfen. Aber damit nicht genug. Ein Zukunftsmodell wird entworfen, erprobt und wenn es funktioniert, soll es in Serie gehen. Für mich ist es nicht überraschend, dass ein solches Projekt auch Feindschaft auf sich zieht, denn Ideologie produziert Schatten. Wenn diese Feindschaft (z.B. in den allerdings längst unzutreffenden Sektenvorwürfen) dann als Beweis der eigenen revolutionären Radikalität herangezogen wird, ist der Projektionsmechanismus perfekt. Welche inneren Vorgänge und Prozesse wollen nicht angeschaut werden? Welches Selbstbild wäre bedroht, wenn sich zeigen würde, dass sich in einem solch avantgardistischen Projekt die gleichen Lieb- und Respektlosigkeiten abspielen wie überall sonst auch? Es braucht viel Anstrengung, ein solch idealistisches Projekt am Laufen zu halten, weil es mehr auf das setzt, was (noch) nicht ist, als auf das, was bereits da ist.

Viele Gemeinschaften zehren sich damit aus, weil die real existierende Wirklichkeit vermeintlich nie gut genug ist. Es ist im Kern dieselbe Art von Anstrengung, die wir brauchen, um den inneren Schweinehund zu überwinden. Wie wäre es, diesen Schweinehund mal näher in Augenschein zu nehmen: Blei zu Gold verwandeln durch das Licht des Bewusstseins. Liebe ist nicht anstrengend. Es ist anstrengend, Liebe zu wollen und ihr gleichzeitig mit unseren Idealen im Wege zu stehen.

Ich habe lange geglaubt, ich müsste die richtigen Menschen finden, um wirklich in einer Gemeinschaft leben zu können. Dann habe ich geglaubt, ich müsste nur die richtige Vision und die richtige Methode finden. Ich habe mich nie wirklich der ebenfalls verbreiteten Vorstellung anschließen können, dass der richtige erleuchtete Meister die ideale Gemeinschaft stiften könne. Wohin du schaust, je idealer der Anspruch, desto größer der Schatten. Inzwischen habe ich die Hoffnung auf die Realisierung einer idealen Gemeinschaft aufgegeben. Gemeinschaft entwickelt sich in der Bereitschaft, mit den Menschen zusammen zu sein, mit denen du zusammen bist, in der Bereitschaft, deine Impulse hineinzugeben und dann zu lauschen, was sich hier ereignen will, jenseits aller Ideale und Pläne. In diesem Raum des Nicht-Wissens entsteht Liebe, Intimität und auch Gemeinschaft.

Weiter oben berichtete ich über unsere Projektgruppe in Freiburg, in der wir lieben lernen erprobt haben. Sie hat sich irgendwann aufgelöst und neue Projekte sind daraus entstanden. Wenn ich mir die Schwierigkeiten dieser Gruppe rückblickend näher anschaue, so war es zu einem großen Teil das Schielen auf die großen Ideale der Liebe und der mangelhafte Respekt gegenüber all den Unzulänglichkeiten, die sich zwischen uns ereignet hatten. Gegenseitige Schuldprojektionen nahmen überhand („Ihr seid zu unverbindlich!", „Ihr seid zu wenig mutig!", „Ihr bringt euch nicht ein!", „Ihr dominiert alles!" …) und die Liebe, die bereits da war, wurde unter der Visionssuche nach dem großen Experiment gemeinschaftlicher Liebe begraben. Danach fingen einige von uns neu an und backten kleinere Brötchen …

Ideale produzieren Schatten. Wenn wir an sie glauben, lassen sie sich davon anstrahlen und geben das reflektierte Licht als ihr eigenes aus. Ideale erzeugen Abfall in Form von mangelndem Respekt gegenüber allem, was ihnen nicht entspricht: weg damit! Die ideale Gesellschaft ist die lichte Kehrseite der Abfallgesellschaft. Wenn wir davon genug haben, brauchen wir uns nur in der Natur umschauen: die Natur kennt keinen Abfall. Die Natur kennt keine Ideale, die Natur ist einfach da, im Zyklus von werden und vergehen, von geboren werden, wachsen, blühen, reifen und sterben.

Genauso ist es mit unserer inneren Natur, unserer Sinnlichkeit und Lebendigkeit. Wir können uns einen idealen Körper antrainieren, der wahrscheinlich auch nie gut genug sein wird. Oder wir können beginnen, uns auch in unserer Körperlichkeit zu fühlen, wahrzunehmen und so sein zu lassen. Der umgangssprachliche Ausdruck für diese Haltung und Empfindung ist Lust.

Lust ist ein grundlegendes Kriterium dafür, ob wir in der Verfolgung unserer Ideale noch in Kontakt sind mit unserer Wirklichkeit, mit unserem Sein, oder ob wir dabei sind, uns für eine bessere Welt abzustrampeln, weil diese nicht gut genug ist. Letzteres vertreibt jede Lust, und die unbewusste Verzweiflung über deren Abwesenheit führt manche bis in den Fanatismus.

Liebe ist immer schon da. Wir brauchen uns nicht zu verändern, um zu lieben. Wir brauchen uns nicht anzustrengen oder zu verbiegen, um geliebt zu werden. Es braucht unsere Bereitschaft, uns tiefer und tiefer sein zu lassen, wer wir wirklich sind. Wenn es irgendeine höhere Wahrheit gibt, wenn unsere Sehnsucht nach Einssein und Rückverbindung mit dem Sein mehr ist als eine Illusion, was für ein Witz, all dem durch Ideale, Ausgeburten unseres Verstandes, näher kommen zu wollen. Es braucht unser Vertrauen, dass die Existenz gut genug ist. Auch für mich mit meinen hochtrabenden Idealen.

Mut zu Verletzlichkeit

Das Tor zu Lust und Liebe

Verletzlichkeit, das ist für die meisten Menschen alles andere als ein Ideal. Das klingt nach Verletzung und löst oft erstmal unangenehme Assoziationen aus. Dass aber die Bereitschaft sich verletzlich zu machen eine Voraussetzung für ein lustvolles und erfüllendes Liebesleben ist, das wird gerne verdrängt. Die Anziehungskraft von Tantra hängt stark mit der Hoffnung zusammen, mehr Lust und

Liebe erleben zu können. Diese Hoffnung kommt nicht von ungefähr, sondern beruht auf der Erfahrung vieler Teilnehmerinnen und Teilnehmer von Tantraseminaren, die durch Tantra einen tieferen Zugang zu ihrem Lustempfinden und zu ihrer Liebesfähigkeit gefunden haben. Viele „vergessen" jedoch nach einer gewissen Zeit, was ihnen diesen tieferen Zugang überhaupt ermöglicht hat. Manch einer verklärt die Erfahrung im Nachhinein als ein Bad im sinnlichen Schlaraffenland oder in liebevollen, beglückenden Begegnungen. Und kehrt dann nach einer genügenden Dosis Alltag mit einer gewissen Resignation zu der gewohnten Überzeugung zurück, dass sich nämlich soviel Lust und Liebe im Alltag eben leider nicht leben lässt …

Was regelmäßig unterschätzt wird ist die Bedeutung der Verletzlichkeit, die im Workshop das Tor zu Lust und Liebe geöffnet hat. Im ungeschützten Umfeld des Alltags gerät sie oft in Vergessenheit, die Bereitschaft sich verletzlich zu machen nimmt unmerklich oder auch ganz bewusst ab.

Wenn wir uns öffnen, gehen wir ein Risiko ein. Wir können keine tiefe Liebe erfahren, wenn wir nicht bereit sind, das ganze Spektrum unserer Gefühle zu erleben. Wir begrenzen unsere Lust auf eine Sparflamme, wenn wir ihr nicht erlauben, sich im ganzen Körper auszubreiten. Dadurch riskieren wir aber auch, dass alte Wunden und schmerzhafte Gefühle wieder spürbar werden. Lust und Liebe gehören zu unserer essentiellen Natur. Wir müssen sie nicht erst erschaffen. Was uns davon abhält sie zu spüren, ist der Schutz, den wir gegenüber dem Schmerz alter Verletzungen aufgebaut haben.

Ein typisches Beispiel aus einem Workshop, das wohl für viele Männer zutrifft:
Joachim berichtet, dass er fast nach jedem intensiven Kontakt mit einer Frau, vor allem nach erfüllendem Sex, erstmal ein starkes Bedürfnis verspürt, sich wieder zu distanzieren. Damit einher gehen dunkle Gedanken, was er alles an dieser Frau nicht leiden kann. Er weiß selbst, dass diese Gedanken nicht „die Wahrheit" sind, sondern eher Signale seines geradezu zwanghaften Distanzierungsbedürfnisses. Er versucht „ehrlich" mit der Frau zu sein und sein Distanzbedürfnis offen zu zeigen, aber es führt meistens in ein Desaster, aus dem beide erneut verletzt hervorgehen.

Sein Verhalten wird verständlich durch die Beziehung zu seiner Mutter, für die er als Kind ein emotionaler Partnerersatz war und auf diese Weise missbraucht wurde. Aus dieser alten Wunde heraus fühlt er sich bald zur Liebe verpflichtet, wenn er einer Frau nahe kommt, er fühlt sich schuldig für seine Distanzbedürfnisse und schützt sich vor diesem alten Schmerz, indem er alle möglichen Details findet, die ihm an der Frau nicht passen.

Die Spuren solcher tiefen Verletzungen verschwinden selten ganz. Er wird einer Frau erst dauerhaft nah sein können, wenn er die alte Wut und den Schmerz über den Missbrauch wirklich spürt und annimmt und sich damit auch im Kontakt mit der Frau spüren und zeigen kann. Er muss sich dann nicht mehr unbedingt schützen.

Unsere Persönlichkeit hat im Laufe der Jahre verschiedene Schichten um unseren Wesenskern herum aufgebaut. Der Wesenskern ist unser unmittelbares Sein. Hier sind wir mit allem verbunden und nicht wirklich verletzbar. Als Menschen können wir jedoch nicht nur in diesem Kern leben. Wir haben uns in die dreidimensionale Welt inkarniert, wir haben einen verwundbaren Körper und eine kränkbare Psyche. Wir sind voneinander abhängig und brauchen einander. Dies ist die Ebene unserer Verletzlichkeit, die ein Aspekt unserer Berührbarkeit ist. Speziell als Kinder haben wir viel liebevolle Aufmerksamkeit und Fürsorge gebraucht und haben sie nur bedingt bekommen. Zur Heilung von emotionalen Verletzungen und Mangelerfahrungen dienen uns natürlicherweise unsere Gefühle, die uns wieder in eine Balance mit unserer Umgebung zurückführen können. Angst gibt uns die Präsenz, die wir brauchen, um auf Bedrohung zu antworten. Wut und Zorn sind dazu da, Respektlosigkeit, Missachtung unserer Autonomie und die ungebetene Überschreitung unserer Grenzen auszugleichen. Trauer hilft uns das loszulassen, was wir verloren haben oder nicht bekommen können. Alle Gefühle sind wichtig, um unseren Frieden mit den Menschen in unserer nächsten Umgebung immer wieder herzustellen.

Leider hat unsere Kultur dafür wenig Verständnis. Die Fähigkeit, durch den Ausdruck unserer Gefühle immer wieder unsere Integrität zu finden und zu heilen, wurde uns als Kindern mehr oder weniger abgewöhnt. Da Verletzungen nicht mehr heilen konnten, haben wir lernen müssen uns zu schützen. Wir haben uns ein ganzes System von Verhaltensweisen zugelegt, um alte Verletzungen nicht mehr zu spüren und zukünftige zu vermeiden. Diese Ebene nenne ich die Strategieebene. Auf dieser Ebene drücken wir unsere Gefühle nicht unmittelbar aus, sondern wir setzen sie ein, um uns zu schützen. Dieser Schutz wird auf die Dauer automatisiert und er kann auch aggressiv sein, so dass seine Schutzfunktion nicht mehr deutlich ist. Wir werden wütend, um andere einzuschüchtern, zeigen Trauer, um anderen Schuldgefühle zu machen, oder halten unsere Gefühle zurück, um andere über unser Innenleben im Unklaren zu lassen. Solcherart funktionalisierte Gefühle sind nicht mehr heilsam, sie führen nur in immer tiefere Verstrickungen. Diese Ebene ist sehr komplex und es ist ein längerer Prozess, strategiebesetzte Gefühle von einem freien Gefühlsausdruck unterscheiden zu lernen.

Mit der Strategieschicht sind wir nach außen mehr oder weniger gut geschützt. Die Strategieschicht sorgt dafür, dass niemand von außen in unsere verletzliche Zone vordringen kann. In jedem von uns schlummert jedoch auch eine Sehnsucht, sich wieder hemmungslos öffnen zu können und zu heilen. Unsere Sehnsucht lässt uns unvorsichtig werden, die Strategie bekommt undichte Stellen, und – anders als bei einer bewussten Öffnung – provoziert eine löchrige Strategie neue Verletzungen, da sie permanent Doppelbotschaften aussendet. Um die Sehnsucht in Schach zu halten legen wir uns die Schicht der Glaubenssätze und Gedankenmuster zu. Sie warnt uns davor, unsere strategischen Abwehrmaßnahmen zu lockern. Wir fangen an einem Menschen zu vertrauen, und bevor dieses Vertrauen bestätigt werden kann, meldet sich der Glaubenssatz: „Pass bloß auf, das kann nachher alles gegen dich verwandt werden." Und wir machen wieder zu.

Hier ein Beispiel, in dem sich wahrscheinlich viele Frauen wiederfinden können: *Rea hatte einen Vater, der emotional nie ganz erreichbar war. Sie lernte durch Koketterie seine Aufmerksamkeit zu bekommen, und dafür musste sie sich oft verstellen. So entstand in ihr die Überzeugung, dass Männer sich für ihre wirklichen Gefühle nicht interessieren. Sie muss etwas bieten, und das hat meistens mit Erotik und Sex zu tun. Sie hat kein Vertrauen, dass ein Mann da bleibt, wenn sie sich wirklich zeigt, wie sie ist. Schon mehrfach hat sie mit ihrem Misstrauen Männer in die Flucht geschlagen, die – wie sie vom Verstand her selbst sehen kann – durchaus nicht nur auf ihren Sex aus waren, aber die es nicht aushielten, dass jedes Bedürfnis nach etwas Abstand sofort in ein Drama mündete. Ihr Glaubenssatz „Wenn ich mich zeige wie ich bin, werde ich verlassen!" wirkt wie eine sich selbst erfüllende Prophezeiung. Ein wichtiger Teil ihres Heilungsprozesses wird es sein, sich dem inneren kleinen Mädchen mit all ihren Facetten zuzuwenden, sich mit ihren Gefühlen anzufreunden und für sie da zu sein, so dass sie sich einem Mann von einer erwachsenen Ebene aus mit ihren zuweilen kindlichen Gefühlen wie ihrer Angst vor Verlassensein zeigen kann, ohne dem Mann die Verantwortung für das kleine Mädchen zuzuschieben.*

Es ist übrigens gar nicht unwahrscheinlich, dass Rea und Joachim sich eines Tages ineinander verlieben. Ihre Verlassensangst und seine Angst vor Vereinnahmung passen gut zusammen, und sie wären nicht das erste Paar, das sich nach der Verliebtheitsphase in einer solchen Polarisierung wiederfindet. Dann wartet auf sie die gleiche Aufgabe wie auf uns alle: aus all den Verstrickungen wieder zu unserer Verletzlichkeit und zu unserem Wesen zurückzufinden.

Mit der beschriebenen Doppelstrategie – unsere Abwehrmuster gegen zuviel Nähe von außen und unsere Glaubenssätze gegen unsere innere Risikobereitschaft – sind wir vor neuen Verletzungen vermeintlich gut geschützt – und gleichzeitig gefangen. Jede neue Öffnung geht einher mit existentieller Angst. Doch unsere tiefste Sehnsucht gibt nie ganz auf. Zum Glück. Wenn wir nicht verstehen, dass mit einer Öffnung alte Schmerzen wieder fühlbar werden können und zudem die noch unbewussten Teile unserer Strategien neue Verletzungen geradezu programmieren, dann treiben wir uns immer weiter in eine tiefe Mutlosigkeit. Oder wir begnügen uns mit Ersatzbefriedigungen oder romantischen Träumereien à la Hollywood bzw. ihren inzwischen zahlreichen esoterischen Pendants.

Wenn wir zum Kern unseres Wesens zurückfinden und diesen auch in unserer menschlichen Form leben möchten, wenn wir Lust und Liebe wieder in ihrer ursprünglichem Schönheit und Kraft erleben wollen, dann bleibt uns nichts anderes übrig als jedes einzelne Hindernis, das wir dem in den Weg gestellt haben, kennenzulernen als das was es ist. Wir verstehen dann wieder, wofür es uns von Nutzen war, wir lernen es von Herzen anzunehmen und es dann bewusst loszulassen. Viele möchten gleich zum Loslassen springen, aber das funktioniert nicht. Wir können nur loslassen, insoweit wir genau spüren, wie und woran wir festhalten.

Der Weg zurück in die Verletzlichkeit ist meist steinig. Ohne innere Entschlossenheit, aus dem dumpfen Leiden auszusteigen und dabei auch manchmal intensivem Schmerz zu begegnen, ist der Weg kaum zu schaffen. Es ist die Entschlossenheit, die uns die Kraft gibt, mitten im alten vermeintlich hoffnungslosen Szenario etwas neues zu riskieren. Es kann auch hilfreich oder sogar notwendig sein, sich für diesen Prozess kompetente therapeutische Hilfe zu holen, die uns Mut machen kann, gegen alte Überzeugungen neues Glück zu riskieren. Aber der entscheidende Schritt und die Verantwortung dafür bleibt jedem selbst überlassen.

Auch hier ein Beispiel:

Katrin hat viele Jahre Therapie hinter sich und schon an einigen Tantraseminaren teilgenommen. Es hat ihr gut getan. Sie hat aber immer noch panische Angst davor übrig zu bleiben, wenn es um die Wahl eines Übungspartners geht. Sie kennt ihr Inneres Kind, sie weiß, dass ihre Angst letztlich nicht viel mit der aktuellen Situation zu tun hat. Sie nimmt sich immer wieder Zeit, sich dem inneren Kind zuzuwenden. Die Angst vor der Wahlsituation nimmt aber nicht ab, sondern eher noch zu. Was Katrin fehlt, ist nicht, wie in den obigen Beispielen, das Spüren und Annehmen der alten Wunde. Was ihr fehlt, ist die Entschlossenheit, hier und jetzt das Risiko einzugehen, erneut an der alten Wunde berührt oder sogar verletzt zu werden. Sie ist für ihr Inneres Kind wie eine überbehütende Mutter, die dadurch das Wachstum ihres Kindes verhindert, dass sie ihm nicht zutraut, mit Verletzungen fertig zu werden. Durch Schritte hinein ins Risiko hätte sie erstens die Möglichkeit, neue Erfahrungen zu machen, die die alten Erfahrungen relativieren. Zweitens könnte sie erleben, dass zurückgewiesen zu werden zwar immer noch weh tut, dass sie aber ihren Gefühlen jetzt bei weitem nicht mehr so hilflos ausgeliefert ist wie als Kind und dass das Risiko dadurch jetzt tragbar ist – entgegen der alten Überzeugung.

Um uns für Lust und Liebe zu öffnen brauchen wir vor allem Bewusstheit über die Hindernisse, die wir auf den verschiedenen Ebenen aufgebaut haben. Es hilft auch wenig, die alten Glaubenssätze und Strategien gegen neue auszutauschen, was in der spirituellen Szene weit verbreitet ist. Dies ist meistens nur ein weiterer Versuch, der Verletzlichkeit aus dem Weg zu gehen. Jede der skizzierten Ebenen unseres Seins hat eine eigene Schwingung, und unsere Umgebung antwortet darauf meistens mit der entsprechenden Resonanz. Wenn wir z.B. den alten Glaubenssatz „Niemand liebt mich so, wie ich bin!" gegen einen neuen austauschen wie „Wenn ich mich wirklich öffne, dann werde ich geliebt!", dann handeln wir immer noch aus der Schicht und mit der Schwingung von Glaubenssätzen und ernten entsprechende Antworten wie „Wenn du dich wirklich öffnest, liebe ich dich!". Und wieder werden wir nicht bedingungslos so geliebt wie wir sind. Zwischen Glaubenssätzen ist keine Liebe möglich, selbst dann nicht, wenn sie wunderbar harmonieren!
Wenn wir es mit der neuen Strategie „Ich muss alle Erwartungen loslassen, dann bekomme ich den Partner, den ich will!" versuchen, ziehen wir unwiderstehlich einen Partner mit einem Pendant an wie „Ich brauche totale Freiheit, um dich lieben zu können!" Die Schwingung, die wir aussenden und die wir gespiegelt bekommen, ist die von Schutz, selbst wenn ihr Inhalt esoterisch sehr

fortgeschritten sein mag. Schutz ist nie erfüllend. Wenn wir Lust und Liebe erfahren möchten, so können wir das auf Dauer nur, wenn wir immer wieder bereit sind, uns auf die Ebene der Ungewissheit und Verletzlichkeit einzulassen. Strategien und Glaubenssätze maskieren sich oft als Offenheit, aber sie fühlen sich anders an, die Schwingung ist eine andere. Es braucht Erfahrung, um wirkliche Öffnung von strategischer Öffnungssimitation zu unterscheiden. Das Feedback des Lebens, unseres Umfeldes und speziell unseres Partners zeigt uns, wo wir stehen. Unsere Fähigkeit zum Glück ist direkt proportional zu der Fähigkeit, mit unserer Verletzlichkeit bewusst in Kontakt zu sein.

Das bedeutet nicht, dass Schutz schlecht ist. Auch Schutz hat seinen Wert. Wer nicht Nein sagen kann, kann auch nicht wirklich Ja sagen. Es ist wichtig, unsere Grenzen kennenzulernen und uns nicht zu überfordern. Je mehr wir zu unseren Grenzen stehen und uns damit annehmen, desto eher können wir uns auf Arten und Weisen abgrenzen und schützen, die uns bewusst sind und uns nicht in neue Verstrickungen führen. Wenn wir uns jedoch vorzeitig zur Öffnung drängen, dann greifen wir letztlich doch nur auf unsere unbewussten alten Abwehrstrategien zurück. Verletzlichkeit ist daher nie etwas, was wir von anderen sinnvollerweise fordern könnten. Sie ist aber eine kraftvolle Möglichkeit, uns für Lust und Liebe zu öffnen, WENN WIR DAZU BEREIT SIND.

Ich bin selbst oft durch schmerzhafte Prozesse in meinem Liebesleben gegangen und entdecke dabei immer wieder und immer tiefer, wie nah höchstes Glück, tiefste Erfüllung und abgrundtiefer Schmerz beieinander liegen können. Ich konnte des öfteren beobachten, wie subtil meine Schutzmechanismen arbeiten und wie ich erst durch Feedback von außen herausbekomme, was ich da eigentlich mache. Wenn ich es mir dann eingestehe, ist da zunächst Scham. Mit etwas Abstand kann ich mir meine Schutzmechanismen jedoch meistens verzeihen, denn manchmal tut es so weh, alten Schmerz wieder zu spüren, da schreit einfach alles nach Betäubung. Ich bin nicht soweit, dass ich gar keinen Schutz mehr bräuchte. Ich lerne, mich auf eine Weise zu schützen, die mich und andere nicht neu verletzt und bewusst die Verantwortung dafür zu übernehmen, welche Schwingung ich aussende und welche Resonanz ich dann bekomme. Wenn ich ganz bewusst das Risiko einging, mich weit auf zu machen und mich mit meiner Verletzlichkeit zu zeigen, dann wurde das selten missbraucht, sondern sehr oft geschahen intime Glücksmomente, für die ich alles riskieren würde …

Manchmal geht es mir auch so, dass ich vor lauter Verstrickungen nicht mehr sehe, in welcher Richtung die Lösung liegt. Es ist immer leichter, den nächsten Schritt des anderen zu sehen und ihm diesen nahezulegen als selbst ein Risiko einzugehen und selbst den Schritt ins Ungewisse zu gehen. Mir immer wieder die Wahrheit über mich selbst einzugestehen ist einer der wichtigsten Wegweiser: Bin ich bei mir oder beim anderen? Auf welcher Ebene befinde ich mich? Was fühle ich wirklich? Welche Glaubenssätze sind am Werk? Bin ich hier und jetzt erreichbar für eine neue Erfahrung? Wenn ich mich dann mit meiner differenzierten Wahrheit mitteile ist die Chance groß, dass wirkliche Begegnung stattfindet. Das freie Fließen lustvoller Empfindungen im Körper und das liebevolle Öffnen des Herzens für das, was ist, sind dabei so etwas wie erwünschte Nebenwirkungen – und immer wieder ein großes Geschenk.

Wenn wir Tantra mit unserem Alltag verknüpfen wollen, wenn Lust und Liebe Wegweiser spiritueller Praxis Tag für Tag werden sollen, dann ist das Anerkennen unserer Verletzlichkeit mit allen seinen Konsequenzen von herausragender Bedeutung. Keine Religion, keine spirituelle Praxis, keine esoterische Methode kann uns davor bewahren, will sie nicht selbst auf eine Strategie unseres Schutzbedürfnisses reduziert werden. Die Verlockung ist groß, aber das Feedback unserer Liebesbeziehungen holt uns immer wieder auf den Boden der Tatsachen zurück.

Nicht zuletzt geht es dabei auch um die Integration unserer Schatten. Hinter allem „Bösen", hinter jedem Hass, jeder Feindseligkeit, hinter jedem Krieg stehen Verletzungen, die nicht ausreichend gefühlt und nicht gewürdigt wurden. Wir können die Mechanismen nicht nur in unseren intimen Beziehungen, sondern auch im weltpolitischen Geschehen beobachten. Niemand vermag z.B. derzeit einen Weg zum Frieden aufzuzeigen, der für Israelis und Palästinenser gangbar ist. Hier stehen sich zwei zutiefst verletzte Völker gegenüber. Aus meinen intimsten Beziehungen weiß ich jedoch, dass es möglich ist, nach Verletzungen und aus tiefstem Schmerz wieder zur Liebe und zum Miteinander zurückzufinden. Der Schlüssel dazu liegt im bewussteren Umgang mit Verletzungen und einem tiefen Verständnis unserer Verletzlichkeit. Meine bescheidene Hoffnung ist, dass mehr und mehr Menschen diesen Schlüssel für sich finden und ihn für ihr eigenes und unser aller Glück anwenden mögen.

Pole verbinden

Es scheint für uns Menschen besonders schwierig zu sein anzuerkennen, dass das Leben voller Widersprüche ist, obwohl es uns ständig vor Augen geführt wird. Mit Widersprüchen umgehen zu lernen und Widersprüche anzunehmen als eine Grundbefindlichkeit unseres Lebens ist ein Schlüssel in der Kunst des Seins. In der Konfrontation mit Polaritäten können wir einen Geschmack davon bekommen und das Unmögliche möglich machen.

Herz und Lust

Die Wiederverbindung von Liebe und Sexualität

Einer unserer tiefsten Wünsche ist der nach einer erfüllten, mit dem Herzen verbundenen Sexualität. So tief wie die Wünsche sind oft auch die damit verbundenen Ängste, denn eine unserer tiefsten Verletzungen ist die der Spaltung zwischen Sex und Herz. Überall in unserer Kultur ist diese Spaltung sichtbar. Sex wird kommerzialisiert und Liebe idealisiert. Und die gleiche Spaltung verläuft oft zwischen den Geschlechtern. Männer haben eher Angst, als sexuelles Wesen zurückgewiesen zu werden, Frauen befürchten oft, dass sie selbst oder andere ihre Grenzen nicht respektieren. Wir erleben diese Differenz an der Resonanz auf bestimmte Workshoptitel. Geht das Thema mehr in Richtung Erotik, fühlen sich oft mehr Männer angesprochen, geht es mehr in Richtung Liebe und Beziehung, fühlen sich mehr Frauen angesprochen. Es ist gar nicht leicht, Titel zu finden, die beide Geschlechter gleichermaßen ansprechen, obwohl es das ist, was natürlich Männer wie Frauen wollen: sich begegnen. Aus den unterschiedlichen Ängsten heraus missverstehen viele Frauen und Männer, dass sie eigentlich unter der gleichen Verletzung leiden, der Spaltung von Sex und Herz. Wir alle sind da traumatisiert. Die Sehnsucht nach einer glücklichen Begegnung mit dem anderen Geschlecht ist auch die Sehnsucht nach der Heilung von Sexualität und Liebe.
Tantra kann ein wertvoller Beitrag zur Heilung sein, der weit über individuelle Therapie hinaus weist. Tantra kann aber ebenso missverstanden werden, indem Sex für ekstatische Kicks benutzt oder die verletzliche Intimität der tantrischen Begegnung nicht genügend gewürdigt wird. Ich habe mich dabei auch schon selbst erwischt. Was mich wie viele Männer zum Tantra geführt hat, war die Aussicht, dass Sex endlich einmal ganz und gar akzeptiert sein könnte. Und ich fand diese Akzeptanz im Tantra von Anfang an und war heilfroh. Diese Erfahrungen in meinen Alltag und in mein Liebesleben zu integrieren brauchte aber noch viele Jahre. Erst einige Zeit später begriff ich, dass mein Alltag mir noch den Zustand meines eigenen Herzens spiegelte, dass niemand anderes „schuld" war und dass die Heilung meiner Verbindung von Sex und Herz erst begonnen hatte. Es braucht Mut, Achtsamkeit und Geduld um Heilung zu finden, und noch vieles darüber hinaus …

Wir finden die Spaltung überall, entsexualisierte Liebe und liebloser Sex sind allerorten unübersehbar. Sie findet sich auch in jedem von uns, auch wenn wir schon lange den Weg des Tantra gehen und vielleicht glauben, darüber hinweg sein zu sollen. Zu tief wurden wir davon geprägt, als dass wir sie vollständig hätten überwinden können. Die Spaltung manifestiert sich in unserem Erleben und Verhalten, und es braucht etwas Mut, sich das einzugestehen. Aber es ist gut darum zu wissen, weil wir dann darauf vorbereitet sind, dass wir auch im Tantra zuweilen unseren Verletzungen begegnen werden.

Auf der Körperebene ist die Spaltung eine Einengung des Energieflusses zwischen Becken und Brustkorb. Die sexuelle Energie entspringt unten am Steißbein und zirkuliert natürlicher Weise durch den ganzen Körper. Sie fühlt sich in jedem Bereich des Körpers anders an. Sie kann im Becken als sexuelle Lust, im Herzen als Liebe zu einem Gegenüber, im Dritten Auge als Licht wahrgenommen werden.

Wenn sexuelle Lust und Liebe nicht zusammen erlebt werden können oder dürfen, dann bleibt die sexuelle Energie im Becken gefangen. Wenn sie stark ist, fühlt sie sich wie ein unwiderstehlicher Drang zur Entladung an. Rein sexuelle Begegnungen können dann kurzfristig sehr erregend sein, es entsteht aber keine wirkliche Verbindung zum anderen. Nach dem Höhepunkt fühlen wir uns dann vielleicht traurig oder ausgelaugt. Um diesen Gefühlen zu entkommen suchen manche Menschen wieder den Sex und werden süchtig nach dem Kick, der den Schmerz der Einsamkeit für einen Moment vergessen macht.

Wenn andererseits unsere sexuelle Kraft nicht verfügbar ist, fühlen wir uns schnell bedroht, wenn wir das Herz öffnen. Es macht uns hilflos, unterlegen oder abhängig von Anerkennung. Es fehlt uns ein lustvolles Selbst-Bewusstsein. Unserer Liebe fehlt die vitalisierende Kraft der sexuellen Energie.

In beiden Fällen schwächt der mangelnde Energiefluss auch den Körper mit allen seinen Organen. Fast alle (!) Männer erkranken früher oder später an der Prostata, dem inneren Lustzentrum des Mannes. Viele Frauen erleben ihre Menstruation als Last oder Qual. Beides sind Symptome für sexuelle Energie, die nicht frei strömen kann. Chronische Verkrampfungen und damit einhergehende Schwächung der Zellernährung führen früher oder später auch in anderen Bereichen des Körpers zu Krankheiten.

In meiner Pubertät hatte ich Migräneattacken, die verschwanden, als ich begann, meine Sexualität freier zu leben. Die überfließende Energie schoß damals in den Kopf und blieb dort schmerzhaft pulsierend hängen, weil fast alle anderen Kanäle emotionalen und sexuellen Ausdrucks verschlossen waren. Sogar tantrische Praktiken haben ihre Gefahren. Ich habe bemerkt, dass das forcierte Stimulieren sexueller Energie, um es dann in höhere Chakren zu leiten, den Körper überhitzen kann und dazu beigetragen hat, mich an den Rand einer Neurodermitis zu bringen.

Bei den meisten Menschen manifestiert sich die Spaltung von Sex und Herz in ihren Beziehungen. „Sie will Liebe – Er will Sex" ist eine weit verbreitete Variante, in der sich Paare um die Thematik Sex und Herz herum polarisieren. Viele Paare, die zu uns in Paartherapie oder in Gruppen kommen, leiden unter diesem Drama. Den wenigsten ist bewusst, dass ihr Partner das von ihnen einklagt, was sie in sich selbst verdrängt haben. Beide leiden darunter, dass Sex und Herz nicht zusammen kommen, aber jeweils vom anderen Ende her. Frauen identifizieren sich häufiger mit ihren Herzgefühlen und projizieren ihre sexuelle Lust als potentielle Bedrohung auf ihren Partner oder auf Männer allgemein. Die eigentliche Bedrohung ist jedoch die eigene unterdrückte Sexenergie. Männer identifizieren sich meistens mehr mit ihren sexuellen Gefühlen und erleben die Sehnsucht ihrer Partnerin nach Verbindlichkeit als Gefahr für ihren Sex. Sie ahnen und befürchten, dass eine starke emotionale Bindung ihre Lust zum Schweigen bringen könnte. Auch hier ist die eigentliche Bedrohung die eigene unterdrückte Sehnsucht nach Verschmelzung mit dem Du.

Ich erinnere mich an ein Paar, das völlig in diese Dynamik verstrickt war. Sie beschuldigte ihn, dass jede Berührung gleich zum Sex führen müsste, sonst gäbe es ein Drama. Er beschuldigte sie, sich sexuell zu verweigern, um ihn damit am Gängelband ihrer Launen zu halten. Allein ihre Erkenntnis, dass sie panische Angst vor Sex hat, da ihr Vater den Kontakt ständig übergriffig sexualisiert hatte, und seine Erkenntnis, dass er panische Angst vor Intimität hat, weil seine Mutter ihn in seiner Schwäche gedemütigt hatte, führte zu einem grundlegenden Perspektivenwechsel. Allein ein solcher Perspektivenwechsel, in der jeder seine eigene Lernaufgabe sieht und anerkennt, macht aus Gegnern wieder Partner auf einem Weg des Wachstums.

Um Sex und Herz wieder zu verbinden, braucht es, dass beide in ihrer eigenen Kraft und Schönheit da sein dürfen.

- Sexuelle Lust ist anarchisch, blind und zunächst unpersönlich. Sie hat ihre eigenen Zyklen, in denen sich die Energie aufbaut und wieder abflaut.

Sie ist Energie, die einfach zwischen der männlichen und der weiblichen Polarität fließt, wenn wir sie nur lassen.

- Die Herzensliebe ist persönlich, sie sucht die Nähe und Bindung zum Du, ist bereit, sich selbst für die gemeinsame Verschmelzung hinzugeben und findet darin ihr größtes Glück und kommt zu sich selbst.

In unseren Gruppen erschaffen wir einen geschützten Rahmen, in dem diese Qualitäten erstmal für sich allein erfahren und erforscht werden können. Sex und Herz zu verbinden bedeutet nicht, die Radikalität dieser Gegensätze zu verwässern. Wenn wir Bindung benutzen, um der Sexualität den Saft abzudrehen, oder Sex benutzen, um allzugroßer Nähe zu entkommen, dann ist diese Verbindung flau und nicht tief befriedigend.

Es ist nichts falsch daran, Sex pur oder Liebe ohne Sex zu leben. Urteile oder Ansprüche erzeugen nur wieder neue Verletzungen und Heuchelei. In einer Gruppe wurde einmal halb spaßig halb ernst der „Love Holiday Club" gegründet: Ferien von der Pflicht zur Liebe. Mitglieder des Clubs wurden vor allem Männer, aber auch einige Frauen, die festgestellt hatten, wie oft sie „ich liebe dich" sagten, und etwas ganz anderes meinten. (Ich brauche Dich, ich bin geil auf Dich, ich möchte, dass du mich nicht verlässt, ich bin eifersüchtig usw.) Die Mitglieder des Clubs verpflichteten sich, ein Jahr das Wort Liebe nicht in den Mund zu nehmen. Manche schafften es keine fünf Minuten, und das Gelächter war groß. Für manche ist es genau umgekehrt. Darf ich Nähe und Intimität, Bindung und Verbindlichkeit wünschen, ohne zum Sex bereit zu sein? Wie viele Menschen erkaufen sich Liebe mit Sex? Die Heilung von Herz und Lust beginnt damit, dass beides auch für sich allein dasein darf. Der Wunsch, beides miteinander zu verbinden, kommt dann von ganz allein.

Es gibt spezielle Übungen, mit denen wir unsere sexuelle Energie stärken und unser Herz öffnen können. Die Übungen helfen auch, beide Ebenen in uns klarer voneinander zu unterscheiden und unsere Widerstände dagegen wahrzunehmen.

Eine der wirkungsvollsten Übungen für den Sex ist die sogenannte PC-Pumpe, benannt nach dem Beckenbodenmuskel Pubococcygeus. Es ist der Muskel, mit dem wir u.a. den Harnstrahl kontrollieren können. Durch rhythmisches Kontrahieren und Entspannen dieses Muskels können wir ihn trainieren. Wenn wir die Kontraktionen noch mit dem Ein- und Ausatmen synchronisieren und uns vorstellen, mit dem Einatmen die Energie aus dem Becken in den Körper hochzuziehen, um sie mit dem Ausatmen wieder absinken zu lassen, dann kann ein sehr lustvolles Gefühl oder ein wohliges Strömen entstehen und durch den Körper fließen. Bei manchen Menschen ist die Lust sofort da, bei anderen kann es etwas Übung oder auch individuelle Begleitung brauchen. Anschließend an derartige die Lust belebende Übungen verwenden wir in unseren Workshops manchmal die „Harry & Sally Übung". Sie ist benannt nach der berühmten Szene im gleichnamigen Film, in der Sally Harry live und vor Publikum in einem Restaurant beweist, wie täuschend echt Frauen Orgasmen vorspielen können. Die Übung beginnt mit einem leichten Beckenschaukeln, synchron mit der Atmung. Langsam wird das Schaukeln stärker und der Atem tiefer und heftiger, bis du so laut und lustvoll stöhnst und atmest, als bekämest du einen Ganzkörperorgasmus. Diese Übung bringt viele Widerstände gegen Lust und Sex an die Oberfläche, Scham, Schuldgefühle, Hemmungen, Ekel werden deutlich. Das Paradoxe und erstaunliche ist, dass manche, in dem Versuch einen Orgasmus vorzutäuschen, wirklich orgastische Gefühle bekommen, weil sie sich durch die Widerstände und Hemmungen hindurchatmen und plötzlich übernimmt der Körper selbst die Regie. Es geht also nicht darum, Lust vortäuschen zu lernen, sondern anzuschauen, was wir unserer Lust gewöhnlich in den Weg stellen, inwieweit wir Sex nicht in aller Intensität anzunehmen bereit sind. Egal ob mit oder ohne orgastische Qualitäten, die Übung kann viel Spaß machen, bringt sehr viel Lebendigkeit und oft auch tief verdrängte Gefühle an die Oberfläche und braucht viel Vertrauen in sich selbst oder einfühlsame und kompetente Begleitung. Nach der Übung ist auf jeden Fall eine längere Ruhe- und Nachspürzeit zu empfehlen.

Für die Öffnung des Herzens eignet sich der Herz-zu-Herz-Kontakt. Du stehst oder sitzt deinem Partner gegenüber, du nimmst seine rechte Hand und legst sie mit deiner linken Hand auf dein Herz, während dein Partner das gleiche tut. Auf deinem Herzen liegt also unter deiner eigenen linken Hand die rechte deines Partners. Du stellst dir vor, wie Eure Herzen miteinander atmen und kommunizieren. Ihr könnt die Übung mit offenen oder geschlossenen Augen machen, der Unterschied ist für viele sehr groß. Viele empfinden den Herz-zu-Herz-Kontakt als sehr wohltuend, den gleichzeitigen Augenkontakt jedoch als risikoreicher, allerdings auch intimer.

In unseren Gruppen arbeiten wir zum Thema Herzöffnung viel mit dem intimen

Sich-mitteilen. Einer anderen Person von deinem schönsten oder schlimmsten Liebeserlebnis oder von einer sexuellen Phantasie zu erzählen und dabei
bewusst zu atmen und alle deine damit einhergehenden Gefühle zu erlauben
und wahrzunehmen, diese Übung kann enorme Nähe schaffen, obwohl oder
gerade weil sie uns mit Hemmungen, Scheu und Scham konfrontiert.
Wirkliche Intimität, wirkliche Öffnung des Herzens, macht verletzlich, ist ein
Risiko. In einer offenen Gruppensituation konnte ich einmal miterleben, wie ein
Mann sich in den Schoß einer Frau legte, ihren Atem spürte und sich ihr nah
fühlte. Die Frau empfand kaum Nähe, zeigte dies jedoch zunächst nicht. Sie
fühlte sich in eine Mutterrolle gedrängt, obwohl sie sich eigentlich ein gleich-
starkes Gegenüber wünschte. Er war über ihr späteres Feedback fassungslos.
Nach und nach stellte sich heraus, dass er einen vermeintlich leichten Weg in
die Nähe gesucht hatte, durch Körperkontakt. Es war ihm nicht in den Sinn
gekommen sie oder auch nur sich selbst zu fragen, ob sie ihn überhaupt auf
ihrem Schoß wünschte. Sie wiederum tat äußerlich so, als sei alles okay. Beide
hatten Nähe gesucht, aber unbewusst das Risiko gescheut, das mit wirklichem
Öffnen verbunden ist. Wenn wir unser Herz öffnen, machen wir uns verletzlich,
und dieser Satz lässt sich umdrehen. Wenn wir uns nicht verletzlich fühlen,
dann sind wir nicht wirklich offen. Allein schon dies zu wissen kann hilfreich
sein. Wir erleben oft Menschen, die sich öffnen wollen, aber nicht wissen wie
es geht. Verletzlichkeit ist ein Wegweiser zu wirklicher Nähe: Wenn du jemandem näher sein möchtest, spüre nach, was mitzuteilen ein emotionales Risiko
für dich wäre oder was dich unsicher machen würde. Unsicherheit und Scheu
sind in unserer Kultur nicht sehr beliebt; wer freut sich schon darauf, mit der
Liebsten im Bett zu sein und unsicher zu werden?
Männer haben vielleicht Ängste um ihre Potenz, Frauen befürchten möglicherweise, ihre Attraktivität zu verlieren, wenn sie ihre Scheu erlauben. Manche(r)
beginnt mit Tantra, um Scheu zu überwinden. Es wäre richtig schade, wenn das
gelänge, denn Unsicherheit oder Schüchternheit erschaffen eine wunderbare
Nähe und haben Charme, wenn wir sie nicht verstecken müssen, sondern sie
dasein lassen. Die sexuelle Begegnung mag vielleicht nicht immer so bühnenreif
„funktionieren", aber sie bekommt Tiefe, Intimität und Wahrheit, sie bekommt
Herz.
Übungen können helfen. Heilung geschieht aber letztlich nicht durch Übung
und Anstrengung. Heilung geschieht durch bewusste Präsenz im Entspannen.

Unsere sexuelle Energie fließt ganz natürlich, insbesondere auch zwischen den männlichen und weiblichen Genitalien. Dazu braucht es im wesentlichen keinerlei Tun, im Gegenteil, wir spüren den natürlichen Magnetismus und Energiestrom oft erst dann, wenn wir in der sexuellen Vereinigung still werden und auf äußerliche Bewegung verzichten. Wenn wir die sich durch die sexuelle Polarität aufbauende Energie nicht durch Ejakulation oder genitalen Orgasmus im Unterleib entladen, dann fließt sie ganz von alleine durch den Körper hinauf und berührt unser Herz und unser Bewusstsein. Manchmal überwältigt mich in der lustvollen sexuellen Vereinigung ein Schwall von Tränen, Glücks- oder Trauertränen, ich weiß es selbst nicht. Ich weiß nur, dass die Verbindung dieser Gefühle extrem befriedigend und erfüllend sein kann.

Manche Tantrabücher erwecken den Eindruck, als bestünde der Weg des Tantra im Wesentlichen aus einer Abfolge von Übungen, Ritualen und sexuellen Praktiken. In einem großen Teil der Übungen geht es darum, sexuelle Energie in die oberen Chakren zu lenken und damit unsere spirituelle Entwicklung zu befördern. Mancher fühlt sich vielleicht davon angezogen in dem unbewussten Wunsch, auf diese Weise dem Fühlen der eigenen Verletzungen im Bereich des Herzens zu entkommen und sie unmittelbar zu transzendieren. Eine solche Transzendenz basiert aber auf einem Umweg um das Herz herum. Das mag eine Weile gelingen und auch ekstatische Erfahrungen ermöglichen, bleibt aber auf Dauer anstrengend. Tiefes Loslassen können wir uns erst erlauben, wenn wir bereit sind, mit allen Gefühlen, die unsere Energie auf dem Weg durch den Körper berührt, Frieden zu schließen.

Für einen tantrischen Weg, der Sex und Herz wieder verheiratet, brauchen wir neben der Arbeit an und mit uns selbst auch Begegnung, Beziehung, Partner. Für manche Rituale macht es Sinn, die Ebene persönlicher Beziehung für eine Weile auszublenden, um sich auf einer transpersonalen Ebene zu begegnen. Ich kann mir allerdings kein Tantra vorstellen, das auch das Herz tief berührt, ohne mich auch auf jemanden wirklich einzulassen. Beziehungen sind eine permanente Herausforderung, und manchmal sieht es so aus, als hindere uns der Partner geradezu daran, Tantra im Alltag zu leben. Beziehungen sind jedoch der direkteste Spiegel, wie es um die Öffnung unseres Herzens wirklich bestellt ist. Es kann Mut kosten, in den Spiegel hineinzuschauen.

Manchmal schäme ich mich für die Konflikte und wirklich düsteren Seiten, die ich in Beziehungen zeitweilig durchlebe. Dann denke ich auch, als Tantraleh-

rer sollte ich wohl darüber stehen. Wenn das unsere Teilnehmer wüssten ...
Dann wieder merke ich, dass Seiten in mir provoziert werden, in denen ich
mich selbst noch immer nicht annehme, und bin dankbar für die Gelegenheit,
sie bei Tageslicht anzuschauen. Das ist schmerzhaft. Aber wenn dann die Lust
wieder über uns hereinbricht, ist es um so schöner. Wir brauchen uns nichts
vormachen, wir kennen auch unsere Abgründe.

In langfristigen Beziehungen wartet eine weitere Herausforderung: wie können
wir das sexuelle Feuer und die Frische des Herzens immer wieder neu entfa-
chen und erblühen lassen? Die meisten Paare verlieren früher oder später ihre
sexuelle Attraktivität füreinander oder zerreiben ihre Liebe zwischen Konflikten oder Gewohnheit. Ich merke immer wieder, dass ich zuallererst Zeit für
Lust und Liebe geben muss. Es kann sogar hilfreich sein, Zeiten für die Liebe in
den Terminkalender zu schreiben. Zuwenig spontan? Vergiss es! Was wir für
spontan halten ist meist nicht mehr als das Zufallsprodukt unserer unbewussten
Programmierungen. Zeiten für die sexuelle Liebe zu vereinbaren konfrontiert
uns sehr direkt mit allem, was uns nicht bereit sein lässt, zu lieben. Jetzt. Das
ist für mich Tantra und die Kunst des Seins, und es geht weit über Sex hinaus.
Die Kunst, jederzeit, nicht nur im Bett meiner Liebsten, bewusst präsent zu
sein, wo immer, wann immer, mit wem auch immer, und lieben zu lernen, mit
Herz und Lust. Ein permanenter Anfang.

Die Magie von männlich und weiblich

Jenseits des Geschlechterkampfes

Eine weitere in unserer Kultur tief verwundete Polarität ist die von Mann und
Frau. Die Lebensrealität zwischen den Geschlechtern liegt von einer ursprüng-
lichen magnetischen Polarität und von der damit verbundenen Freude und
Ekstase oft weit entfernt. Jahrtausende Patriarchat und eine endlose Kette von
Verletzungen zwischen Männern und Frauen haben das Spiel der Geschlechter
längst zu einem Kampf werden lassen.

So berechtigt die Forderung nach Gleichberechtigung von Frauen und Männern
sein mag, Gleichberechtigung löst uns noch nicht aus all den Verstrickungen,
Schuldzuweisungen, Rollenfixierungen usw., die die Begegnung der Geschlech-

ter oft vom Traum zum Alptraum werden lassen. Was ist nötig, damit Frauen und Männer wieder Spaß miteinander haben und sich in Liebe begegnen können?

Eine Voraussetzung ist sicherlich, dass sich beide um die Heilung ihrer eigenen Verletzungen kümmern, dass beide lernen, sich selbst zu lieben und in ihrer Männlichkeit bzw. Weiblichkeit anzunehmen. Was aber muss auch in der Dynamik zwischen Mann und Frau geschehen, um den Weg zurück zu Freude und Ekstase zu finden?

Männlichkeit und Weiblichkeit sind archetypische Energien, sie sind Symbole der ursprünglichen Polarität der Existenz. Der Kosmos ist sexuell. Kein Tag existiert ohne die Nacht, kein Mond ohne die Sonne, keine Höhe ohne die Tiefe. „Yin" und „Yang" haben die fernöstlichen Weisheitslehren dieses Prinzip genannt. Die Schönheit der Polarität gerät aus den Fugen, wenn eine Seite auf Kosten der anderen abgewertet wird. Ist das Gleichgewicht auf diese Weise zerstört, kann keine der beiden Seiten die eigene Qualität ungehindert zum Ausdruck bringen. Statt dessen tobt ein Machtkampf, in dem kein Platz mehr für Dialog ist. Genau das ist – unschwer zu erkennen – die heutige Situation zwischen Mann und Frau.

Wie können wir aus dem Machtkampf aussteigen, ohne die eigene Würde zu verlieren und der anderen Seite hilflos ausgeliefert zu sein? Diese Angst haben heute nicht nur die Frauen, längst haben auch die Männer entdeckt, wie sehr sie von Frauen abhängig und durch Frauen verletzbar sind.

Tantra kann uns einen Weg hinaus aus diesem Dilemma aufzeigen. Dies ist kein Weg für uneinsichtige Chauvinisten und auch nicht für selbstgerechte Feministinnen, denn Tantra lehrt den Verzicht auf Bewertungen. Tantra ermutigt uns, mit all dem zu sein, was ist, und es nicht zu bewerten, sondern zu fühlen, was es in uns berührt und uns mit allem, was wir sind, anzunehmen. Wenn wir uns auf diesen Weg einlassen, entdecken wir eine Kraft und Stärke in uns, die es uns erlaubt, aus dem Machtkampf auszusteigen. Wir könnten sie die Kraft der Liebe nennen.

Wir können gar nicht so einfach aus all den antrainierten Rollenmustern aussteigen, die uns schon als Junge oder als Mädchen beigebracht wurden. „Ein Junge weint nicht!" oder „Mädchen sind nicht so wild!" sind Botschaften, die uns tief geprägt und verletzt haben. Dies sind Verzerrungen der Polarität von männlich und weiblich. Wenn wir schon nicht einfach aus dieser „Erblast" aussteigen können, so können wir doch beginnen, damit zu spielen, die Rollen nicht mehr so ernst zu nehmen, und sie auf spielerische Weise zu transformieren. Was die Rollen so starr macht ist unser Versuch, die richtige Rolle richtig zu spielen. Wir meinen, unser Mann-Sein oder Frau-Sein erst noch beweisen zu müssen. Wir können uns keinen Fauxpas erlauben. Es gibt jede Menge männliche und weibliche Stereotypen, die wir verurteilen. Wir verachten Tussis, wir bekämpfen Machos, wir fürchten den Vamp, wir belächeln den Softie … was für eine Komödie, wenn wir alle diese Rollen nicht mehr so ernst nehmen würden. Dann könnten wir auch mal in die eine oder andere uns fremd erscheinende Rolle schlüpfen und herausfinden, was sie uns an Vorzügen bietet. Männer könnten ihre weiblichen Seiten erkunden, ohne gleich ihre Männlichkeit in Frage stellen zu müssen. Frauen könnten ihre Stärke zum Ausdruck bringen, ohne sich als Mannweib zu verunglimpfen oder zu desensibilisieren.

Mit den Rollen zu spielen wird immer wieder unsere alten Verletzungen berühren, die mit den alten Botschaften zusammenhängen und immer darauf hinauslaufen, dass wir irgendwie nicht okay sind. Wir werden wahrscheinlich hier und da aus dem Spielerischen herausfallen und Ernst werden. Wann immer wir uns dabei erwischen, haben wir die Wahl, uns daran zu erinnern: „Es ist ein Spiel!". Vielleicht mögen wir auch einmal den „Ernst" spielen.

Begegnungen sind Spiegel, in denen wir uns manchmal leicht und manchmal schwer selbst erkennen. Es gibt symmetrische Spiegel, in denen wir uns so sehen, wie wir uns zum Ausdruck bringen, und es gibt paradoxe Spiegel, in denen wir genau das sehen, was wir nicht zum Ausdruck bringen, sondern verstecken. Aufgrund des „kleinen" Unterschiedes tendieren Mann-Frau Beziehungen zu Letzterem. Er sieht in ihr das, was ihm fremd zu sein scheint, und umgekehrt. Am Anfang einer Beziehung, wenn wir alles rosarot sehen, mag uns das faszinieren und wir sehnen uns so sehr auch nach dem Fremden im anderen, wir spüren die mögliche Ergänzung. Nach einer Weile, wenn die ersten wunden Punkte berührt worden sind, schlägt diese Faszination oft um in Verurteilung und Schuldzuweisung. Wir suchen einen Aufhänger für unseren Schmerz, und was eignet sich da besser als das Fremde im anderen? So müssen wir uns nicht mit uns selbst beschäftigen. Leider löst das keinen Schmerz, nötig ist genau der Blick zurück auf die eigenen Wunden, damit sie heilen können. Wir könnten dem anderen dafür dankbar sein, dass er uns darauf aufmerksam gemacht hat. Dadurch erhalten wir die Chance, die Verantwortung für unsere eigenen Gefühle zu übernehmen.

Wir nennen es manchmal das „Topf und Deckel – Spiel". Bin ich Topf, bist du mein Deckel, bin ich der Deckel, bist du der passende Topf. Dies ist ein beliebtes Beziehungsspiel, das in verschiedenen Varianten gespielt wird. Eine davon heißt: „Sie will Zärtlichkeit. Er will Sex". Wenn beide nicht merken, was gespielt wird, wird er versuchen, sie zum Sex zu überreden, und sie ihn zur Zärtlichkeit, und beide werden sich gegen die Versuche des anderen zur Wehr setzen. Das ist die statische Variante des Spiels, wo die Rollen immer gleich besetzt sind. Die dynamische Variante geht so: wenn er Sex will, will sie kuscheln. Will sie Sex, will er kuscheln. Die Rollen wechseln. In dieser Variante ist das Spiel schon etwas leichter zu durchschauen, denn niemand hat eine Rolle abonniert. Die Grundspielregel bleibt jedoch die Gleiche: Bist du A, bin ich B und umgekehrt. Die Auflösung ist eigentlich relativ einfach, wenn bewusst wird, dass Topf und Deckel zusammen gehören, d.h. wenn wir merken, dass es ein zugrunde liegendes Motiv gibt, das uns vereint, das wir aber polarisiert zum Ausdruck bringen. Wenn Mann und Frau merken, dass sie eigentlich beide Sex und Zärtlichkeit wollen, kann ein Dialog beginnen, mit dem sie zusammen kommen.

Wenn wir es geschafft haben, zum Dialog zu kommen, dann spüren wir wieder die universelle sexuelle Anziehung zwischen Mann und Frau. Neben all den anderen Gefühlen werden auch Freude und Ekstase wieder möglich. Wir können Dominanzansprüche loslassen, die eigentlich Ausdruck unserer Angst zu unterliegen sind. Wir bringen uns selbst voll zum Ausdruck und sind dann offen und neugierig für die Antwort, die wir erhalten. Wir brauchen den anderen nicht zu manipulieren, denn wir fragen und bitten direkt um das, was wir uns wünschen, und sind bereit zu fühlen was wir fühlen, wenn wir die Antwort bekommen. Wie gesagt, wir werden immer wieder feststecken, wenn unsere Verletzungen berührt werden und wir in unsere festgefahrenen Muster einrasten, die nichts anderes sind als Schmerzvermeidung. Aber wir werden es wahrscheinlich immer schneller merken, daraus aussteigen, fühlen was wir fühlen und weiter spielen. So kommt Freude auf. Wir freuen uns, wenn wir mit gelassener Heiterkeit all dem Tun und Treiben, all der Lebendigkeit und Vielfalt zuschauen können, daran teilnehmen, wo immer wir wollen und es genießen können.

Ekstase geht noch einen Schritt weiter. Ekstase ist ein Zustand hoher energetischer Ladung, in dem wir uns gleichzeitig entspannen können. Sich in höchster sexueller Erregung entspannen zu können ist eine der Spezialitäten im Tantra. Wenn wir kurz vor dem Orgasmus alles loslassen können, auch das Bedürfnis nach dem Orgasmus selbst, dann können wir fliegen. Die Energien finden ihren Weg und wir können uns voll und ganz dem Geschehen hingeben.

Sexuelle Energie ist deswegen so „spannend", weil sie polarisierte Energie ist, polarisiert zwischen dem männlichen und dem weiblichen Pol. Zwischen Polen entsteht Spannung und fließt Strom, soviel wissen wir aus der Elektrizität. Im Sex ist es genauso. Es gibt viele Übungen und Techniken, mit denen wir unsere Sensibilität für erotische Empfindungen verfeinern, mit denen wir die Kapazität des Körpers, sexuelle Spannung zu halten und zu genießen, erweitern können. Die schnelle Ejakulation des Mannes ist meistens eine Folge davon, dass er mehr Lust einfach nicht aushalten kann. Mehr Lust braucht allerdings auch ein höheres Energieniveau, und wenn mehr Energie durch den Körper fließt, werden alle möglichen Gefühle berührt, die wir verdrängt und im Körper abgespeichert haben. Wenn wir die sexuelle Lust und Ekstase nicht nur in den Genitalien, sondern im ganzen Körper, mit unserem ganzen Sein erleben möchten, kommen wir nicht umhin, uns auch all den anderen Empfindungen zu stellen, derer wir fähig sind.

Die Ekstase zwischen Mann und Frau kann sich dann ganz und gar ereignen, wenn wir uns mit der ursprünglichen Polarität von männlich und weiblich in uns und unter uns angefreundet haben. Wenn uns die kulturellen Verformungen von Yin und Yang nicht mehr schrecken, sondern wir damit spielen können, dann können wir in der sexuellen Vereinigung die Energien zwischen uns spielen lassen. Wir müssen nichts mehr kontrollieren. Wir können uns ganz dem hingeben, was geschieht. Es kann wild werden und dann wieder still. Einmal übernimmt Er die Initiative, ein anderes Mal Sie. Alles darf geschehen, wir werten nicht. Es gibt kein Ziel. Unsere Gedanken und Empfindungen kommen und gehen, wir halten sie nicht fest. Wir können sie ausdrücken, müssen es aber nicht. Es entsteht ein Raum des Nicht-Wissens, der Intimität, der Achtsamkeit im Augenblick. Dieser Raum ist zutiefst heilsam für Frauen und Männer und zugleich ein Tor zum Sein.

Heiße Eisen zwischen Tätern und Opfern

Wunden in Sex und Herz heilen

Ekstatisch, lustvoll und mit Hingabe einem anderen Menschen begegnen, Sexualität frei und ohne jeden Zwang leben können, mit der eigenen Männlichkeit und Weiblichkeit angenommen sein, das Herz weit öffnen ohne verletzt zu werden …wer noch mehr als einen Funken Lebendigkeit im Blut hat kennt diese Sehnsucht. Und die meisten von uns kennen wahrscheinlich auch die diversen Abstürze, die wir in Folge dieser Sehnsüchte erlebt haben. Beziehungsdesaster, sexueller Notstand und gebrochene Herzen machen auch vor uns nicht halt, die wir schon lange an uns arbeiten. Manchmal wird es mit zunehmender Selbsterfahrung fast noch schwieriger, uns dies einzugestehen und anzunehmen. Manch Gruppenerfahrener hat sich mit psychospirituellen Erkenntnissen bewaffnet, um dem Partner im Ernstfall „Das ist nur wieder Dein Egotrip!" oder „Du musst einfach nur loslassen!" oder ähnliche Nettigkeiten entgegen zu schleudern.

Aber da war doch noch etwas? Genau, Tantra! Gepriesen als der „Königsweg zur Erleuchtung durch Sexualität" oder die „Magie der Liebe" verspricht Tantra einen Ausweg aus unserem Lust- und Liebesdilemma. Das wäre ja zu schön, um wahr zu sein, denkt sich manche(r) und wendet sich misstrauisch ab. Wer trotz des gesellschaftlichen Zynismus in Sachen Liebe die Hoffnung auf ein erfülltes Liebesleben noch nicht aufgegeben hat meldet sich vielleicht wagemutig an einem Tantrakurs an. Manch eine(r) hofft dort auf eine Insel der Seligkeit, wo Milch und Honig in Form von Sinnlichkeit und Intimität fließen, in gewisser Weise auf eine heile Welt der Liebe, wie sie uns viele spirituelle Schulen verheißen. Oft knüpft sich daran unbewusst die Erwartung, dass der Krieg der Geschlechter, Beziehungselend und die Begegnung mit dem eigenen Schmerz in einem Tantraseminar außen vor bleiben können. Mag sein, dass manche Frau oder mancher Mann in einem Workshop tatsächlich davon unbehelligt bleibt und in Lust und Liebe badet. Auf Dauer geht das allerdings meistens schief. Dann kommt die ganze Suppe aus verdrängten Anteilen unserer selbst hoch. Zum Glück, meine ich!

Zum Beispiel bei einem unserer Workshops: die Ehefrau eines Teilnehmers hatte uns im Vorfeld schon angerufen und darauf hingewiesen, ihr Mann käme nur zum Workshop, um Sexorgien zu erleben. Sie wolle einfach, dass wir das wissen. Unsere Antwort, dafür seien unsere Kurse kein geeigneter Ort, schien sie nicht sehr zu beruhigen. Wir vergaßen den Anruf bald wieder, denn Männer, die wirklich nur auf das Eine aus sind, ohne bereit zu sein, sich mit sich selbst zu konfrontieren, die merken bald selbst, dass sie dafür am falschen Ort sind.

Am Abend des zweiten Workshoptages – inzwischen war schon viel Nähe und Vertrauen in der Gruppe gewachsen – kündigten wir eine Übung an, die öffentlich zu beschreiben durchaus heikel ist. Sie ist für Menschen, die den inneren Prozess eines Tantraworkshops nicht selbst erlebt haben, möglicherweise nicht nachvollziehbar und kann eine Menge Ängste und Phantasien auslösen. Ich möchte dieses Wagnis aber dennoch eingehen, denn um genau solche Ängste und Phantasien geht es oft.

Die Übung geht kurz gesagt so: Alle TeilnehmerInnen haben die Augen geschlossen und tragen eine Augenbinde. Es gibt die Möglichkeit, sich langsam und achtsam durch den Raum zu bewegen und einander zu begegnen, ohne zu sehen und ohne Worte. Es geht also darum, ganz den Sinneswahrnehmungen, dem Gespür im Körper und der eigenen Intuition zu vertrauen. Nicht zu wissen, wem wir begegnen, wirft uns ganz darauf zurück, im Moment zu spüren, was sich gut anfühlt und was nicht, und dem Ausdruck zu geben. In der Vorbereitung zu dieser Übung ermutigen wir explizit dazu, Grenzen zu setzen, wenn sich etwas nicht gut anfühlt und z.B. eine Hand klar wegzunehmen, wenn sie uns auf eine Weise berührt, wie wir nicht berührt werden möchten. Als Notbremse gibt es noch das Wort STOP, das unbedingt respektiert werden muss.

Für viele ist diese Übung ein Genuss, denn sie befreit kurzfristig von all den Bewertungen, die wir an das Sehen knüpfen, und eröffnet dadurch eine spontane Sinnlichkeit, ein Verweilen im Moment und ein Lauschen auf die innere Stimme. Die Übung kann aber auch alte Verletzungen an die Oberfläche bringen. Missbrauchserfahrungen, kindliche Panikgefühle bei Dunkelheit, Verlassenheitsgefühle u.ä. können hochkommen. Deswegen braucht diese Übung eine gute Vorbereitung und einen sicheren Rahmen, in dem solche Gefühle Platz haben.

Nach der Übung schien die Gruppe tief berührt, wir sahen in sehr bewegte Gesichter. Kaum jemand wollte wieder sprechen, es war wie das Auftauchen aus einer tiefen Trance.

Am nächsten Morgen in der Frühstückspause kam Sibylle (alle Namen sind geändert) zu uns und war ziemlich aufgelöst. Ein Mann hatte anscheinend den Schutz der Dunkelheit genutzt, um mehr oder weniger systematisch weibliche Hände an sein Genital zu lotsen. Sie selbst war nicht auf ihn getroffen, aber sie hatte es von einigen anderen Frauen gehört, und sie wusste inzwischen auch, dass es Bodo war. Er hatte es ihr selbst erzählt, und sie war so fassungslos, dass sie sich ihm gegenüber nichts anmerken ließ, obwohl innerlich eine Bombe hochging.

In der nächsten Gruppensession gaben wir viel Zeit für eine ausführliche Mitteilungsrunde, nicht zuletzt in der Erwartung, dass das heikle Thema von Sibylle zur Sprache kommen würde. Doch zunächst war nur von tief erfüllenden, beglückenden und achtsamen Begegnungen zu hören. Die Gruppe schien in Liebe zueinander zu schmelzen. Sibylle bedankte sich bei Bodo, dass sie ein altes Verhaltensmuster bei sich wieder habe entdecken können, ohne konkreter zu werden.

Dann packt eine Frau aus. Alles sei wunderschön gewesen, sie liebe diese Übung sehr, bis dann ein Mann ihre Hand an seinen Schwanz geführt hätte, völlig unvermittelt und mechanisch. „Ich habe schroff meine Hand zurückgezogen, habe mich abgewandt und empört gedacht 'also sowas!' Als ich dann später von anderen Frauen hörte, dass jemand mit ihnen das gleiche gemacht hatte, ist meine Wut so richtig hochgekocht. Heute morgen in der „Haleakala-Meditation" konnte ich so schreien wie noch nie. Dafür könnte ich Dir dankbar sein!" schleudert sie Bodo entgegen.

Die Atmosphäre in der Gruppe scheint jetzt förmlich zu flirren. Martina schreit ihre Empörung heraus: „Ich bin total entsetzt! Das hört sich ja grauenvoll an! Total mechanisch, als wenn es nichts mit der einzelnen Frau zu tun hat! Bestehst du denn aus nichts anderem als deinem Schwanz? Wenn du das bei mir gemacht hättest. Ich weiß nicht, was ich getan hätte ...", sagt sie in drohendem Ton.

Bodo sitzt mit versteinertem Gesicht da. Jutta schluchzt laut auf: „Und ich habe mir das gefallen lassen. Ich habe viel zu spät reagiert. Ich wäre froh, wenn ich so wütend sein könnte wie ihr. Ich kann meine Wut nicht spüren!" Dann legt Katrin los: „Diese Scheißmänner! Sagen nicht, was sie wollen, aber dann im Schutz der Dunkelheit versuchen sie es zu erschleichen. Ich hasse diese Verlogenheit!"

Jetzt springt Norbert auf, setzt sich einen Meter vor Katrin hin und fängt an zu toben. Ich springe ebenfalls auf und sorge dafür, dass Norbert genug Abstand von Katrin hält. Norbert tobt weiter: „Du spielst nur mit mir. Ich bin mehrmals klar auf Dich zugegangen. Du tust immer sehr freundlich, aber dann verschwindest Du wieder. Es ist ein permanentes 'Komm her!' und 'Geh weg!'. Du kannst doch gar nicht damit umgehen, wenn dir ein Mann klar sagt, was er will. Du willst sie doch alle am liebsten kastrieren, damit du sie beherrschen kannst!" Er schreit laut, trommelt auf das Kissen, das wir vor ihn hingelegt haben, dann

kommt tiefer Schmerz hoch und Norbert weint bitterlich. Katrin glaubt, sich verteidigen zu müssen: „Das stimmt doch gar nicht. Ich werde mir doch wohl noch Zeit lassen dürfen, nachzuspüren, was ich überhaupt von dir will. Ja, da ist eine Ambivalenz zu dir. Ist das nicht okay? Wir sind doch nicht verheiratet!"
Walter, ihr Ehemann ruft ihr zu: „Dann wäre es auch nicht anders. Mich versuchst du doch auch total zu dominieren. Alles muss nach Deiner Pfeife tanzen!"
Die Gefühle in der Gruppe kochen und brodeln. Überall sitzen Frauen und Männer, die tief aufgewühlt sind, manche heulen, manche schreien, manche versuchen sich in ihren Intellekt zu retten und alles zu analysieren. Auch ich bin sehr aufgewühlt, aber gleichzeitig total klar, dass hier ein uraltes Trauma aufbricht, die Spaltung zwischen Sex und Herz, die unsere Kultur durchdringt und um die herum sich Männer und Frauen polarisieren. Mein Anliegen in dieser Situation ist es zu unterstützen und zu ermutigen, die eigenen Gefühle wahrzunehmen, lebendig werden zu lassen und auf für sich selbst und andere unschädliche Weise zum Ausdruck zu bringen.
Nachdem etliche ihren Dampf abgelassen haben, ist es nach einer Weile wieder möglich, aufeinander zu hören. Zum ersten Mal meldet sich jetzt Bodo zu Wort: „Es ist das passiert, wovor ich immer am meisten Angst hatte. Bloßgestellt zu werden. Ich bin *bloßgestellt* worden!" Er schluchzt laut auf. „Ich habe mich darauf verlassen, dass der Schutz der Anonymität gewahrt bleibt. Ich bin geschockt. Aber ich bin auch froh, dass ich meine Trauer jetzt so tief spüren kann. Es fühlt sich an, als wenn ein Eisblock in meiner Brust anfängt zu schmelzen."
Moritz schaltet sich ein: „Für mich ist das total mutig, was du gemacht hast. Dass du deinen Schwanz so sehr wertschätzt, dass du dort berührt werden möchtest. Ich hätte mich das nie getraut!" Bodo lächelt etwas erleichtert: „Ich habe immer so sehr darunter gelitten, dass meine Sexualität abgelehnt wurde. Meine Frau weigert sich, meinen Schwanz anzufassen. Ich halte das manchmal nicht mehr aus!" Bodo weint leise vor sich hin. Betroffenes Schweigen im Raum. „Ich habe doch das Nein akzeptiert, wenn jemand die Hand weggezogen hat. Ich habe mich an die Regeln gehalten. Aber mein Lingam gehört auch zu mir ..."
„Dein WAS?" ruft Marianne aggressiv dazwischen. „Mein Lingam!" gibt Bodo etwas entrüstet zurück. „Das ist der tantrische Ausdruck für Schwanz!" ruft Moritz dazwischen! „Ach so!" Schweigen.

Nach einer Weile gibt Nicole in die Runde: „Ich merke mal wieder, dass es keine reinen Opfer und keine reinen Täter gibt. Die Täter sind auch Opfer, und die Opfer sind auch Täter! Ich kann das so deutlich bei euch sehen. Ich bin richtig dankbar dafür!"

Marianne: „Und was ist mit Mädchen, die sexuell missbraucht worden sind? Waren die auch Täter, weil sie vielleicht zu leicht bekleidet waren oder was?"

Nicole: „Ich spreche jetzt gerade von uns, von Erwachsenen." Die emotional sehr aufgeladene Situation weicht langsam einer Nachdenklichkeit. Jutta bringt sich ein: „Was mich betrifft hast du Recht. Ich glaube, ich habe eine Menge darüber gelernt, wie wichtig es ist Grenzen zu setzen. Ich meine, theoretisch habe ich das natürlich schon gewusst, aber ich habe es jetzt erlebt. Was passiert, wenn ich meine Grenzen nicht klar setze. Ich verletze mich selbst. Und später spiele ich dann das arme Opfer! O je, mir wird klar, wie oft ich das schon gemacht habe!"

Die Diskussion um Opfer und Täter geht noch eine Weile weiter, manchmal sehr persönlich, manchmal mehr abstrakt. Wir beenden die Session, indem wir die große Runde auflösen und die Möglichkeit geben, sich in Paaren und Kleingruppen noch weiter auszutauschen, in dem Arm zu nehmen oder einfach auszuruhen.

Diese geschilderte Gruppensituation ist klassisch. Er will Sex, sie will Herz. Er ist Täter, sie ist Opfer. Manchmal ist es gerade umgekehrt. In unserer Kultur bleiben wir meistens bei dieser Polarisierung stehen. Viele Paare stecken darin über Jahre oder Jahrzehnte fest. Selten haben wir Gelegenheit, hinter die Kulissen zu schauen. Wenn Männer und Frauen ihre Masken fallen lassen, wie das in der geschilderten Situation einige getan haben, können wir miterleben, was dahinter steckt: unsere Verletzungen.

Vielfach haben unsere Eltern unserem innersten Wesen auf einer sehr grundlegenden Ebene misstraut. Sie dachten, sie müssten es uns erst beibringen, zu akzeptablen Mitgliedern der Gesellschaft zu werden. Wir haben vor diesem Misstrauen unsere Herzen verschlossen und tragen das Misstrauen in uns. Wir agieren es an uns selbst und aneinander aus.

Insbesondere als sexuelle Wesen wurden wir nicht gespiegelt und nicht angenommen, wie wir es gebraucht hätten. Allzu oft wurde unsere Sexualität ignoriert, oder wir wurden viel zu früh mit erwachsener Sexualität konfrontiert oder missbraucht.

Wir sind tief verunsichert, sowohl in unserer Liebesfähigkeit als auch in unserer Erotik und Sexualität, in unserem Mann- und Frau-Sein. Dazu kommt, dass Liebe und Sex gespalten sind und kaum je in ihrer ganzen Pracht zusammen erlebt werden können. Die Spaltung hat sich tief in unsere Körper eingegraben und polarisiert sich oft so, wie Bodo es mit einigen der Frauen auf dem Workshop inszeniert hat: Der Mann fühlt sich so ausgehungert nach sexueller Bestätigung, dass er nicht mehr merkt, wie mechanisch er zu Werke geht. Die Frau, wie hier Katrin, hat kein Vertrauen in die Kraft ihres Nein, hält den Mann mit einem Komm-her-geh-weg-Spiel auf Distanz oder kompensiert mit der Flucht in die Macht des Opferstatus. Wir alle haben gelernt, unsere tiefen Wunden einigermaßen zu kompensieren und zu kaschieren. Wir haben Lust und Liebe unter Kontrolle gebracht. Wir haben bestenfalls Reservate für die Liebe und Reservate für den Sex, und inzwischen hat unsere Kultur auch das endlose Darüberreden entdeckt, um diese elementaren Kräfte unseres Seins in Schach zu halten.

Tantragruppen haben wahrscheinlich nicht zuletzt deswegen eine so große Anziehungskraft, weil sie Heilung versprechen, indem sie einen Raum anbieten, wo Lust und Liebe wieder geehrt und geheiligt werden. Manche erhoffen sich, dass sie dort Lust und Liebe wieder frei erleben und genießen können. Aber was passiert mit den Verletzungen, die wir alle mitbringen? Können wir die an der Garderobe abgeben?

Dass dies auf Dauer nicht geht, zeigt das geschilderte Beispiel. Am Anfang – nachdem das erste Eis gebrochen ist – mag es noch eine Weile gelingen, uns alle von unserer Schokoladenseite zu zeigen. Aber sobald es tiefer geht, werden auch unsere Wunden berührt, und mit unseren Wunden alle unsere Verhaltensweisen, mit denen wir unseren Schmerz verdrängt und überlebt haben: unsere Schattenseiten.

Wirkliche Heilung braucht Wahrheit. Was würde es nützen, hätte Bodo sich zusammengerissen und so seine Schwanzfixiertheit nur verdeckt? Was würde es nützen, einen Schuldigen zu finden, der den tantrischen Frieden gestört hätte? Wir würden nur bei Bewertungen stehen bleiben, um nicht das ganze Ausmaß unserer Verletzungen besichtigen zu müssen, an die Bodo mit seinem Verhalten gerührt hat. Notdürftige Verbände mögen in akuten Notfällen angebracht sein. Irgendwann ist es jedoch an der Zeit, den Verband abzunehmen, die Narben zu besichtigen und nicht ganz verheilte Zonen und schwelende

Entzündungsherde an die Luft zu lassen, damit sie heilen können. Vor allem aber braucht Heilung unsere liebevolle Zuwendung zu uns selbst, so wie wir wirklich sind, nicht nur zu unserem Selbstbild, dem wir nur zu gerne entsprächen.

Was in obigem Beispiel erstmal so aussieht wie ein heilloses Tohuwabohu, kann ein sehr heilsamer Prozess sein. Es ist nicht unser Job als Tantralehrer, zu entscheiden, wer Recht hat oder welches Verhalten angemessen ist. Zwar setzen wir durchaus Grenzen und schaffen durch unsere Präsenz einen sicheren Raum. In diesem Rahmen kann und darf dann aber so weit wie möglich und mit dem nötigen Schutz vor neuen Verletzungen jede individuelle Wahrheit erkannt, offenbart und gelebt werden. Dann wird sichtbar und fühlbar, dass wir alle sexuelle Wesen sind, dass wir alle ein Herz haben und dass wir alle in diesen Bereichen mehr oder weniger verletzt sind. Und dennoch, oder vielleicht gerade deswegen, sind Lust und Liebe so grundlegende Kräfte, dass sie Wegweiser in unsere tiefste Wahrheit sein können. Jenseits aller Wunden ruhen wir im Sein. Das Sein ist unser Geschenk, das uns niemand nehmen kann.

Wenn du dich durch einen Tantrakurs reich beschenkt fühlst, magst du vielleicht glauben, dort etwas bekommen zu haben. Aber Liebe, Lust oder Ekstase sind nicht etwas, was du auf Dauer von außen bekommen kannst. Wenn du damit dein Glück suchst, wird es zuhause rasch wieder versiegen, wenn z.B. deine Einsamkeit oder dein Beziehungsfrust wieder hochkommen. Wer in Tantraseminaren diesen Gefühlen entkommen möchte, dem wird Tantra schwerlich helfen können, zuhause damit klarzukommen. Wirkliche Transformation braucht die Bereitschaft, mit allem da zu sein, was ist. Dann wird Tantra zu einem Weg, uns mit dem Leben, der Existenz, mit unserem Sein zu verbinden.

Ich bin immer wieder erschüttert aber dennoch froh, wenn in einer Tantragruppe die Verletzungen aus Geschlechterkampf, sexueller Not und gebrochenen Herzen spürbar werden. Wir schicken niemanden weg und sagen: „Geh damit zu deinem Therapeuten, das hat im Tantra keinen Platz", wie es mir selbst bei einem Tantrakurs ergangen ist. Uns im Fegefeuer unserer unerfüllten Sehnsüchte liebevoll anzunehmen, selbst wenn wir am liebsten davon rennen würden, das öffnet die Türen zu den Bereichen in uns, vor denen wir uns verschlossen haben und nach denen wir uns so sehr sehnen. Es geht um uns, der Blick geht nach innen. Bodos Eisblock im Herzen schmilzt, Nicole erlebt sich jenseits ihres gewohnten Opferdaseins, Jutta entdeckt, wie sehr sie sich selbst verletzt, wenn sie den Mann schont und kein Nein über die Lippen bringt, Norbert erfährt, wie die Kraft seiner Wut und Verzweiflung sein Herz öffnet.

Was eignet sich für eine Reise zu uns selbst besser als uns achtsam in das Feld von Lust und Liebe hineinzubegeben, in dem früher oder später alles entblößt wird: unsere Sehnsüchte, unsere Wunden, unsere Einzigartigkeit. Wir tauchen durch diese Schichten unserer Existenz immer tiefer, und fliegen zugleich immer höher, bis wir uns alle als Ausdruck der einen Lebenskraft erleben, die durch uns fließt, durch unseren Sex und durch unser Herz.

Nach dem Workshop kam mir der Anruf wieder in den Sinn, und ich fragte mich, wer nun dieses „Sexmonster" eigentlich gewesen war. Vielleicht Bodo? Vielleicht Thomas? Oder Norbert? Dann wurde mir klar: wir alle sind es, zumindest wir Männer. Wir wollen geilen Sex und wissen nicht, wie wir ihn bekommen. Oder die typisch Frauenvariante: wir wollen bedingungslos geliebt werden und wissen nicht, warum wir immer wieder enttäuscht werden. Oder wir wollen beides. Jetzt, sofort, für immer.

Das einzige, was du jetzt, sofort und für immer haben kannst, bist du selbst. Da fällt mir Martin ein, der neulich am Ende eines Kurses noch etwas verwirrt von seiner emotionalen Achterbahnfahrt und mit einem gewissen Galgenhumor verkündet: „Ich habe gedacht, im Tantra würde alles leichter, vor allem mein Liebesleben. Aber statt dessen begegne ich immer mehr mir selbst …" Johannes, nach einigen Jahren Tantraerfahrung, fügt augenzwinkernd hinzu: „Mir gelingt die Brücke zum Alltag schon ganz gut. Hier im Tantra bekomme ich nicht den Sex, den ich will, und zuhause auch nicht. Aber es geht mir immer besser dabei! Tantra ist doch echt klasse!"

Ich glaube, die beiden verstehen etwas von der Paradoxie in der Kunst des Seins! Wenn wir einen neuen Schritt machen wollen, dann gelingt das am ehesten dann, wenn wir akzeptieren, wo wir in diesem Moment gerade stehen.

Zur richtigen Zeit am richtigen Ort

Das Mysterium des Wollens und Annehmens

Das Einführungsseminar hat begonnen. 30 Frauen und Männer sitzen im Kreis und stellen sich und ihr Anliegen vor. „Ich will hier meinen Traummann kennenlernen!" ruft eine Frau mutig in den Raum. Schweigen. Dann ein befreiendes Lachen. Vielen wird in diesem Moment bewusst, wie diplomatisch sie ihr Anliegen in der Vorstellungsrunde formuliert haben.

Unser Verhältnis zum Wollen und Wünschen ist gebrochen. Unsere intimen Wünsche einzugestehen macht uns verletzlich. Aber ob wir nun dazu stehen oder nicht: wir alle haben Wünsche! Ich bin mir ziemlich sicher, dass Menschen, die in unsere Kurse kommen, etwas wollen. Manche wissen ganz genau, was sie wollen, andere wollen sich eher überraschen lassen. Und wiederum andere wollen das Wollen loslassen ...

Die meisten Menschen kennen die Erfahrung, dass es quälend sein kann, etwas unbedingt zu wollen und es entweder nicht zu bekommen oder dass es ungewiß bleibt, ob dieser Wunsch jemals in Erfüllung geht. Vielleicht kommt daher die Redewendung vom „wunschlos glücklich sein", weil uns das Wünschen immer wieder mit der Möglichkeit konfrontiert, das Gewünschte vielleicht nicht zu bekommen.

Die meisten Menschen kennen wunschlos glücklich sein allerdings nur aus den kurzen Momenten im Leben, wenn ein sehnlicher Wunsch gerade in Erfüllung gegangen ist und noch kein neuer aufgetaucht: die Zeit steht still, wir sind ganz im Moment, nichts lenkt uns ab, und wir sagen voll und ganz JA zu dem, was ist. Wir sind einfach glücklich.

Ein Teil von mir ist unersättlich und möchte lernen, in jedem Moment meines Lebens glücklich zu sein. Ein anderer Teil widerspricht energisch und weist mich darauf hin, dass ich doch lieber auf dem Boden bleiben soll und der Tatsache ins Auge sehen, dass eben nicht jeder Wunsch wahr wird und mein Leben nicht nur aus Situationen besteht, in denen gerade etwas in Erfüllung geht. Die meisten kennen wahrscheinlich derartige innere Dialoge. Wir wollen unsere Ziele erreichen, wir wollen Lust und Liebe leben, wir wollen eine erfüllende Beziehung führen, wir wollen erfolgreich im Beruf sein, wir wollen glücklich sein. Doch unsere Lebenserfahrung konfrontiert uns immer wieder mit der simplen Weisheit: manche Wünsche werden erfüllt und manche nicht. Daran ändert wohl auch kein positives Denken, keine Affirmation und kein kosmischer Bestellservice etwas: auf den Bestseller „Bestellungen beim Universum" folgt der Bestseller „Reklamationen beim Universum". Wir werden wahrscheinlich nie die endgültige Antwort darauf finden.

Im Kontext von The Art of Being arbeiten wir in der Regel nicht so sehr daran, was wir alles tun können, damit unsere Wünsche in Erfüllung gehen. Viel eher arbeiten wir mit dem Annehmen von dem, was ist. Wenn wir akzeptieren, dass wir auf der Jagd nach der ständigen Wunscherfüllung nie dauerhaft glücklich sein können, dann sind wir bereit für den nächsten Schritt: wir lernen ganz im Moment zu sein und zu fühlen, was wir gerade fühlen, wir lernen Ja zu sagen zu dem, was ist, auch wenn es nicht das ist, was wir vorher wollten. Und wir machen die erstaunliche Erfahrung, dass wir auch in diesem Moment, in dem wir ganz das annehmen was ist, glücklich sind.

Wir lernen, dass die Wunscherfüllung gar nicht entscheidend für unser Glück war, sondern der Moment der Präsenz, der sich danach einstellte, weil wir für einen Moment aufhörten, an morgen oder an gestern zu denken.

Manche spirituelle Weisheitslehre empfiehlt: nur der Verzicht auf alle unsere persönlichen Wünsche kann uns wirklich und dauerhaft aus dem Hamsterrad des Wollens und Begehrens befreien. Mir leuchtet dieser Verzicht nicht ein, denn warum sollte ich verzichten, wenn ich mir davon nichts verspreche? Und wenn ich mir etwas davon verspreche, dann will ich ja wieder etwas. Es gibt kein Entrinnen. Dann doch lieber direkt: jetzt gleich will ich etwas Leckeres zu Abend essen. Und dann eine wunderschöne zärtliche und geile Liebesnacht. Und dann ... ich will auch weiter wollen dürfen. Das Wollen ist doch das Salz in der Suppe des Lebens.

Gay Hendricks hat mir in seinem Buch „Bewusster Leben und Lieben" einen wertvollen Hinweis gegeben, der die scheinbare Paradoxie von Wollen und Glücklichsein in einen größeren Zusammenhang stellt: auf der ersten Ebene haben wir Ziele, wir streben sie mehr oder weniger direkt an und sie werden zuweilen erreicht, zuweilen auch nicht, in Abhängigkeit von dem, was wir dafür getan haben, aber nie ganz unter unserer Kontrolle. Auf der zweiten Ebene lernen wir das anzunehmen, was ist, weil wir erkannt haben, dass wir mit reiner Zielstrebigkeit oft nicht weiter kommen. Vor allem im Bereich der Liebe kommen wir mit Zielstrebigkeit an Grenzen: meine Partnerin ist immer noch nicht so wie ich sie mir wünsche ... bis ich lerne sie anzunehmen, wie sie ist! Und in diesem Moment der Annahme liebe ich sie und bin glücklich!

Das Annehmen ist leider auch oft nicht von Dauer. Am schwersten tun wir uns, uns selbst mit allem anzunehmen, was wir denken, fühlen und sind. Und so lange wir das nicht tun, können wir auch keinen anderen Menschen vollständig annehmen, denn dieser wird uns irgendwann dort unangenehm berühren, wo wir ihn an wunde Punkte in uns heranlassen. Das Annehmen ist also ein permanenter Prozess des Lernens, Wachsens und der Bewusstwerdung. Die Momente des Glücklichseins werden häufiger und länger. Aber oft genug fallen wir ins Unglück zurück, das sich dann im Kontrast noch quälender anfühlen kann. Wir sind im Hader mit dem, was ist, und können keinen Menschen ausstehen, der uns empfiehlt, diesen Schlamassel auch noch anzunehmen!

Hört denn das nie auf? Gay Hendricks schreibt von einer dritten Ebene, er nennt sie „zur rechten Zeit am rechten Ort sein". Wir kennen wahrscheinlich alle diesen inneren Zustand, in dem alles passt und uns das Leben durch und durch wohlgesonnen scheint. Jetzt gibt es nichts mehr anzunehmen, wir fühlen uns verbunden mit uns selbst und mit allem was uns umgibt. Es ist eine Gnade, die uns zuteil wird, wenn wir es am wenigsten erwarten. Es ist wie ein Verliebtsein in die Existenz.

Aber es lässt sich nicht festhalten. Es ist nur menschlich, dass wir Wünsche haben und Ziele, dass wir mit uns oder mit anderen im Hader sind und immer wieder vor der Aufgabe stehen anzunehmen, mit was wir nicht im Einklang sind. Doch das Bewusstsein, dass es in jedem Augenblick da ist, dass in jedem Augenblick noch etwas anderes am Werk ist als unser bewusstes Tun und Lassen, das kann uns helfen, in den Moment hinein zu entspannen. Das Leben wird zum Geheimnis, das sich zuweilen ganz überraschend offenbart. Unser Lebensweg wird ein Abenteuer, das nicht immer geplant, aber immer gelebt werden kann. All die Paradoxien lösen sich in diesem Moment auf. Habe ich was ich will? Will ich was ich habe? Habe ich genug? Habe ich genug vom Wollen? Will ich loslassen, was ich habe? Was will ich mehr als Loslassen? Habe ich genug losgelassen? Bekomme ich dann endlich, was ich will? Ich lass das innere Wunschradio plappern. Oder will da jemand noch was?

„Mein Traummann! Er will mich! Möge er sich mir doch endlich offenbaren. Ich weiß, dass du hier bist!" ruft die Frau mal wieder mutig in die Runde.

„Die nervt", denkt er bei sich, und wird doch das mulmige Gefühl nicht los: „was wäre, wenn sie mich meint?"

„Jetzt bild dir mal bloß nichts ein, sie schaut nur öfter zu dir, weil sie sich bei dir am sichersten fühlt! Kein gutes Zeichen!", fährt er sich gleich selbst über den Mund, „und außerdem: sie zieht dich zwar schon irgendwie an, aber eigentlich stehst du doch gar nicht auf Frauen, die allzu genau wissen, was sie wollen!"

„Aber wenn sie doch mich will," spinnt der andere Gedanke sich weiter, „dann sehnt sie sich doch im tiefsten Inneren danach, anzukommen, loszulassen, wunschlos glücklich zu sein. Mit mir zu verschmelzen. Das wünsche ich mir doch auch!"
Vorsichtig blickt er zu ihr rüber. „Täusche ich mich oder hat sie gerade signalisiert „Okay, Mann, ich gebe dir noch etwas Zeit!"???"

Diese Zeit gebe ich ihm in diesem Bericht nicht mehr, ihr auch nicht. Dafür dir, liebe Leserin, lieber Leser. Schreibe die Geschichte weiter, und schreibe sie genau so auf, wie du sie willst. Oder auch nicht. Ich wünsche dir in jedem Fall einen glücklichen Tag, zur rechten Zeit am rechten Ort.

Partnerschaft

„Die Ehe ist der Versuch, die Probleme zu lösen, die wir ohne sie nie gehabt hätten ..."
(Woody Allen). Eine erfüllende und dauerhafte Partnerschaft leben zu wollen scheint
etwas vom Abenteuerlichsten zu sein, auf das wir uns einlassen können. Wenn wir nur
auf der Suche nach Mr. oder Mrs. Right sind, dann wird dieses Abenteuer leicht zur Hölle.
Wenn wir aber auch hier Bereitschaft aufbringen, Licht in unsere dunklen Seiten zu
bringen und voll und ganz lieben zu lernen, dann ist Partnerschaft ein echter spiritueller
Weg, ein Weg zu Gott.

Liebe zwischen Freiheit und Treue

Erfahrungen in einer tantrischen Beziehung

Sexuelle Treue, Seitensprünge, offene Beziehungen, Eifersucht … ewige Fragen, die auch unter Tantrikern ganz verschieden beantwortet werden. Manche schwören sich ewige Treue und begreifen den Verzicht auf andere Sexualpartner als reifes „Sich Einlassen". Andere praktizieren bindungslose, rituelle sexuelle Begegnungen als Loslösung von allen Egoverhaftungen. Mit den folgenden Gedanken und Erfahrungen möchte ich zum Austausch über diese Themen anregen, an denen wir kaum vorbei kommen, wenn wir mehr Liebe auf unserem Planeten verwirklichen wollen.

Tantra weckt tiefe Sehnsüchte, vielleicht um so mehr, je weiter wir uns auf Tantra eingelassen haben. Die Intensität, Nähe, Erotik und Liebe, die in Tantragruppen entsteht, möchte man oder frau auch im Alltag leben können. Die Kluft zwischen Workshop und Wirklichkeit ist oft groß, nicht zuletzt auch aufgrund des Zustandes unserer Liebesbeziehungen. Einer der Gründe ist das ungelöste Dilemma von Freiheit und Treue in einer Partnerschaft. Für viele heißt die Alternative Eifersucht oder Langeweile.

Die Freiheit, Offenheit und Direktheit, mit der in Tantragruppen sexuelle Themen angegangen werden, weckt nicht nur Sehnsüchte. Sie ist für unsere Kultur eine Provokation. Sie lässt sogar manchem erfahrenen Psychotherapeuten die Schamesröte ins Gesicht steigen, lässt sie plötzlich die professionelle Zurückhaltung zugunsten vernichtender Bewertungen aufgeben. (Neulich berichtete eine unserer Teilnehmerinnen, ihr Psychoanalytiker habe Tantra schlicht als Selbstbefriedigung abgetan. Es ist kaum zu glauben, dass die Psychoanalyse einst Vorreiter sexueller Aufklärung war.) Die Tatsache, dass unsere Kultur kaum funktionierende Vorbilder im Umgang mit Sexualität, Verbindlichkeit und Freiheit hat, macht es für suchende Frauen, Männer und Paare nicht gerade leichter.

Dass Tantra mit Sex zu tun hat, hat sich herumgesprochen, auch wenn dabei die Essenz von Tantra selten verstanden wird.

Tantra als ein Weg des JA zu allen Aspekten unserer Existenz erhellt ganz besonders die verdrängten, dunklen Seiten unseres Lebens, und dazu gehört noch immer die Sexualität.

Die sexuelle Freiheit, die sich in Tantragruppen hervorwagt, stellt Liebesbeziehungen vor große Herausforderungen. Intimität und Nähe können in kurzer Zeit in einer Intensität entstehen, wie sie manche Ehepaare vielleicht Zeit Lebens nicht kennenlernen. Eine „Zufallsauswahl" von meist fremden Frauen und Männern kommt zusammen, und nach ein paar Tagen sind sie eine Gruppe von Liebenden. Es wird unmittelbar erfahrbar, dass Liebe kein exklusives Phänomen zwischen zwei Menschen ist, sondern etwas universelles, was immer dann spürbar wird, wenn wir aufhören es zu verhindern. Dass viele Menschen sich dies nur als zügellose Ausschweifung vorstellen können, gehört zum würde- und respektlosen Umgang unserer Kultur mit Sexualität, der in die Tantragruppen hineinprojiziert wird.

Was bedeutet die Erfahrung universeller Liebe für eine tantrische Beziehung? Kann es Treue im Tantra geben? Ist der Versuch, Liebe für einen Partner zu reservieren, nicht ganz und gar untantrisch?

Es gab und gibt viele Versuche, sexuelle Freiheit oder sogenannte „freie Liebe" zu leben. Die meisten lassen emotional verletzte oder gar psychosomatisch kranke Frauen und Männer zurück, die sich nur noch nach einem sehnen: nach einer festen und verbindlichen Beziehung. Ist Monogamie also doch die gesündere Variante? In Anbetracht der Scheidungsraten und der allgegenwärtigen Beziehungsdesaster scheint die Alternative eine von Regen und Traufe zu sein.

Es gibt nur wenige Beziehungsformen und Lebensgemeinschaften, die nicht vor der Macht der Eifersucht kapitulieren. Manche sehen in einer größeren Gemeinschaft frei Liebender die Lösung aller Beziehungsprobleme. So sehr mich die Vision von frei gelebter Liebe in einer Gemeinschaft auch fasziniert, so wenig glaube ich an „Lösungen", die gefunden werden könnten.

Die Antwort liegt für mich in der Unlösbarkeit, denn sie stellt uns vor die Aufgabe zu lernen und zu wachsen. Ich dachte schon öfter „so gehts!" und es ging immer so lange gut bis es schief ging. Diese Regel ist mir inzwischen zur treuen Begleiterin geworden. Mit meiner früheren Partnerin Gabrielle habe ich dieses Thema sehr intensiv und risikoreich erforscht.

Als ich Gabrielle damals kennenlernte – in einer Tantragruppe – wohnten wir zwei Buchstaben, aber 1000 Kilometer entfernt, sie in Bern, ich in Berlin. Es hatte uns voll erwischt. Nach drei Monaten regem Telefonverkehr und Besuchen hier wie dort sagte Gabrielle zu mir: „Ich glaube, du bist jetzt mein

Freund!" Und ich sagte: „Ich glaub's auch!". Angesichts der weiten Entfernung und der jeweils vier Wochen physischer Getrenntheit haben wir uns von Anfang an frei gelassen. Sie hatte ihre Liebhaber in Bern, ich meine in Berlin. Wenn wir uns sahen, waren wir ganz füreinander da. Eine vorerst gelungene Konstruktion von Treue und Freiheit.

Nach einem halben Jahr war es soweit. Mit den untrüglichen Antennen eines Eifersüchtigen ahnte ich, dass in Bern Ungutes geschah. Tage später erfuhr ich, dass ein Exliebhaber aus Kanada bei ihr zu Besuch war. Er hatte vorgeschlagen, bei ihr zu bleiben, seine Freundin in Kanada zu verlassen und mit ihr in Bern zusammen zu sein. Ich fühlte mich von Gabrielle betrogen, nicht durch die Nächte, den Sex oder die Zärtlichkeit mit ihm, sondern dadurch, dass sie mich bzw. meine Bedeutung in ihrem Leben ihm gegenüber heruntergespielt hatte.

Ich tobte und wütete, heulte und jaulte am Telefon. Ich war höllisch eifersüchtig und fühlte mich allein schon durch die Entfernung ohnmächtig. Nachdem das Ärgste heraus war wurde ich klarer und konnte unterscheiden zwischen dem Gefühl von blinder Eifersucht und dem Gefühl, verraten worden zu sein (was in diesem Fall eher bedeutete, verheimlicht worden zu sein). Es geschah dann für mich wie ein Wunder, Gabrielle öffnete sich und realisierte, dass sie mich mehr oder weniger verschwiegen hatte, um die Chancen einer Affäre mit ihm nicht zu trüben. Sie entschied sich, dem Kanadier gegenüber bezüglich ihrer Gefühle zu mir reinen Wein einzuschenken. Der wollte es zunächst gar nicht glauben, so sehr hatte er sich bereits getäuscht. Zwei Tage später reiste er ab.

Als Gabrielle und ich uns zwei Wochen später wiedersahen, trafen wir eine weitreichende Entscheidung. Wir entschieden uns dazu, dass wir einen gemeinsamen Weg gehen wollen, soweit und so lange, bis wir uns gemeinsam entscheiden, diesen Weg zu beenden. Das hieß im Klartext, dass keiner den anderen ohne dessen Zustimmung verlässt. Wir haben uns auch dazu entschieden, dass jeder auch seinen eigenen Weg gehen darf und dass wir beide frei sind, zu lieben und Sex zu haben mit wem wir wollen. Wir hielten diese beiden Entscheidungen für das Ei des Kolumbus und nannten es zusammen unser Commitment.

Weitere 18 Monate lief das Experiment Bern-Berlin glänzend. Die nächsten Herausforderungen kamen mit dreieinhalb Monaten Aufenthalt im Ashram in Poona und mit dem Zusammenwohnen. Eifersüchtig zu sein und gleichzeitig allein in der gemeinsamen Wohnung die Decke anzustarren war echt etwas anderes als in 1000 Kilometer Entfernung frei zu sein. Unser Commitment hat uns auch dabei durch tiefe Krisen hindurch getragen. Ich vertraute darauf, dass sie mich real nicht verlässt, und in diesem Schutz konnte ich mir meine Eifersucht und Verlustängste sehr genau anschauen. Ich merkte, dass sie nur zum kleinsten Teil mit der aktuellen Situation zu tun hatten.

Unser gegenseitiges Vertrauen beruhte auf einem gemeinsamen Verständnis. Liebe bedeutet danach nicht, das jeweils beste und aktuellste Angebot auf dem Beziehungsmarkt zu ergattern. Das ist bös' gesagt, aber es scheint mir die Basis vieler Beziehungen zu sein. „Ich habe einen Partner gefunden, der sexuell besser zu mir passt, oder einen, den ich ‚mehr liebe', also wäre es doch verlogen zu bleiben?" lauten gängige Begründungen.

Liebe bedeutet, mich selbst und andere in ihrem Wesen sein zu lassen, und das kann ich um so tiefer lernen, je tiefer und langfristiger ich mit jemandem zusammen bin. Ich war nicht mit Gabrielle zusammen, weil sie die tollste, liebenswerteste, ekstatischste Frau auf dem Planeten wäre. Zugegeben, wir passten ziemlich gut zueinander, und unsere Flitterwochen dauerten zwei Jahre lang. Ich würde auch nicht mit jedem so ein Commitment eingehen. Später habe ich Gabrielle auch hassen gelernt, worüber manche unserer Freunde nicht wenig schockiert waren. Und ich war weiter mit ihr zusammen, weil ich mich für sie entschieden hatte und sie sich für mich entschieden hatte. Solange bis wir gemeinsam etwas anderes entscheiden würden. Diese Entscheidung in einer Hochzeit zu feiern und mit einem Ritual zu festigen war mit das Schönste, was ich je erlebt habe. Und sehr romantisch …

Der Verzicht aber auf die romantische Falle „ich liebe niemanden so sehr wie Dich!" zugunsten eines einfachen „Ich liebe Dich!" fühlt sich jedoch sehr heilsam an und gibt Raum, auch andere Menschen zu lieben. Mehrmals habe ich mich heftigst in eine andere Frau verliebt, als ich mit Gabrielle zusammen war. Ich war oft froh, mich nicht zu fragen: „Wen liebe ich jetzt mehr?" oder „Muss ich Gabrielle nun verlassen?" Die Entscheidung blieb dennoch lange klar, und paradoxerweise konnte ich mich gerade dadurch leichter auch auf andere Frauen einlassen. Manche Frauen schätzten die Eindeutigkeit, andere waren irritiert. Das kulturell konditionierte Programm, Liebe nur in einer wie auch immer definierten Beziehung zu leben, sitzt tief. Das macht es schwierig, einfach zu lieben und die Liebe ihre eigene Form finden zu lassen.

Liebe öffnet und Öffnung macht verletzlich. Das ist für mich die eigentliche Herausforderung in dem Versuch, Liebe in Verbundenheit und in Freiheit zu leben. Liebe bringt früher oder später den Schmerz nach oben, den wir seit unserer Kindheit in uns herum tragen und bislang nicht haben fühlen wollen. Liebe gibt uns die Chance, alles zu fühlen, anzunehmen und loszulassen. „If a heart breaks, it breaks open", ist einer der Lieblingssätze von Alan Lowen. Bei der Begegnung mit unserem Schmerz und mit unseren Schattenseiten entscheidet sich, ob wir uns von Tantra als dem Glücksversprechen eines ekstatischen Alltages blenden lassen oder ob wir uns auf den Weg machen, Lieben zu lernen und Bewusstsein zu entfalten. Tantrisches Ambiente mit Räucherkerzen und Shiva-Shakti-Statuen ist leicht eingerichtet, die Raumluft schnell mit schönen Düften aromatisiert. Nichts gegen solchen Schmuck, ich mag ihn. Aber eine tantrische Beziehung, die tief geht, begegnet auch anderen Sphären, die weniger eine Augenweide und weniger wohlriechend sind. Gabrielle und ich hatten uns versprochen, vor diesen Abgründen nicht davon zu laufen. Durch die Erfahrung, dass sie mich auch angesichts meiner Hässlichkeiten und Gemeinheiten nicht verlassen hat, ist Treue gewachsen. Wahrheit hat uns immer näher gebracht als all die schönen Übungen und Techniken, mit denen wir lernen, „tantrische Liebhaber" zu sein. Ohne unser Commitment hätten wir vielleicht nicht den Mut gehabt, uns unsere Schattenseiten wirklich zu zeigen.

Aber auch der andere Teil des Commitments war mir wichtig. Ich war froh, frei zu sein. Ich war auch froh, nicht alle Lektionen in Sachen Liebe allein mit einer Frau lernen zu müssen. Eine meiner größten Ängste war es z.B., einer noch nicht vertrauten Frau meine sexuellen Wünsche zu offenbaren. Das mag eine pubertäre Wunde sein, aber auch die will geheilt sein. Wie soll ich das mit einer Frau lernen, die ich schon so gut kenne? Irgendwo in mir spukt auch noch die Phantasie von der Traumfrau, die mich nur noch in wonnevolle Höhen entspannter Ekstase treibt. Das ist wahrscheinlich manchem männlichen Leser vertraut. Durch die Freiheit, die Gabrielle mir ließ, konnte ich immer wieder erleben, dass andere Frauen auch nur mit Wasser kochen, aber auch, dass Liebe und Intimität aus realem Kontakt entstehen und nicht aus Träumerei.

Gabrielle war am meisten eifersüchtig, wenn sie den aufgeblasenen Ballon meiner anfänglichen Verliebtheit in eine andere Frau spürte. Sie wusste, dass sie gegen diese Träumereien nicht konkurrieren konnte. Sobald das Ganze konkreter wurde und ich entsprechend bodennäher nach Hause kam, fing sie an zu entspannen. Wenn Gabrielle mit einem anderen Mann zusammen war, wurden auch sehr viele Seiten in mir berührt. Manchmal rastete ich aus und erging mich kurzzeitig in wilden Beschuldigungen. Dann fiel ich in meine Gefühle von Einsamkeit und Verlassenheit. Wenn ich dann erneut entdeckte, dass diese Gefühle schon lange in mir sind, konnte ich loslassen und war manchmal erstaunlich entspannt mit der Situation.

Ich wünschte mir eine Kultur, in der mehr Menschen bereit sind, sich auch außerhalb fester Beziehungen zu lieben und nicht nur platonisch. Laut einer Umfrage der Zeitschrift Brigitte sind 72 % aller Männer und Frauen der Ansicht, dass „Fremdgehen" anzeigt, dass mit der Beziehung etwas nicht stimmt. Vielleicht haben sie sogar Recht, aber wohl deswegen, weil die meisten ihre Beziehung erst öffnen, wenn etwas nicht stimmt.

Teilnehmer unserer Gruppen, die zuhause eine Liebesbeziehung haben, kommen manchmal in den inneren Konflikt „wie weit soll und darf ich mich auf die Erfahrung in der Gruppe einlassen, ohne meine Beziehung zu gefährden?" Dabei geht es nicht um direkte sexuelle Begegnung, die Frage entsteht bereits bei intensivem Augenkontakt. Wir haben in Liebesdingen soviel zu lernen. Liebe wird in unseren Schulen nicht nur nicht gelehrt, sie wird vermieden oder zerstört. Tantragruppen haben über den spirituellen Aspekt hinaus die Bedeutung von Liebesschulen. Wenn wir uns auf „Lieben lernen" eine Weile eingelassen haben, entdecken wir, dass jede Liebesbeziehung, jede Liebesbegegnung neben all dem Spaß, der Lust und der Freude auch ein Lernfeld ist, um zu wachsen und zu lernen. So gesehen könnten wir froh sein, wenn unser Partner auch anderswo seine Lektionen lernt und wir davon profitieren. Wenn da nicht der furchtbare Dämon Eifersucht wäre ...

Die meisten von uns brauchen Vereinbarungen, die unsere Angst in Grenzen halten, völlig dem Schmerz und der Eifersucht ausgeliefert zu sein. Überwältigt von dieser Angst ist es nämlich mit dem Bewusstsein schnell vorbei. Eine solche Vereinbarung war das Commitment mit Gabrielle, den anderen nicht einseitig zu verlassen. Und auch dieses Commitment hat uns nicht davor bewahrt, dass wir uns getrennt haben. Das Leben hat uns gelehrt, das auch dieses Ei des Kolumbus uns nicht davor schützt, dass es anders kommt als wir es uns vorstellen können. Aber es gab uns eine Grundlage, auf der wir uns auf eine faire und respektvolle Weise voneinander lösen und in diesem Prozess weiter miteinander arbeiten konnten.

Auch wenn wir Seminare zum Thema Partnerschaft leiten, so steht unser Weg hier nur als Beispiel, nicht als Vorbild. Jedes Paar muss selbst herausfinden, was stimmt, und es kann sich immer wieder ändern. Vereinbarungen – sei es die klassische sexuelle Treue, sei es die Verpflichtung, alles mitzuteilen, sei es die Verpflichtung gegenüber einer Gemeinschaft – können helfen, soviel Freiheit zu erlauben wie möglich und soviel Grenzen zu setzen wie nötig. Liebe ist ihrem Wesen nach grenzenlose Freiheit und grenzenlose Verbundenheit. In der Liebe löst sich der scheinbare Widerspruch auf. Liebe ist verbunden und frei. Was sie uns lehrt ist unendlich. Wann immer ich gerade nicht in einem meiner Abgründe feststecke, bin ich glücklich, immer tiefer lieben lernen zu dürfen. Um lieben zu lernen müssen zwei Menschen nicht unbedingt heiraten. Aber sie können. Und es macht einen Unterschied. Auch hier steht meine Erfahrung als eine unter vielen.

Spirituelle Hochzeit

Hochzeit – ein Thema fürs Gemüt. Ist mehr dahinter als nur eine kulturelle Eigenart, in der Menschen ihr Paarungsverhalten miteinander regeln? Die Reaktionen auf dieses Thema mögen kontrovers sein, und doch wird etwas sehr Tiefes in uns berührt, wenn zwei Menschen sich auf diese Weise miteinander verbinden.
„Dieser ganze Pärchenzauber geht mir total auf die Nerven", platzte es einem Teilnehmer des Tantra-Jahrestrainings heraus. „Das ganze Jahr haben wir uns geöffnet und intensiv daran gearbeitet, die alten romantischen Liebesfallen zu überwinden und jetzt das: ein Hochzeitsritual! Ein Rückfall in die Steinzeit der Liebe!"
Ich weiß noch, wie ich in den Monaten vor meiner Hochzeit mit Gabrielle nur noch Geschäfte mit Brautmoden sah, alle Radiosender brachten den Hochzeitsmarsch und mir liefen vor lauter Rührung und Sehnsucht die Tränen. Ich hatte es fertig gebracht, Gabrielle davon zu überzeugen, mich zu heiraten. Wer sie früher gekannt hat, weiß, dass dies kein leichtes Unterfangen war. In Gefolgschaft oder Übereinstimmung mit ihrem Meister Osho und mit den meisten Sannyas- Brüdern und -Schwestern hielt sie die Ehe für eine Erfindung zur Versklavung der Liebe und insbesondere der Frau. Darin war sie sich auch einig mit ihrer geschiedenen Mutter, ebenfalls Sannyasin …

In meiner eigenen Familie hat die Erziehung zur Ehefähigkeit hingegen prächtig funktioniert. Von sechs Kindern haben sechs geheiratet, und meine Eltern haben die goldene Hochzeit gut überstanden und steuern auf noch edlere Metalle zu. In Anbetracht der Tatsache, dass in dieser Familie schwule und lesbische, sozialistische, gemeinschaftliche und klösterliche Lebensphasen und Weltanschauungen keine Seltenheit waren, ist es ein kleines Wunder, dass es alle bis in den Hafen der Ehe geschafft haben, auch wenn es nicht bei allen auf ewig gehalten hat.

„Der schönste Tag des Lebens" wird uns in all den Boulevardblättern, Hofillustrierten und Gedichtbändchen versprochen, solle der Hochzeitstag sein … und fortan lebten sie glücklich bis an das Ende ihrer Tage.

Wie gesagt, das Thema berührt uns tief emotional, und zwar auch diejenigen, die sich unberührbar gemacht haben. Ein guter Freund von Gabrielle kam „aus politischen Gründen" nicht zur Hochzeit. Andere kamen nicht, um den Schmerz ihrer unerfüllten Sehnsucht nicht fühlen zu müssen, oder den Brand ihrer Eifersucht. Und wenn ich ehrlich zurückblicke, es war tatsächlich einer der glücklichsten Tage meines Lebens. Eine sich selbst erfüllende Prophezeiung?

Der esoterisch oder spirituell interessierte Leser mag sich bereits fragen, was das alles mit spiritueller Hochzeit zu tun hat. Eine ganze Menge! Wenn wir uns nicht mit unseren eigenen Sehnsüchten, Konditionierungen und Idealvorstellungen von Liebe und Beziehung konfrontieren, bleibt die spirituelle Hochzeit wahrscheinlich tatsächlich „Pärchenzauber", ein Neuaufguss romantisch verklärender Liebesideale, in der ein konkreter alltäglicher Wachstumsprozess im Beziehungsdschungel keinen Platz hat. Nur das Ambiente hätte sich verändert: statt nach Weihrauch duftet es tantrisch nach Ylang Ylang, statt Kirchenglocken hören wir tibetische Klangschalen und Zimbeln und statt von Gott sprechen wir von Kosmos, Universum oder Existenz und mehr Sex darf dann auch dabei sein als der keusche Kuss in der katholischen Kirche. Wenn wir uns nicht mit der Tradition der Ehe in unserer Kultur, und das heißt auch speziell mit der christlichen Kultur, auseinandersetzen wollen, indem wir diese einfach in Bausch und Bogen verurteilen, werden wir in unserem Beziehungsalltag wahrscheinlich nicht viel weiter kommen als unsere Eltern. In diesem Fall stecken wir einfach in der Rebellion dagegen fest.

Im Christentum ist die Ehe ein Sakrament, etwas Heiliges. Sie wird mit den Worten „was Gott zusammengefügt hat, das darf der Mensch nicht scheiden" besiegelt. Die vielfältigen Beziehungsdesaster vor Augen, die Unterdrückung und Versklavung, die im Namen der Liebe in mancher Ehe geschieht, fällt es schwer, in diesem göttlichen Siegel einen Sinn zu sehen. Osho wurde nicht müde, die Ehe als ein Instrument zur Vernichtung von Liebe und Sex zu geißeln. Damit genoss er vor allem in der Sannyas-Szene große Sympathie. Dort ging man/frau „mit der Energie". Die Liebe kommt und geht, es gilt sich ihr hinzugeben und sie wieder loszulassen, wenn sie von uns gegangen ist, lauten gängige Glaubenssätze der Szene.

Bevor ich das erste Mal nach Poona kam, wurde ich gewarnt, mich auf Verabredungen mit Frauen, genannt 'Dates', nicht zu verlassen, bis ich mit der Frau tatsächlich allein bin. Es könnte jederzeit sein, dass sich „ihre Energie" verändert und sie sich zu einem anderen hingezogen fühlt. Und wäre es nicht reine Höflichkeit oder genauer die Knechtschaft ihrer Konditionierung, wenn sie diesem Impuls dann nicht zu folgen wagte? Im Vertrauen habe ich dann auch von manchen eingefleischten Ehefeinden in Erfahrung gebracht, dass sie halt noch nicht so erleuchtet sind und deswegen nicht ganz auf verbindliche Beziehungen verzichten können. Aber wir arbeiten daran ...

Beziehungsfixierung und Beziehungsunfähigkeit, die Sehnsucht nach der alles erfüllenden Verbindlichkeit der großen Liebe, genauso wie die Sehnsucht nach der grenzenlosen Freiheit und Wahrheit gegenüber uns selbst, sind zwei Seiten derselben Medaille. Die spirituelle Hochzeit ist für mich Teil eines Weges, diese beiden Seiten in mir zu verheiraten und in Einklang zu bringen: Freiheit und Bindung, Ich selbst sein und in Beziehung sein, wahr sein und nah sein.

Was diese Hochzeit spirituell macht, ist die Bereitschaft, miteinander zu lernen und zu erfahren, wie wir immer schon miteinander verbunden sind und immer schon frei. Das ist für mich die Essenz von Spiritualität: die Erfahrung, mit etwas verbunden zu sein, was mehr ist als ich selbst, und doch darin frei sein zu dürfen. Am Hochzeitstag selbst, mit der Unterstützung vieler Freunde und Weggefährten, unserer Eltern und Geschwister, habe ich erneut eine Ahnung davon bekommen, wie geteiltes Glück auf andere ausstrahlt und doppelt und dreifach zurückkommt. Nach jeder Hochzeit folgt jedoch auch die Tiefzeit. Zum Glück waren wir darauf vorbereitet, aber ich war dennoch überrascht, in was für ein Monster sich die geliebte Frau verwandeln kann. Vielleicht noch schockierender ist die manchmal durchsickernde Erkenntnis, in was für ein Monster ich mich selbst verwandeln kann. Keinem anderen Menschen der Welt würde ich mich so hässlich zeigen wie der Frau, die mir nicht so einfach davonlaufen kann. Was als Beweis für die Grausamkeit der Ehe herhalten könnte, sehe ich als notwendigen und wichtigen Bestandteil eines jeden spirituellen Weges: sich den inneren Monstern zu stellen.

Die eigentliche Hochzeit muss im Inneren stattfinden. Es ist faszinierend, mit welcher Treffsicherheit wir uns Partner suchen, die unsere tiefsten Traumata zu berühren in der Lage sind. Ich erinnere mich noch gut an Zeiten, als ich mich nach einem Lebenspartner gesehnt habe. Dann wollte ich es wissen. Ich gab eine Kleinanzeige im Berliner Stadtmagazin auf und wartete ..., bekam zehn lange Briefe, darunter einer, der von mir selbst hätte stammen können: meine ganze Lebensphilosophie breitete sich auf vier langen Seiten aus. Ich war begeistert, das Treffen war schnell vereinbart und wir haben uns einen Abend lang wunderbar verstanden. Wir waren uns in allem einig, nicht zuletzt auch darin, dass der erotische Funke nicht so recht springen wollte. Wir versuchten es noch einen Abend, das selbe Ergebnis. Wir hätten Freunde werden können, aber das war es nicht, was ich suchte!

Neues Spiel, neues Glück, dachte ich mir, jetzt versuche ich es mit dem Gegenteil: vergiss die Lebensbeziehung und schau nur auf heute. Die neue Anzeige war bald formuliert: „Suche Begegnung mit Sex und Herz, habe Sylvester noch nichts vor ..." Eine einzige traurige Postkarte trudelte ein: „Habe auch Zeit und Lust. Tel: 1234567". Das war die Höhe, so zu antworten. Aber ich hatte diesmal keine (Aus-)wahl. Ich rief an, und schon am Telefon häuften sich die Missverständnisse. Aber wir schafften es bis zum vereinbarten Treffen, und was geschah? Der Funke sprang über, auch wenn wir sonst tief nach Übereinstimmungen graben mussten. Das dicke Ende vom Spiel: wir verliebten uns und blieben 15 Monate zusammen. Es war eine einzige Achterbahn, dramatisch, sexy und oft auch schmerzhaft. Wir wussten von Anfang an, dass wir kein Paar für die Ewigkeit sind, aber ich habe viel über mich und die Liebe gelernt. Ich glaube, ich habe damals begriffen, dass wir uns in Partner verlieben, die uns vor eine Aufgabe stellen, und nicht in die, die uns eine bequeme Lösung anbieten. Deswegen funktioniert es auch nicht, sich willentlich zu verlieben. Hier ist höhere Intelligenz im Spiel. Sie konfrontiert uns mit den Themen, die in uns nach Heilung rufen.

Eine solches Thema ist auch die gängige Polarisierung zwischen Mann und Frau um das Thema Sex, die schon viele Paare zur Verzweiflung getrieben hat. Und manches Paar auch zu uns in Workshops oder in Paartherapie. Als Klaus und Friederike zum Vorgespräch kamen, sah die Sache ganz klar aus: Sie ist einfach nicht in der Lage, ihre Lust zu leben, trotz vieler Jahre Psychotherapie hat sie ihre Missbrauchserfahrung nicht überwunden. Er hat jetzt langsam keine Geduld mehr. Sie ärgert sich darüber, dass anscheinend nur sie ein Problem hat und er die Lösung von ihr erwartet, und wünscht sich von ihm, dass er ihr keinen Druck macht. Da vergeht ihr nämlich sofort das letzte Quentchen Lust. Wenn er das hört, reißt nun wirklich der Geduldsfaden ... Die beiden fühlen sich hoffnungslos festgefahren. Nach einigen Paarsitzungen fingen die beiden an, sich zu öffnen und die Verantwortung für die eigenen Gefühle zu übernehmen. Er entschied sich dazu, sich um seine tiefe Abhängigkeit von sexueller Bestätigung zu kümmern. Sie entschied sich, ihre sexuelle Lust und die Barrieren und Ängste davor direkter zu erforschen. Es gab keine schnelle Lösung, aber beide haben ihr eigenes Thema entdeckt und in Besitz genommen, anstatt vom Partner Kompensation zu verlangen.

Eine spirituelle Partnerschaft, die auch körperliche Lust auf Dauer leben lassen möchte, wird um diese Themen kaum herum kommen. Unsere Kultur hat Sex und Herz mitunter brutal getrennt, und diese Spaltung hat die Beziehungen der Geschlechter zu einer wunden statt einer wunderbaren Angelegenheit gemacht. Die Heilung und Wiederverbindung von Sex und Herz ist die Hochzeit, um die es geht, und die spirituelle Hochzeit eines Mannes mit einer Frau ist ein Rahmen und ein Fundament, das wir diesem Heilungsprozess geben können. Als ich in meinem ersten Tantraworkshop meinem inneren Mann und meiner inneren Frau begegnete, war ich schockiert: ich sah einen eitlen römischen Feldherren und ein Aschenputtel, die nichts miteinander anfangen konnten. Und gleichzeitig fühlte sich diese Erkenntnis befreiend an, denn sie spiegelte ziemlich genau all die Liebesdesaster, die ich bis dahin in diesem Workshop und auch in meinem Leben draußen erlebt hatte: es war so offensichtlich, dass der Schlüssel dafür in mir lag, und das machte mir Hoffnung. Seitdem haben sich meine inneren Bilder von Mann und Frau verändert, und ich bin immer wieder fasziniert, wie sehr sie die Entwicklung meiner Liebesbeziehungen spiegeln. Das Äußere und das Innere sind zwei Seiten derselben Medaille!

Diejenigen, die sich im oben erwähnten Trainingsworkshop über den „Pärchenzauber" des Hochzeitsrituals beklagt hatten, sind – wie kann es anders sein – am nächsten Tag bei der Phantasiereise zum inneren Mann und zur inneren Frau eingeschlafen oder haben sich gelangweilt, während andere tiefes Glück empfanden, ihrem inneren Mann und ihrer inneren Frau bei ihrer Begegnung zuzuschauen. Es ist offensichtlich, dass innen und außen sich spiegeln. Wir müssen nur hinschauen, um es zu sehen. Wenn wir beide Ebenen miteinander verweben, beflügelt sowohl die innere als auch die äußere Erfahrung den Wachstumsprozess.

Die Hochzeit selbst ist eine kraftvolle Initiation in diesen Prozess, in den gemeinsamen Weg. Sie braucht intensive Vorbereitung, damit sie ihre volle Kraft entfalten kann. Die Hochzeit braucht einen Klärungsprozess des Paares, das sich binden möchte: Was wird einander versprochen? Welche Unterstützung wird gerufen? Wie soll das Ritual und die Feier gestaltet werden? Was soll darin zum Ausdruck kommen?

Die Polarität von Treue und Freiheit ist ein Thema, dem sich viele Paare erst dann stellen, wenn die Beziehung kriselt und einer „fremdgeht". In einer solchen Situation lassen sich kaum noch hilfreiche Vereinbarungen finden. Zur Hochzeit wird die Treue versprochen, in der Scheidung die Freiheit eingeklagt. Bei meinem Bruder konnte ich miterleben, wie Liebesbeziehungen zu Bruch gingen, weil für Freiheit zu wenig Platz und dadurch für die Treue nicht genügend Bereitschaft vorhanden war. Die Folge war sukzessive Monogamie, eine nach der anderen wurde für die nächste verlassen. Das Thema ist hochbrisant und manche Hochzeit würde vielleicht gar nicht erst geschlossen, wenn Freiheitswünsche schon zu Beginn der Beziehung geäußert würden. Zu stark ist der Ballast der Tradition. Und doch erlebte ich zuweilen, dass Treue und Freiheit sich nicht ausschließen müssen. Liebe ist Treue und Freiheit, was immer das nun genau bedeutet, wie immer die konkrete Vereinbarung aussehen mag. Liebe ist universell und unteilbar zugleich. Einen Zaun um die Liebe trocknet die Beziehung von innen aus. In der Wahllosigkeit verliert die Liebe ihre Kraft. Ich würde jedem heiratswilligen Paar raten, dieses Thema vor der Hochzeitszeremonie anzuschauen und offen zu besprechen.

Das Ritual selbst und die näheren Umstände haben eine enorme kreative Kraft. Gabrielle und ich hatten auf unseren Einladungskarten den Spruch „Mann und Frau – spannungsreiches Zusammenspiel" mit der Illustration eines verknoteten nackten Paares gewählt. Weiß der Teufel, wer oder was uns damals geritten hat – und ein Freund hatte uns gewarnt „wollt ihr das wirklich – spannungsreich?" Wir haben Spannungen bekommen, mehr als reichlich. Lange Zeit waren wir unseren Glaubenssätzen auf der Spur, die einer größeren Harmonie in unserer Beziehung im Wege standen, und dieser Prozess scheint nie zu Ende. Solche scheinbaren Fauxpas sind nicht immer vermeidbar. Zum Glück, denn sie sind das Salz in der Suppe.

Der Höhepunkt der romantischen Träume gilt der Hochzeitsnacht. Eine Vielzahl von Poesie, von Witzen und kulturellen Eigenarten rankt sich um diese Nacht herum. Die sexuelle Vereinigung manifestiert in der direktesten Weise die archetypische Verbindung von Mann und Frau. Im Tantra ist die sexuelle Vereinigung das Symbol und eine Vorbereitung für die Vereinigung mit Gott, für die Überwindung der Dualität und die Erfahrung des Eins-Seins mit dem All. Was hierzulande oft übersehen wird ist die Tatsache, dass die alten Tantriker in Indien oder Tibet Jahre oder Jahrzehnte der Vorbereitung genossen hatten, ehe sie sich den sexuellen Praktiken zugewandt haben. Die tantrische sexuelle Vereinigung lässt sich nicht in einem Wochenendkurs lernen. Für mich persönlich ist jede sexuelle Vereinigung das Ende einer langen Reise und zugleich ein neuer Anfang. Sie gibt mir eine Ahnung des Angekommen Seins, und jede sexuelle Vereinigung gibt mir das Gefühl, dass da noch mehr ist, dass Vereinigung und Ankommen noch viele weitere Dimensionen haben, die erfahren werden möchten. Sie ist nur ein Vorgeschmack, eine Ahnung des Göttlichen, die meiner Bereitschaft zu spirituellem Wachstum Kraft gibt.

Auch die spirituelle Hochzeit ist nicht das Ende vom Lied, sondern ein Anfang, der Beginn einer spirituellen Partnerschaft. Wo das Märchen und der Hollywoodfilm traditionell ausblenden, fängt das eigentliche Abenteuer erst an. Die Sehnsucht ist mit der Hochzeit nicht ewiglich erfüllt, sie ist ein spiritueller Stachel, der uns weiter treibt und aufwachen lässt. Sehnsucht kann pure Ekstase sein, wenn wir statt auf ihr Ziel auf ihre Kraft und Energie lauschen. Vom Partner etwas zu erwarten ist eines der schlechtesten Aphrodisiaka, aber wie erotisch knisternd kann es sein, meine von Begierde und vibrierender Lust zitternde Sehnsucht zum Ausdruck zu bringen, einfach so, just for free? Es sind unsere bewusst erlebten Sehnsüchte, vor allem die unerfüllten, die unsere Beziehungen lebendig halten und wachsen lassen. Das ist so ziemlich das Gegenteil von dem, was uns die meisten Popsongs über eine geglückte Liebesbeziehung vorgaukeln.

Wenn die innere Hochzeit von Sex, Herz und Bewusstsein, von innerem Mann und innerer Frau, von Treue und Freiheit, geschieht, dann entsteht auch im

Außen etwas Neues, das auf oft überraschende Weise wahr wird. In der Frucht der Verbindung, sei es ein leibhaftiges Menschenkind oder ein gemeinsames Projekt, wachsen wir über die Begrenzungen unseres Selbstbildes hinaus. Das Kind wird uns daran erinnern.

Die spirituelle Hochzeit – ein Menüvorschlag, kein Patentrezept

Ich habe schon des öfteren von Paaren gehört, die kirchlich heiraten, obwohl ihnen die Kirche schon lange nicht mehr viel zu sagen hat. Aber auf das Ritual möchten sie nicht verzichten, da haben vor allem die Katholiken noch etwas zu bieten. Neuerdings kreieren allerdings immer mehr Paare ihr eigenes spirituelles Ritual. Hier dazu einige Anregungen:

- Die Substanz des Rituals bildet das Versprechen, das gegenseitig gegeben wird. Dieses braucht gute Vorbereitung und einen Klärungsprozess zwischen den Partnern. Hier Hilfe von außen in Anspruch zu nehmen ist keine Schande.
- Wer wird eingeladen? Vor wem soll das Eheversprechen bekundet werden, wer soll es bezeugen und durch seine Präsenz unterstützen? Ich habe beste Erfahrungen damit gemacht, meine Herkunftsfamilie (beileibe keine Tantriker) und meine Freunde zu diesem Anlass zusammen zu bringen. Allein dies war ein Stück Heilung.
- Welche spirituelle Unterstützung wird eingeladen? Engel, Mutter Erde, Vater Himmel, die Kräfte der Elemente, gute Geister oder das höhere Selbst können – je nach spiritueller Geschmacksrichtung – die Hochzeit begleiten.
- Als Räumlichkeiten bieten sich Tagungshäuser an, in denen bereits tantrische, körpertherapeutische oder spirituelle Seminare stattfinden. Wenn die Gäste vor dem Ritual Zeit haben anzukommen und sich gegenseitig zu beschnuppern, fördert das die Gelassenheit und Anteilnahme in der Zeremonie.
- Um das Hochzeitspaar und die Gäste auf den rituellen Raum einzustimmen, braucht es Meditation, vielleicht umrahmt von besinnlicher und festlicher Musik, Gedichten oder Gesang.
- Vor der eigentlichen Trauung können Frauen und Männer noch einmal getrennt zusammen kommen und mit der Braut bzw. dem Bräutigam die eigenen Assoziationen, Visionen und Bedenken teilen.

- Wenn Männer und Frauen wieder zusammen geführt worden sind, können die Eheringe die Runde machen und mit den besten Wünschen aufgeladen werden.
- Die Vereinbarung wird vorgetragen und dann folgt der Höhepunkt: das JA-Wort.
- Der Ring als Symbol der Vereinigung wird gegenseitig angesteckt und der Bräutigam darf die Braut jetzt küssen. Tantriker können oder wollen an dieser Stelle vielleicht weiter gehen ...

Bindung, Sex und Freiheit

...und die Wahrheit nimmt uns niemand ab

Ob verheiratet oder nicht, manchem stellt sich so oder so die Frage, ob wir unsere Sexualität ausschließlich in einer festen Partnerschaft oder auch in offenen Beziehungen bzw. mit wechselnden Partnern leben wollen. An dieser Frage scheiden sich die Geister. Um Treue oder Freiheit wird oft mit harten Bandagen und auch mit der ideologischen Keule gestritten. Manche treiben sich bis in den Hass. Die Liebe kommt leicht unter die Räder. Viele Partnerschaften sind daran zerbrochen.
Tantra bietet für diese Auseinandersetzung eine gute Projektionsfläche. „Esoterisch verbrämter Gruppensex" oder „verkappte Partnerbörse" sind zwei von vielen gängigen Vorurteilen, mit denen Tantra in der Öffentlichkeit bedacht wird. Das hat viel mit dem nach wie vor zwiespältigen Verhältnis unserer Kultur zum Sex zu tun. Die Integration von Spiritualität, Liebe und Sexualität im Tantra ist für manchen eine Provokation. Die meisten Menschen bleiben, wenn sie überhaupt von Tantra gehört haben, auf ihren Vorurteilen sitzen. Schade.
Aber auch in der spirituellen Szene, die es besser wissen könnte, kursieren recht heftige Vorurteile über Tantra. Dazu tragen manche Äußerungen und Veröffentlichungen aus der Tantraszene selbst erheblich bei, in denen direkt oder indirekt ein tantrischer Lebensstil proklamiert wird oder alte Glaubenssätze gegen neue ausgetauscht werden.
Aber was sagt Tantra zum Thema Treue und Freiheit? Gibt es so etwas wie eine tantrische Beziehung oder ein tantrisches Liebesleben? Da geistern zahlreiche,

teilweise widersprüchliche Vorstellungen durch den Raum. Viele Menschen gehen davon aus, Tantra propagiere die „freie Liebe" und vertrage sich nicht mit sexueller Ausschließlichkeit. Andere behaupten hingegen, Tantra könne nur in einer langfristigen, vertrauensvollen Beziehung wirklich erfahren werden. Ich finde, weder das eine noch das andere hat essentiell mit Tantra zu tun, sondern mit persönlichem Bindungsstil. Und es scheint weit verbreitet zu sein, andere von dem eigenen Bindungsstil überzeugen zu wollen, auch im Tantra. Warum?

In Tantrakursen finden viele Menschen Erfahrungsräume, in denen sie nicht zuletzt auch ihre Sexualität neu entdecken. Dafür kann es sehr hilfreich und auch heilsam sein, sich selbst als sexuelles Wesen unabhängig von einer Beziehung kennen zu lernen, wenn man bereit dazu ist. Daraus schließen manche, dass Tantra wechselnde sexuelle Kontakte befürwortet oder feste Partnerschaften abwertet. Sind Paare, die nur miteinander ihre Intimität leben wollen, weniger tantrisch?

Wenn wir näher hinschauen, finden wir auch im Tantra ganz unterschiedliche Bindungsstile. Das Spektrum ist groß und spiegelt womöglich eine grundlegende Eigenschaft des Tantra wieder, die schwer zu verstehen ist: Tantra ist Alles. Und Nichts. Tantra wertet nicht und „spielt" mit dem Leben in den verschiedensten Facetten. Tantra hat Jahrtausende überdauert und sich in ganz unterschiedlichen kulturellen Formen manifestiert. Das Äußere scheint nicht wesentlich zu sein, obwohl Tantra – im Unterschied zu asketischen Traditionen – Äußerlichkeiten und Körperlichkeit nicht abwertet und uns zuweilen sogar mitten hinein führt.

Es ist in unserer Kultur tief verankert, bestimmte Beziehungsformen auf- und andere abzuwerten. Der Papst predigt die Ehe, die 68er propagierten die freie Liebe, um mal zwei Pole zu benennen. Solche Positionen finden sich – in neuem Gewand – auch in der Psycho-Szene:

- Liebe ist ein Kind der Freiheit. Wer wirklich frei sein will, der kann nur sich selbst gegenüber treu sein. Wenn du „mit der Energie gehst", kannst du dich langfristig auf keine feste Bindung einlassen. Feste Beziehungen dienen vor allem der Absicherung von Besitzansprüchen und der Vermeidung von Eifersucht und haben mit Liebe eigentlich nichts zu tun.
- Damit Liebe wirklich in die Tiefe gehen kann, braucht es Dauer, Bindung

und Verpflichtung. Wechselnde Intimpartner sind ein Zeichen von Un-reife. Solche Freigeister bleiben in der Pubertät stecken und weigern sich, Verantwortung zu übernehmen, sich einzulassen und erwachsen zu werden.

An beiden Thesen ist durchaus etwas dran, und für beide finden wir wahr-scheinlich Beispiele aus unserem Bekanntenkreis. Die Gültigkeit der Thesen ist aber bestenfalls relativ und die Wahrheit ist paradox: wir sind nur frei, wenn wir uns auch ganz und gar binden können. Und wir sind nur wirklich gebunden, wenn wir ganz und gar wir selbst und das heißt frei bleiben können. Sonst sind wir nicht gebunden, sondern angepasst.

Zeitgemäße Spiritualität hat Raum für Widersprüche. Wir finden nicht mehr ohne weiteres zu Gott, indem uns zehn Gebote vorgehalten werden. Niemand kann uns davon entbinden, unsere eigene Wahrheit selbst herauszufinden. Das ist noch immer nicht selbstverständlich. Die Sehnsucht nach einer guten Autorität, die mir sagen kann, was richtig ist und was ich tun soll, scheint immer wieder aktuell. Der Widerstand dagegen allerdings auch. In jedem Workshop erlebe ich Frauen und Männer, die davon ausgehen oder befürchten, mehr der Seminarleitung als ihrer eigenen Wahrheit folgen zu sollen. Viele brauchen es immer wieder zu hören, dass es okay ist, ihre Grenzen zu respektieren und z.B. in einer Begegnung nur soweit zu gehen, wie sie dazu wirklich bereit sind. Andere wiederum brauchen die explizite Erlaubnis von außen, Grenzen zu überschreiten, die mehr mit verinnerlichten Moralvorstellungen als mit ihrer eigenen Wahrheit zu tun haben.

Beim Thema Treue und Freiheit ist das Hören auf die eigene Wahrheit beson-ders herausfordernd. Fast jeder hat hier schmerzhafte Erfahrungen gemacht, viele Partnerschaften sind daran zerbrochen. Eifersucht kann höllisch weh tun, und sich in einer Beziehung eingesperrt zu fühlen ist auch nicht viel besser. Da ist die Sehnsucht verständlicherweise groß, in einer in Liebesdingen so kom-petenten Lehre wie dem Tantra Antworten zu finden. Tantra gibt jedoch – in meinem Verständnis – keine Antworten, sondern führt uns immer wieder zu uns selbst zurück. Manche Tantriker scheinen da anderer Meinung zu sein. In dem Video „Tantra – der Film" von Andro bekommen wir Leitbilder gezeigt, wie Tantriker angeblich sind und wie sie nicht sind, was sie tun und wie sie leben. Da wird z.B. behauptet – und das ist jetzt keine Satire – dass echte Tantriker an jedem Gemüse erst schnuppern, bevor sie es kaufen (und damit meine ich nicht, dass das keine gute Idee wäre), oder ein Liebespaar wird gezeigt, das wie selbstverständlich einen dritten aus der Wohngemeinschaft zu sich ins Bett nimmt, als dieser Zuwendung braucht. Ich finde die Szene eigentlich sehr schön. Was mich aber unangenehm berührt ist die Art und Weise, wie es als ein neues Ideal proklamiert wird. Man bekommt den Eindruck, dass Tantriker sich vor allem durch einen sehr alternativen und sexuell freizügigen Lebensstil auszeichnen, und dieser Eindruck führt in die Irre. Ein solcher Lebensstil mag für manche die Folge ihrer Begegnung mit Tantra sein. Dies aber als Vorbild darzustellen mag zwar die verbreitete Nachfrage nach Orientierung bedienen, hilft aber nicht unbedingt weiter, der eigenen Wahrheit auf die Spur zu kommen und sich selbst zu vertrauen. Dieses Vertrauen ist gerade in Liebesdingen erschüttert. Ich finde wir brauchen keine neuen Glaubenssätze und Idealvorstellungen. Was wir brauchen, ist uns selbst tiefer kennen zu lernen. Da kommt dann manch Spannendes zu Vorschein, auch was unsere Präferenzen zwischen Treue und Freiheit angeht.

Entscheidend für die Art und Weise, wie wir Beziehungen leben, ist unser persönlicher Bindungsstil. Die Grundlagen dafür werden vor allem in der psychosexuellen Entwicklung der Kindheit gelegt. Unsere tiefsten Liebesbedürfnisse und -sehnsüchte sind damit verbunden. Es ist einleuchtend, dass z.B. ein Mann, der von der Liebe seiner Mutter schier erdrückt wurde, später in Beziehungen Angst vor einer festen Bindung hat. Wenn ihm – ich nenne ihn mal Frank – dann jemand erklärt, feste Beziehungen seien sowieso nur kleinbürgerlich, lust- und liebestötend oder eben untantrisch, welche Erleichterung! Endlich fühlt er sich verstanden und im Recht, und schleppt womöglich seine Freundin in einen Tantrakurs, damit sie es endlich auch begreift ... Seine Freundin, deren Vater kaum für sie da war und die sich so sehr nach einem Mann sehnt, der ohne wenn und aber zu ihr steht und sie nicht ständig wieder mit dieser nagenden Wunde der Verlassenheit konfrontiert, diese Freundin – nennen wir sie Jeanette – hat nun aber ein anderes Tantrabuch gelesen, aus dem ein ganz anderer Wind weht. Dort liest sie jetzt schwarz auf weiß, dass Frank einer von diesen unreifen Männern ist, die ständig auf der Flucht vor ihrer Mutter sind und nicht erwachsen werden wollen. In dieser Tantraschule, so lernt sie, steht das klare Commitment der beiden Partner zueinander am Anfang des Weges, ohne dieses ist eine langfristig erfüllende Beziehung nicht möglich. Sie ist begeistert, sie hat es schon immer gewusst, sie fühlt sich gesehen, das ist ihr Weg ... nur ihr Liebster, der will es nicht so recht verstehen ...

Wir alle sind durch unsere Erfahrungen geprägt, und es scheint menschlich zu sein, die aus unseren Erfahrungen gewonnenen Erkenntnisse zu Glaubenssätzen gerinnen zu lassen und uns mit einem System von Glaubenssätzen vor neuen schmerzhaften Erfahrungen zu schützen. Heikel wird es dann, wenn wir dieses Glaubenssystem mit der Wahrheit verwechseln und andere unbedingt davon überzeugen wollen. Hier kann aus Liebe schnell Hass werden. Ganze Kriege werden aus dieser Dynamik heraus angezettelt.

Woher kommt dieser Überzeugungsdrang? Sobald wir den individuellen Hintergrund kennen, wird verständlich, warum Frank für die freie Liebe plädiert und Jeanette für eine feste Bindung. Das Mysterium der Liebe scheint sich gerade an diesen Widersprüchen zu entfalten. Ich habe so oft beobachtet, wie ein Frank sich ausgerechnet in eine Jeanette verliebt und umgekehrt, dass ich da nicht mehr an einen dummen Zufall glauben mag. Das hat Methode. Wir verlieben uns gerade da, wo wir unbewusst bereits ahnen, dass unser Glaubenssystem und unsere Persönlichkeit herausgefordert werden. Die Verliebtheit ist ein wunderbares Geschenk der Natur, indem sie uns dazu motiviert und ermutigt, uns auf Erfahrungen jenseits unserer Persönlichkeitsstruktur einzulassen. Am Anfang ist dies ungemein attraktiv, wir glauben fliegen zu können. Doch wenn wir an die Grenzen unserer Persönlichkeit stoßen, die aufgrund schmerzhafter oder gar traumatischer Kindheitserfahrungen entstanden sind, dann geht es ans Eingemachte. Dann tobt der Kampf zwischen Frank und Jeanette, dann will einer den anderen überzeugen, bis die beiden vielleicht herausfinden, dass gerade in der Unvereinbarkeit ihrer Positionen ein tiefer Sinn verborgen liegen könnte. Gerade dort können wir in Liebesdingen aus unserer Kindheitsprägung herauswachsen und uns für etwas öffnen, was größer ist als wir selbst. In dieser Bereitschaft zur Hingabe an etwas, das größer ist als wir selbst, lernen wir Kampf und Hass loszulassen und zur Liebe zu finden.

Ich habe in meinem Beziehungsleben sehr unterschiedliche Phasen durchlebt. Es gab Zeiten, in denen es mir sehr wichtig war, sexuell frei zu sein und zu experimentieren. Dann suchte ich jedoch auch immer wieder Dauer und Verbindlichkeit. Und immer war ich auf der Suche danach, beides zu verbinden. Vor zwölf Jahren dachte ich, mit Gabrielle zusammen die goldene Formel gefunden zu haben, Freiheit und Bindung zusammen zu bringen. Voller Euphorie taten wir dies der Welt kund. In einem sehr schmerzhaften Prozess musste ich erkennen, dass auch diese Formel ihre Tücken hat und versteckte Fallen mit eingebaut waren. Heute staune ich über meine damalige Naivität.

Seit einigen Jahren lebe ich in einer neuen Beziehung und wundere mich, dass ich keine Ambitionen habe, mit anderen Frauen sexuell zusammen zu sein, obwohl ich immer dachte, das gehöre zu meinem Wesen. Ich finde andere Frauen durchaus attraktiv. Aber ich empfinde dieses monogame Verhalten überhaupt nicht als Einschränkung. Es würde meinem Ego sehr schmeicheln zu behaupten, ich sei jetzt reifer geworden. Aber weiß ich denn, was das Ende vom Lied ist? Ich bin vorsichtiger geworden, meinen aktuellen Bindungsstil als Modell empfehlen zu wollen.

Was bleibt ist die Unsicherheit. Es gibt keine „richtige" Beziehungsform, auch keine „tantrisch korrekte". Wir werden darauf zurückgeworfen, unsere eigene Wahrheit zu finden, und die kann sich immer wieder ändern. Ich habe im Tantra Erfahrungsräume gefunden, meiner Wahrheit immer wieder neu auf die Spur zu kommen und dabei so riskanten Fragen nachzugehen wie:

- Wodurch entsteht Bindung und wodurch das Bedürfnis, aus einer Begegnung mehr werden zu lassen?
- Welche Bindung entsteht durch sexuellen Kontakt, welche durch sexuelle Vereinigung?
- Wie binden wir uns von Herzen? Braucht unser Herz Bindung oder Freiheit? Oder beides?
- Welchen Unterschied macht ein ritueller, z.B. tantrischer Kontext, in dem sexuelle Begegnung stattfindet?
- Wie und in welcher Zeit kann eine sexuelle Bindung oder eine Herzensbindung auf heilsame Weise wieder gelöst werden?

Es ist nicht einfach, solche Fragen vorbehaltlos zu erforschen. Wir werden bald mit unseren eigenen Grenzen und Konditionierungen konfrontiert. Deswegen sind auch alle Theorien darüber nicht zuletzt Abbilder derer, die sie aufgestellt haben.

Vielleicht können wir aber mit den Fragen leben, können uns von diesen Fragen inspirieren lassen, immer wieder genau hinzuschauen und hinzuspüren: was dient dem Mysterium der Liebe? Wie kann ich es für mich immer wieder erfahrbar machen? Welche Art von Bindung fühlt sich für mich gerade wahr an? Wie können sich Sex und Herz gegenseitig beflügeln? Mit diesen Fragen zu leben anstatt allgemeingültige Antworten zu finden öffnet uns immer wieder für den Raum des Nicht-Wissens.

Stelle dir vor, du bist mitten in einer sexuellen Begegnung und du hast alles vergessen, was du jemals über Sex zu wissen geglaubt hast. Wenn du deine Unsicherheit, deine Angst und deine Scham für eine Weile soweit beiseite lassen kannst, so dass sie nicht im Wege stehen, dann kann schon die Vorstellung ekstatisch sein. Du bist vollkommen unschuldig. Du bist frei. Du bist ganz auf dein Spüren im Moment zurückgeworfen. Du antwortest auf jede Berührung aus der unmittelbaren Wahrheit deines Empfindens, denn auf etwas anderes kannst du nicht zurückgreifen. Das ist der Himmel auf Erden. Tantra kann uns diesen Himmel näher bringen, und zwar nicht – wie ich meine – indem Tantra uns neue Vorstellungen darüber beibringt, wie wir leben und lieben sollten, sondern indem wir den Mut und die Unterstützung finden, nicht zu wissen und dennoch zu vertrauen. Jetzt können sich Jeanette und Frank nicht nur lieben, sondern sie fahren auch voll aufeinander ab. Und sie leben glücklich bis ... na ja, das lassen wir jetzt mal deren Sache sein.

Fallen auf dem spirituellen Weg

Tantra und The Art of Being sind keine asketischen spirituellen Wege, sondern führen uns mitten hinein ins pralle Leben. Darin liegen besondere Gefahren, die viele Religionen und spirituellen Schulen zu vermeiden suchen, indem sie uns vor den Niederungen von Sex und persönlichen Beziehungen warnen. Die Gefahr, dass sich unser Ego mit einem spirituellen Gewand schmückt und dahinter weiter seine eng umgrenzten Motive verfolgt und uns letztlich gefangen hält, ist durchaus real. Unsere Chance besteht darin, dies immer wieder zu merken und uns selbst darin mit liebevollem Verständnis zu begegnen. So können wir über die Fallen unseres Ego stolpern, uns weh tun, darin bewusst werden, uns darin annehmen und darüber hinauswachsen. Bis wir wieder stolpern ...

Liebes-Spiele für die Erleuchtung?

oder Das Ego im Tantra

Die blumigen Titel von Tantrakursen und deren Verheißungen sind vielfältig: ein Fest der Sinne; die Wiederentdeckung der Unschuld, die spannende Begegnung der Geschlechter; die Verbindung von Herz und Sex; die Heilung der Mann-Frau-Beziehung; Feuer, Herz und Stille; die Befreiung von persönlichen und gesellschaftlichen Zwängen; spirituelle Partnerschaft; das Eintauchen in die absolute Liebe; die Entfaltung des ekstatischen Potentials; das Wunder des Seins; der kosmische Orgasmus ... die Liste ist lang und ließe sich noch eine Weile fortführen. Manchen macht diese Zusammenballung von Liebespoesie misstrauisch, wenn nicht allergisch. Durchaus verständlich, liegt doch unsere Alltagsrealität meistens weit weg von derartiger Liebesidylle. Dennoch, auch für Außenstehende kein Geheimnis: die Kurse laufen – verglichen mit der sonst oft rückläufigen Zahl von Seminarteilnehmern – eher gut. Das kann wohl nicht nur an den Titeln liegen. „Da muss doch was faul sein!" Gerüchte und Verdächtigungen gibt es viele: „Die Leute gehen doch nur wegen dem Sex dorthin", „das ist eine verkappte Partnerschaftsbörse", „das hat mit dem traditionellen Tantra gar nichts mehr zu tun" usw. usf. Die spirituell elaborierteste Variante dieser Verdächtigungen ist die Frage, ob oder wie weit Tantra – insbesondere so, wie es heute hier im Westen gelehrt und praktiziert wird – überhaupt etwas mit ernsthafter spiritueller Suche zu tun hat – oder doch nur der Gratifikation des Ego dient, dem Erzfeind aller spirituellen Entwicklung. Was hat es also auf sich mit dem Ego im Tantra?

Die Gründe, die Frauen und Männer in die Kurse führen, sind vielfältig. Bei näherem Hinsehen bekommen wir allerdings den Eindruck, dass viele Motivationen nicht aus einer spirituellen Suche entspringen, sondern dem Wunsch nach erfüllender Sexualität, nach liebevoller Beziehung, nach einem glücklichen Leben in Lust und Liebe. Kaum eine Tantraschule lässt sich jedoch gerne unterstellen, mit Spiritualität nichts am Hut zu haben, und schon entflammt die Debatte darüber, was denn eigentlich das richtige Tantra sei. Das Schweizer Magazin „Tantra" moniert, dass die klassischen Texte zum Tantra in der hiesigen Szene weitgehend unbekannt seien und empfiehlt Literaturstudium. Die Argumente in dieser Debatte sind manchmal nicht zimperlich, werden allerdings selten offen ausgetragen, sondern finden sich in versteckten Anspielungen oder gären in der Gerüchteküche der spirituellen Szene.

Erstaunlich und auf den ersten Blick dazu im Widerspruch zu stehen scheint die Tatsache, dass sich die Tantriker in einem Punkt weitgehend einig sind: es geht nicht darum, das Leben zu bewerten und es in gut und böse zu unterscheiden, sondern es in allen seinen Aspekten zu erleben und anzunehmen und insbesondere uns selbst so sein zu lassen, wie wir sind. Der Weg der tantrischen Transformation braucht keine asketischen Qualen, keinen selbstlosen Dienst an der Gemeinschaft, keinen Kampf gegen den inneren Schweinehund, sondern alles darf so sein, wie es ist. Nicht durch Anstrengung, sondern durch Präsenz und Bewusstsein geschieht Verwandlung und wird sich uns die göttliche Natur der Existenz offenbaren. Was würde sich als trojanisches Pferd in der Festung der spirituellen Suche besser eignen als diese tantrische Grundhaltung? Haben wir das Pferd erstmal hineingelassen, springen die Krieger des Egos mit ihren selbstsüchtigen Motiven hinaus und treiben ihr zerstörerisches Werk an unserer spirituellen Entwicklung.

Was aussieht wie ein großer und folgenschwerer Irrtum hat im Tantra Methode. Die Debatte über das richtige Tantra, die skeptische Frage, ob das heute populäre Tantra nicht nur eine pseudospirituelle Spielwiese ist, deutet auf die für mich größte Herausforderung auf dem tantrischen Weg hin: der Weg führt mitten hinein in all die „niederen" Gefilde des Ego, das auf die Verbundenheit mit der ganzen Existenz pfeift und einfach nur auf die Sicherung der individuellen Existenz, den persönlichen Vorteil und den eigenen Lustgewinn aus ist. Es ist tatsächlich leicht, sich darin zu vergessen und die spirituelle Sehnsucht (oder ist es eine Sehn-*Suche*?) aus den Augen und aus dem Sinn zu verlieren; um so mehr, als das Ego oft in täuschender Verkleidung daher kommt: als selbstloser Helfer (der doch nur den Dank einstreichen möchte), als spiritueller Lehrer (der sich von der ihm zufließenden Aufmerksamkeit und Bewunderung ernährt), als asketischer Mönch (hinter dem sich ein Perfektionist zu verbergen weiß). Wenn wir uns – wie im Tantra – mitten ins Leben hineinwagen, und besonders noch in das heikle Feld von Lust und Liebe, dann ist die Gefahr groß, dass das Ego mit uns sein Spiel treibt und uns dabei noch in der großartigen Illusion belässt, auf einem spirituellen Weg zu sein. Nicht ohne Grund galt Tantra im Buddhismus als der zwar schnellste, aber auch schwierigste Pfad zur Erleuchtung.

Das Straucheln im Gestrüpp der eigenen Motivationen erlebe ich oft auch in unseren Seminaren und Trainings. Auch zu uns kommen Frauen und Männer aus den unterschiedlichsten Gründen, viele davon sicher erstmal mit Hoffnungen wie „freier mit der eigenen Sinnlichkeit und Sexualität umgehen lernen", „das Herz für eine neue Liebesbeziehung öffnen" oder „ein erfüllteres und glücklicheres Leben führen". Wir können und wollen die Motive unserer Teilnehmer weder prüfen noch überhaupt bewerten. Manche kommen mit einem sehr persönlichen – aus spiritueller Sicht vielleicht ego-istischen – Motiv, finden, was sie suchen (oder auch nicht), und gehen wieder. Ist das ehrenrührig für mich als Tantralehrer? Wenn ja, so ist das sicher *mein* Ego, was sich gekränkt fühlt.

Die Schwierigkeit sehe ich auf einer ganz anderen Ebene. Wenn wir fixiert sind auf die Erfüllung unserer individuellen Wünsche, dann kreieren wir uns früher oder später unser eigenes Leiden. Wenn also unsere Wünsche *nicht* in Erfüllung gehen und wir kein spirituelles Verständnis und keine Bereitschaft haben, den damit verbundenen Gefühlen zu begegnen und daraus zu lernen, dann laufen wir wahrscheinlich davor weg und suchen woanders unser Glück (oder wir resignieren). In diesem Kreislauf sind wir dann gefangen wie ein Hamster im Laufrad, oder in Samsara, wie es die Buddhisten nennen.

Obwohl wir in jeder unserer Gruppen ausdrücklich darauf hinweisen, wie wichtig das Dableiben ist – vor allem dann, wenn es innerlich schwierig wird – kommt es doch hin und wieder vor, dass Leute mitten im Prozess abbrechen. Für mich persönlich ist das immer schmerzhaft, und es kränkt auch meine Allmachtsphantasien und berührt die Kehrseite davon, meine Ohnmachtsgefühle. Bei näherem Hinsehen fällt mir dann jedoch auf, dass in den meisten solchen Fällen eine dringende persönliche Hoffnung oder Erwartung nicht erfüllt wurde oder eine Verletzung berührt wurde, die zu fühlen und anzuschauen die Person nicht bereit war. Beides ist im Kern das Gleiche, denn unsere persönlichen Wünsche sind dann so dringend, wenn wir in diesem Bereich verletzt sind. Von außen betrachtet, und zur Rettung meiner Ehre, könnte ich sagen, dass diese Personen von vorneherein keine spirituelle Motivation für Tantra hatten, und deswegen aufgeben, wenn es nicht wunschgemäß läuft. „Sie haben es doch gar nicht besser verdient!!!" Hier einige Beispiele von „Aussteigern":

- Eine Frau begegnete ihrem Beziehungsmuster: die Männer, die sie will, begehren sie nicht, und die Männer, die sie begehren, die will sie nicht.

Sie hatte gehofft, dass es im Tantra anders wäre, aber es war zunächst mal genauso wie in ihrem sonstigen Leben.

- Ein Mann, der zu Beginn des Tantratrainings sehr aufs Flirten aus war, ließ sich zwischenzeitlich auf eine feste Partnerschaft ein. Fortan konnte er die gesamte restliche Gruppe nur noch so wahrnehmen, als seien alle nur auf Flirts aus und er habe dort nichts mehr zu suchen.
- Ein Paar, das enorme Probleme mit Eifersucht hatte, stieg aus einem Training aus in der irrigen Annahme, alle anderen erwarteten von ihnen, dass sie ihre Partnerschaft öffnen und wechselnde sexuelle Kontakte leben.

In diesen Beispielen war das Bedürfnis nach dem Schutz des Egos größer als die Bereitschaft, sich umzudrehen und den eigenen Schatten zu besichtigen. Es wäre zu unbequem oder schmerzhaft gewesen, der Wahrheit ins Auge zu blicken: der gnadenlosen Kritikerin, die Männer in begehrenswerte und abscheuliche Objekte unterteilt; dem Heuchler, der die eigene Flirtsucht selbstgerecht nach außen projiziert; den Ängstlichen, die sich in eine Opferrolle hineinmanövrieren, um den eigenen versteckten Wünschen oder Phantasien nicht begegnen zu müssen, die ihre Beziehung womöglich bedrohen würden. Was würde es helfen, diese Ausweichmanöver als Flucht vor dem eigenen Schatten zu brandmarken und eine genuine spirituelle Suche abzusprechen? Meiner Selbstgerechtigkeit viel, den Betreffenden aber wahrscheinlich wenig. Wenn ich mich selbst ehrlich frage, warum ich zum Tantra gekommen bin, dann fallen mir auch als erstes Motive ein wie Wünsche nach ekstatischer Sexualität, die Sehnsucht nach einer Partnerin, mit der ich Lust und Liebe intensiv teilen kann, die Jagd nach aufregenden Erfahrungen, die mich den manchmal tristen Alltag vergessen lassen: alles Motive, die mehr mit meinem Ego zu tun haben als mit spiritueller Suche. Was ich dann im Tantra erfahren habe, war, dass nicht selten Wünsche wie die obigen auf tiefgehende Weise erfüllt wurden, dass aber die Abstürze und Enttäuschungen im Kontrast dazu auch immer intensiver wurden. Auch ich stand einige Male kurz davor abzuhauen, in der Hoffnung, dem Schmerz zu entkommen. Einmal habe ich es getan, bin aus einer halboffenen Gruppe davongelaufen, ohne mich zu verabschieden. Schon auf dem Weg zum Bahnhof bemerkte ich unter all der Verzweiflung und dem Schmerz ein trotziges „Das haben sie jetzt davon, dass sie mich so gemein behandelt haben!" und „Das ist ihre gerechte Strafe, dass ich jetzt abhaue!"

Mit etwas Abstand konnte ich wieder sehen, dass einfach meine Erwartungen nicht erfüllt worden waren, und spüren, dass das weh tat. Tantra ist für mich wie ein Reiten auf den Wellen des Ego. Die Wellen (meine Wünsche) wurden immer größer, die Abstürze und der anschließende Schleudergang im Strudel der Brandung immer heftiger. Gleichzeitig – durch das bewusste Dableiben, was auch immer geschieht – wurde eine Ahnung in mir stärker: das Leben besteht nicht nur aus Wellen, sondern der ganze Ozean der Existenz umfasst und umspült alles Leben. Es kann enorm befreiend und beglückend sein, dem ganzen Getose in mir und um mich herum zuzuschauen und dabei innerlich still zu werden.

Tantra spielt mit allen Aspekten der Existenz, so auch mit den Wellen des Ego. Manche spirituelle Lehrer benutzen das Bild von einer Welle, die sich nicht mehr mit dem Ozean verbunden weiß, als Bild für die Verblendung des Ego. Diese Verblendung kreiert Angst, denn spätestens an der Küste droht die Vernichtung. Wenn wir in dieser Vernichtung, dem Zerschellen unserer Wünsche und Erwartungen, innerlich anwesend bleiben, entdecken wir, dass wir früher oder später wieder ins Wasser, in den Ozean zurück fließen, aus dem dann wieder neue Wellen aufsteigen. Warum sollten wir also nicht sexuelles Glück, traumhafte Partnerschaften und sonstige Gratifikationen des Ego im Tantra suchen? Manche Tantralehrer gehen tatsächlich schon längst so weit, die sexuelle Ekstase als magischen Zustand zur Manifestation von allen möglichen materiellen Gütern einzusetzen: Geld im Überfluss, ein Traumhaus auf dem Land, eine hochdotierte Karriere … alles, was das Ego begehrt. „Da haben wir's! Jetzt zeigt das Neo-Tantra sein eigentliches, hässliches Gesicht!" rufen die Vertreter der ernsthaften spirituellen Suche. Woher die Aufregung? Neidisch? Zweifel, ob die spirituellen Früchte des Verzichts nicht doch auch im Garten Eden der Sinnenfreude und des Genusses wachsen? Oder einfach nur die Besorgnis über die verlorenen Schafe auf Gottes großer Weide?

Ich wünsche mir, dass wir Tantriker mit unserer Haltung des Nicht-Wertens, des Annehmens, was ist, auch vor dem Ego nicht halt machen. Das Ego ist nicht Alles, das stimmt. Aber das haben wir doch längst herausgefunden, wenn wir einige Male damit auf die Nase gefallen sind! Oder nicht? Vielleicht auch nicht. Das Ego kann unserem wirklichen Glück und unserer tiefsten Erfüllung ziemlich genau im Wege stehen, auch das ist meine Erfahrung. Das gilt aber nur so lange, bis wir das Ego nicht als unser kleines begrenztes Ich erkannt haben, sondern unseren Mikrokosmos mit dem gesamten All verwechseln. Solange ist es tatsächlich ein Gefängnis. Wenn ich nicht merke, dass das Leben mehr zu bieten hat, als dass ich das bekomme, was ich will; wenn ich nicht merke, dass die tiefsten Glücksmomente dann geschehen, wenn die Zeit stehen bleibt und niemand etwas will: dann befinde ich mich im Hamsterrad, und zwar genau so lange, bis ich es merke. Wenn ich es merke, dann kann ich aussteigen – oder weiter Karussell fahren, einfach aus Spaß am Fahren.

Ich glaube, es braucht keine moralische Instanz, die uns das Ego madig macht, schon gar nicht im Tantra: *bewusst da bleiben* (und das ist etwas anderes als erstarren und aushalten!) reicht aus um zu entdecken, was wir uns mit unserem Ego zuweilen antun, und dass unsere wirkliche Sehnsucht weit darüber hinaus geht. Das *Da-Bleiben* ist allerdings zentral. Falls wir jedesmal davonlaufen, wenn wir nicht das bekommen, was wir wollen, dann nehmen wir uns selbst die Butter vom Brot. Das ist gelinde gesagt, denn oft genug sind das die schmerzhaftesten Verletzungen, die sich Frauen und Männer im Tantra selbst zufügen: sie brechen das Surfen ab, wenn die Welle sich zu überschlagen droht, verpassen dabei das natürliche Ende eines jeden Wunsches (die Erfüllung oder das Loslassen), und bleiben auf ihren Wünschen sitzen, um beim nächsten Mal mit noch mehr Angst auf das Surfbrett zu steigen. So lernt niemand Wellenreiten. Die Vernichtung der Wünsche in der wilden, schäumenden Brandung und das anschließende Wiedererstehen wie Phönix aus der Asche ist nicht im entferntesten so gefährlich wie das Abbrechen kurz vor der Stunde der Wahrheit. Es liegt viel Weisheit und Mitgefühl in der Haltung der Tantra-Meisterin Devi (in Daniel Odier's Buch „Tantra"), die nur als Schüler aufnimmt, wer sich von vorneherein verpflichtet, den ganzen Weg zu gehen.

Wenn wir also das Ego im Tantra anerkennen und da sein lassen, gilt das nur für Tantraschüler oder auch für den Tantralehrer, die Lehrerin? Sollten die all die Turbulenzen bereits hinter sich gelassen haben? „Wer würde zum Thema 'Erfolg in Geldangelegenheiten' bei einem Kursleiter ein Seminar buchen, der sich noch nicht einmal die Fahrt zum Tagungsort leisten kann?", hörte ich den spirituellen Lehrer Paul Lowe auf einem Vortrag in Freiburg fragen. Wer sollte also – so seine implizite Aussage – ein spirituelles Seminar bei jemandem besuchen, der nicht selbst erleuchtet und befreit von allen Egoverhaftungen ist? Der Markt und die Gerüchteküche um all die Neu-Erleuchteten, Fast-Erleuchteten, Wohl-doch-nicht-Erleuchteten, Nie-und-nimmer-Erleuchteten und Jenseitsvon-jedem-Zweifel-Erleuchteten blüht und brodelt. Das Perfide daran: wer mag sich schon die Blöße geben und einen echten Erleuchteten verkennen? Das würde einen ja nur selbst disqualifizieren. Also muss man sich ganz klar auf eine Seite schlagen: die Erleuchtung zweifelsfrei diagnostizieren („Wer das nicht mit vollzieht, ist eben noch nicht so weit!") oder sie ohne wenn und aber aberkennen („Fällst du etwa auf diesen Scharlatan herein? Der hat doch einen riesigen Egotrip laufen!"), oder lieber demütig und bescheiden schweigen. Ich bin manchmal überrascht, wieviel Anklang dieses spirituelle Gesellschaftsspiel mitunter findet, aber wer möchte schon einem spirituellen falschen Fuffziger auf den Leim gehen?

In der Tantraszene wird diese Suppe nicht ganz so heiß gekocht wie in der Satsanggemeinde. Tantralehrer haben ja in ihren Seminaren auch noch etwas anderes anzubieten als nur ihre eigene Erleuchtung, aber eine ähnliche Dynamik ist auch manchmal zu beobachten: Wer hat es wirklich drauf? Wer vermittelt echtes, authentisches Tantra? Wer schreibt Tantra drauf, obwohl nur Selbsterfahrung mit Liebe und Sexualität drin ist? Da hat es mich geradezu naiv und doch sehr sympathisch gedünkt, als ich neulich das öffentliche Bekenntnis von einem Tantra-Couple las, dass sich ihre Kurse zum Thema Beziehung erst verkaufen, seit sie sie Tantra nennen.

Viele spirituelle Lehrer und Seminarleiter zeigen sich nicht mit ihren Schwächen und Fehlern, und dazu trägt natürlich die Konkurrenz und die Marktgesetzmäßigkeit im ganzen Psycho- und Esoterikbereich entscheidend bei. Wenn überhaupt, dann sprechen sie von eigenen Egoverstrickungen nur in der Vergangenheitsform, wenn es hoch kommt noch in zwar aktuellen, aber doch verallgemeinernden Statements wie „Jeder lehrt natürlich immer das, was er selbst am meisten zu lernen hat." Für einen Tantralehrer sollten ekstatische Funkenregen vor dem dritten Auge, Ganzkörper-Atemorgasmen und eine erfüllte Partnerschaft doch wohl kein Problem sein … Wenn ein Tantra-Couple sich trennt, heißt es: „Was, die beiden haben sich getrennt? Ich wusste schon immer, dass da der Wurm drin war!"

Die Frage, ob und wie weit ich mich als Tantralehrer mit meinen Macken so zeigen sollte, wie ich bin, ist allerdings wirklich heikel, und lässt sich gar nicht leicht beantworten:

- Wenn ich glaube, meine Fehler und Konflikte nicht zeigen zu dürfen, weil ich dann meinen oder der Teilnehmer(innen) Ansprüche nicht genüge, sitze ich in der Falle: ich ermutige alle anderen, sich selbst sein zu lassen, und lasse mich selbst nicht so sein, wie ich bin.

- Wenn ich mich als den großen spirituellen Zampano hinstelle, dann kommen – zumindest wenn ich es geschickt anstelle – die Fans gelaufen, aber ich halte sie auch in je größerer Abhängigkeit, je größer ich die Kluft zwischen ihnen und mir gestalte.
- Wenn ich alle Unterschiede zwischen mir als Leiter und den Teilnehmern verwische und meine besondere Rolle und die dazugehörige Distanz nicht annehme, nach dem Motto „wir lernen alle", verhindere ich den Prozess der Idealisierung (und späteren Enttäuschung), der bis zu einem gewissen Grad sehr hilfreich ist, um sich dem wahren Kern zu nähern. Anfangs werden Ideale auf uns als Leiter projiziert, mehr und mehr können sie jedoch als innere Wahrheit in Besitz genommen werden: „Was ich in ihm sehe, ist auch in mir!"
- Wenn ich meine inneren Kämpfe und Abstürze zeitweise transparent mache, ohne meine Rolle als Leiter in Frage zu stellen, ermutige ich die Teilnehmer/innen, sich auch selbst ihre Schwierigkeiten anzuschauen und sich damit zu zeigen, ohne zu kollabieren.
- Wenn ich die Konsequenzen meiner Rolle, z.B. die Elternprojektionen auf mich und die entsprechende Zuweisung von Macht, ignoriere, und mich auf private Beziehungen mit Teilnehmer/innen einlasse, ist die Gefahr groß, die Beziehung zu missbrauchen und das Machtgefälle für meine persönlichen Bedürfnisse und zur Kompensation meiner Defizite zu missbrauchen.

Ich habe ziemlich früh herausgefunden, wie leicht es als Gruppenleiter ist, die Bewunderung und erotische Anziehung von teilnehmenden Frauen zu gewinnen: Ich muss mich hin und wieder verletzlich zeigen, gleichzeitig aber das Heft klar in der Hand behalten. Das trifft genau in das Defizit vieler Frauen, die sich einen Vater gewünscht hätten, der stark *und* verletzlich, kompetent *und* erreichbar zugleich ist. Andere Gruppenleiter haben sicher andere Tricks herausgefunden: Psychopathen setzen ihren machtvollen Charme ein, rigide Charaktere die Anmut ihrer Kraft, schizoide ihr Eremiten-Image, Masochisten ihre Gemütlichkeit (in der Tantraszene eher selten!). Die Verführung für den Gruppenleiter ist enorm groß, die Attraktivität in der Rolle des Gruppenleiters als persönliches Attribut misszuverstehen. Der Schritt zum Missbrauch ist dann nicht mehr weit (und er beginnt nicht erst beim sexuellen Kontakt). Ich wage zu behaupten, dass es dafür viele Beispiele in der Szene gibt.

Umgekehrt mag ich mich jedoch auch nicht an der Hexenjagd der Rechtschaffenen beteiligen, die jeden privaten Kontakt von Leiter(in) und Teilnehmer(in) für eine Todsünde erklären und damit doch nur der eigenen und anderer Heuchelei Vorschub leisten. Missbrauch hat viele Gesichter.

Auch Tantralehrer und überhaupt spirituelle Lehrer und Gruppenleiter werden zuweilen von egoistischen Motiven getrieben – ich jedenfalls ganz bestimmt und nicht zu knapp. Manchmal zeige ich mich damit und manchmal nicht, und auch das durchaus nicht immer aus altruistischen Motiven. Manchmal hadere ich damit, manchmal fühle ich mich in Frieden und bin glücklich, so viele Menschen auf dem Weg begleiten zu dürfen und dabei zu lernen, mich selbst zu begleiten und sein zu lassen – und dabei noch Geld zu verdienen. Ist das ein Widerspruch? Vielleicht ja, aber der Widerspruch ist zutiefst tantrisch.

Wir stürzen uns mitten hinein in das Abenteuer des Lebens, der Lust und der Liebe. Wir wollen alles, und zwar jetzt – oder auch später. Wir wollen jedes nur erdenkliche Glück für uns selbst – und fallen dabei kläglich auf die Nase, wenn wir glauben, dass unser Glück von dem Glück der anderen getrennt wäre. Wir fallen auf die Spiegelungen des Egos herein, wie sie uns in den Tantraprospekten blumig und verführerisch schmackhaft gemacht werden, und bleiben da, wenn sich die Illusionen wie Seifenblasen in der Luft auflösen. Dann kann etwas viel Wertvolleres zum Vorschein kommen: unser innerster Kern, das Göttliche in uns, die allumfassende Liebe, reines Bewusstsein, Frieden. Wir lösen uns darin auf, bis irgendeine miese kleine Ratte in uns sich wieder daran macht, diese Erfahrung auszuschlachten: wär doch gelacht, wenn sich diese WAHNSINN-SERFAHRUNG nicht in klingende Münze, Bewunderung oder eine erotische Eskapade verwandeln ließe. Ich hasse diese Ratte – und ich liebe sie.

Tantra als Deckmantel?

Wie das Urteilen durch die Hintertür wieder hereinkommt

Tantra ist sowohl ein spiritueller Weg, dessen historische Wurzeln wahrscheinlich weiter zurückreichen als die der heutigen Weltreligionen, als auch eine

Modeerscheinung unserer westlichen Kultur. Kaum ein Lifestyle- oder Trend-magazin kommt ohne gelegentlichen Hinweis auf Tantra als exotische Beigabe zum FITFORSEX aus. Haben diese beiden Phänomene mehr miteinander zu tun als die Vokabel „Tantra"? Droht die Vereinnahmung des Tantra durch die nimmersatte, sensationsgeile Konsumgesellschaft die wertvolle und tiefgründige Tradition des Tantra zu vernichten? Aus berufenen Mündern können wir hier und da die Warnung vernehmen: „Tantra dient vielen nur als Deckmantel für hemmungslosen Sex oder als alternative Partnerbörse."

Das Spektrum des Tantra ist weit. Wir erleben darin auch die Symptome einer die Sexualität ausbeutenden Kultur, die Tantra für ihre Zwecke funktionalisiert. Ist es unsere Aufgabe, diese Ebenen deutlich voneinander zu trennen, um dadurch zum wirklichen, zum spirituellen Tantra vorzudringen? Oder geht es vielmehr um die Integration dieser auf den ersten Blick so weit auseinander liegenden Phänomene: Jahrzehnte lange disziplinierte Meditationspraxis hier, 90 Minuten sexy Tantramassage dort? Auch wenn manchem ernsthaften Sucher die Haare zu Berge stehen mögen, so möchte ich dennoch die These wagen: Wenn Tantra nicht bereits Deckmantel für mehr Lust, mehr Sex, besseren Sex, für Partnersuche, für mehr Liebe, Intimität und erfüllende Beziehungen wäre, dann müsste Tantra extra dafür erfunden werden.

Tantra wertet nicht. Im Tantra gilt oben soviel wie unten. Tantra lehrt, jeden Aspekt des Lebens anzuerkennen, auszukosten, zu erleben und mitten im intensivsten Erleben bewusst und präsent zu sein. Wenn aber Tantra für „niedere Zwecke" missbraucht wird, z.B. für so etwas profanes wie Partnersuche, dann wird es plötzlich kontrovers. Ist Streben nach Erleuchtung doch besser als Lust auf exotischen Sex? Wer es ernst meint mit Tantra, wie kann der oder die allen Ernstes eine solche Wertung aufrecht erhalten?

Tantra hat die Kraft, all die verschiedenen Aspekte, die heute unter dem Begriff Tantra auftauchen, zu integrieren. Indem wir uns auf diese Integrationskraft einlassen und das beliebte Konkurrenzspiel „Dat iss doch hier keen Tantra, oda?" (siehe Internetzitate) ein Spiel sein lassen, führt uns Tantra über unsere egoistischen Begrenzungen hinaus. Solange wir dagegen kämpfen und z.B. für ein sauberes Tantra eintreten, kleben wir um so mehr an dem fest, wovon wir uns vermeintlich losstrampeln möchten. Aber wovon rede ich. Den Saubermann, dem es schaudert, wenn Tantra z.B. von Prostituierten als Köder benutzt wird, den gibt es auch in mir. Obwohl ich doch aus meiner eigenen

Geschichte wissen müsste, dass Tantra unten anfängt: bei unserer Frustration, bei ungelebten Wünschen, ungestillten Sehnsüchten.

Warum bin ich zum Tantra gekommen? Weil ich in meinen Beziehungen zu Frauen nie ganz zu meinen sexuellen Wünschen und Sehnsüchten stehen konnte. Bereits in meinem ersten Tantraworkshop spürte ich plötzlich die fundamentale Erlaubnis, ein sexuelles Wesen zu sein, Lust zu haben, Sehnsüchte und Begierden zu haben. Ich befand mich plötzlich unter Menschen, Frauen wie Männern, die sich ebenfalls mehr und mehr zu ihrem Sex bekannten. Frauen und Männer, die sich als sexuelle Wesen gezeigt haben, ungeschminkt, nackt, so wie sie sind. Weit entfernt von der eher unerotischen Atmosphäre eines FKK-Strandes wurde mit jedem Tag, den wir zusammen waren, das erotische Pulsieren spürbarer, das uns alle durchdringt, egal ob wir bekleidet oder unbekleidet waren. Für mich war das ein Durchbruch, obwohl ich noch viele Rückfälle in die Welt meiner unerotischen Glaubenssätze erleben sollte. Mit Spiritualität hatte das am Anfang oberflächlich betrachtet nicht soviel zu tun.

Ich bin also selbst ein gutes Beispiel: Tantra ist hier im Westen oft ein Deckmantel dafür, Hemmungen gegenüber Sex abzubauen. Die direkte, ungeschützte Beschäftigung mit dem Thema Sex ist oft immer noch mit Schuldgefühlen oder Leistungsdruck belastet. Wo immer Menschen sich etwas erlauben, was andere sich verbieten, sind allerdings Neider und Eiferer nicht weit. Manchmal gepaart mit oder verborgen hinter Verachtung. Das ist in der psycho-spirituellen Szene nicht anders. Dort werden Neid und Verachtung nur geschickter getarnt. Dort gibt es andere, anspruchsvollere Masken, die der Neid trägt:

- Die Maske des Tiefgründigen: „Tantra ist doch nur Ringelpietz mit Anfassen, spiritueller Kindergarten ..."
- Die Maske der selbstlosen Besorgnis: „Da werden Menschen in Erfahrungen hineinverführt, die sie letztlich nur neu traumatisieren. Sich vor einer ganzen Gruppe als sexuelles Wesen zeigen zu müssen, verletzt natürliche Schamgrenzen und kann bleibende Schäden hinterlassen"
- Die feministische Maske: „Ich biete Beratung an für Tantrageschädigte Frauen, die sich der permanenten Zugriffe von Seiten der Männer nicht erwehren konnten ..."
- Die Maske des Traditionsbewussten: „Da wird wertvolles Kulturgut ver-

hunzt, keiner von den selbsternannten Tantrikern liest doch noch die klassischen Texte wie z.B. das Vigyan Bhairav Tantra ..."

- Die Maske des asketischen spirituellen Suchers: „In diesen Gruppen werden Egogelüste bedient, aber nur der Verzicht auf Egogelüste führt zur Transzendenz ... „
- Die Maske des verantwortungsvollen Psychotherapeuten: „Traumata werden im Tantra zwar zuhauf aufgewühlt, aber nicht aufgearbeitet ..."
- Die Maske des Gelassenen: „Wenn die das nötig haben, sollen die doch machen, was ihnen Spaß macht, so lange sie dabei keinem Schaden zufügen ...."

Wenn ich von all diesen Argumenten als Masken spreche, dann bestreite ich nicht, dass in jeder mindestens ein Funken Wahrheit enthalten ist. Diese Wahrheiten werden jedoch allzuoft benutzt, um anderen Wahrheiten, die uns sehr persönlich betreffen, nicht ins Auge schauen zu müssen:

- Wir sind nicht im Frieden mit der simplen Tatsache, ein sexuelles Wesen zu sein.
- Wir fühlen uns verletzlich in unserer Sehnsucht nach einer erfüllenden Partnerschaft
- Wir schämen uns unserer sexuellen Phantasien oder unserer sexuellen Phantasielosigkeit
- Wir tragen Wunden ins uns, die noch nicht geheilt sind und die unser Liebesleben behindern
- Wir stecken voller Bewertungen über unser eigenes oder anderer Leute Liebesleben

Eine Grundbotschaft des Tantra heißt: Ich bin okay so wie ich bin. Ich darf so sein, und darauf aufbauend darfst auch du so sein, wie du bist, und darf auch das Leben so sein, wie es ist. Dieses „Sein lassen" ist keine Passivität und weit mehr als Toleranz. Es kann sehr bewegt sein und schließt alle unsere Gefühle und Handlungsimpulse mit ein. Ich bin herausgefordert, in jedem Moment neu meine Antwort zu finden auf alles, was das Leben mir präsentiert. Ich bin verantwort-lich. Solange ich mir noch nicht hundertprozentig vertraue, werde ich mich zurückhalten und nicht wirklich das leben, was in mir ist. Oder ich werde einen Schutzraum suchen, der es mir erleichtert, mehr von dem zu erlauben, was ich wirklich leben will – ohne mich gleich der ganzen gesellschaftlichen Brisanz meines Tuns aussetzen zu müssen. Ein Schutzraum ist in gewisser Weise nichts anderes als ein Deckmantel.

Tantra bietet sich dafür an, und das ist gut so. Wäre unsere kulturelle Wunde nicht die Jahrtausende alte Unterdrückung unserer Sexualität, sondern beispielsweise ein Verbot, Essen zu genießen, dann wäre Tantra wahrscheinlich Deckmantel für Feinschmecker und Schlemmergelage, während sonst alle Menschen entweder nur heimlich und verstohlen das große Fressen genießen würden oder rechtschaffen mit Wasser und Schwarzbrot ihr Dasein fristeten.

In unserer Kultur ist aber Sex noch immer eines der großen Tabuthemen, auch wenn dieses Tabu mehr oder weniger gewaltsam öffentlich inszeniert wird. Ich finde es also gar nicht verwunderlich, dass der sexuelle Aspekt des Tantra so überbewertet wird. Hier wird Heilung am meisten gebraucht, und ich glaube nicht, dass Heilung in Erotik und Sexualität einer spirituellen Entwicklung abträglich sind. Ganz im Gegenteil. Erst wenn wir uns mit unserer sexuellen Natur mehr angefreundet haben, wird Energie frei, uns „höherem" zuzuwenden. Tantra transzendiert die Notwendigkeit von Bewertungen. Indem wir das erleben, anerkennen und akzeptieren, was ist, geschieht Transformation. Dennoch ist die Versuchung groß, uns genau da in Bewertungen zu verstricken und das Vertrauen in die heilsame Kraft der Akzeptanz zu verlieren, wo wir mit unserem Selbstbild in Konflikt kommen.

Als Tantralehrer, der nicht nur selbst Tantra lernt und lebt, sondern auch materiell seinen Lebensunterhalt durch Tantra bestreitet, empfand ich die Einwände gegen westliches Tantra als einen Deckmantel für niedere Gelüste oft als geschäftsschädigend, ohne es selbst so recht zu merken. Aber ich habe immer wieder versucht, solche Argumente zu entkräften und mir selbst und anderen zu beweisen, dass Tantra mehr ist als all das. Tantra ist ein tiefgreifender Prozess, der mich in meiner gesamten Existenz berührt und verwandelt. Ich fühlte mich gekränkt, wenn das irgendwo in Zweifel gezogen wurde, auch wenn dieser Zweifel überhaupt nichts mit mir zu tun hatte. Ich konnte und wollte das nicht so stehen lassen. Warum? Glaubte ich mir selbst nicht? Wollte ich mich selbst davon überzeugen, dass ich nicht nur einer modischen Geschäftemacherei aufgesessen bin? Tantra sells. Das könnte korrumpieren. Diese Möglichkeit wollte ich nicht ernsthaft in Betracht ziehen.

Statt dessen projizierte ich meine Zweifel auf andere, die doch vermeintlich offensichtlich Tantra nur als Deckmantel benutzen: z.B. Single- und Swinger – Clubs oder Prostituierte, die mit Tantra für ihre Dienste werben. Die Schuldigen waren also ausgemacht, die den Ruf von Tantra ruinieren und seriöse Institute wie uns in Mitleidenschaft ziehen. Besonders in unserer Anfangszeit in Freiburg erhielten wir immer wieder Anrufe von Männern, die auf der Suche nach sexuellen Dienstleistungen waren. Tantra schien dafür das Codewort zu sein, das wir leichtfertig in unsere Anzeigen geschrieben hatten. Diese Telefonate waren teilweise sehr unangenehm, denn es kam nicht selten vor, dass der Anrufer während unserer Ausführungen, was wir unter Tantra verstehen, mitten im Satz den Hörer auflegte. Ich war empört, fassungslos, wütend, es tat weh. Und ich war wütend über die wachsende Zahl von Prostituierten, die eine solche Verwechslung hervorrufen, weil sie mit dem Begriff Tantra werben. „Tantramassage" kam mir nur mit verächtlichem Unterton über die Lippen. Da lässt eine Hure ihren Freier etwas länger vor dem erlösenden Erguss zappeln und erdreistet sich, das Tantra zu nennen. Ist das nicht empörend?

Es ist noch nicht so lange her, dass mir bewusst wurde, wie stark wertend ich in diesem Bereich selbst war. Damit war meine Neugier geweckt, was bei mir dahintersteckt. Ich begann mir einzugestehen, dass ich gerne mehr darüber wüsste, was bei einer Tantramassage eigentlich wirklich geschieht und wie es sich für mich anfühlt. Gleichzeitig konnte ich mir nicht vorstellen, dass eine erotische Dienstleistung gegen Geld mich irgendwie befriedigen könnte. Je mehr ich in mich hineinschaute, desto mehr musste ich erkennen, dass ein ganzes Konglomerat von Bewertungen, Schuldgefühlen, Ekel, Anziehung und intellektuellen Vorbehalten meine Haltung zu „Tantramassagen" prägt, ohne dass ich selbst eine bekommen hätte. Musste ich das?

Um es kurz zu machen, ich habe es ausprobiert, und ich war mir selbst wertvoll genug, dafür ein edleres Institut auszusuchen. Es war eine neunzigminütige Begegnung, bei der ich am Anfang sinnlich verwöhnt wurde und die sich dann zu einer respektvollen erotischen Begegnung entwickelte. Unter normalen Umständen hätte ich die Begegnung durchaus genossen. Die sehr professionelle Weise, mit der die Begegnung dann von der Masseurin zuende gebracht wurde (auf einen Orgasmus habe ich allerdings verzichtet, mir war überhaupt nicht danach), ließ mich erotisiert und etwas verstört von dannen ziehen. Meine Glaubenssätze spielten Kapriolen. Wofür habe ich jetzt bezahlt? Kann ich meiner eigenen Wahrnehmung noch trauen? Was hat sie mir vorgespielt und was war echt?

Ich glaube nicht, dass diese Begegnung typisch ist für das, was meistens unter dem Begriff Tantramassage angeboten wird. Aber es hat mir gezeigt, dass meine Vorurteile und eigene, echte Erfahrungen zweierlei sind, und das sogar dann, wenn Vorurteile vermeintlich bestätigt werden. Mit Tantra hatte die Begegnung nicht allzuviel zu tun. Und dennoch war sie ein wichtiger Teil meines tantrischen Weges. Das tantrische Koan.

Urteile können Erfahrungen niemals gerecht werden. Eigentlich ist das ja eine Banalität. Aber wann hast Du, liebe Leserin, lieber Leser, es zuletzt vorgezogen, über etwas zu urteilen anstatt es zu erleben?

Wenig später begegnete ich einer Frau, die sich als Heilige Hure versteht. Auch diese Begegnung hat vieles in mir ausgelöst und mir vor Augen geführt, dass Prostitution ein noch viel brisanteres Tabuthema ist als Sex. Ich will hier keine Pro-und-Kontra-Prostitution-Debatte vom Zaun brechen, sondern mit diesem Beispiel lediglich darauf hinweisen, dass der tantrische Weg, wenn wir ihn wirklich gehen, gerade dorthin führt, wo wir Aspekte unseres Seins in uns verschlossen haben. Manchmal wissen wir gar nicht um solche Räume, aber wir können sie aufspüren indem wir darauf achten, wann wir anfangen zu urteilen. Hinter unseren Urteilen halten sich diese Räume versteckt.

Ur-teilen, wenn ich in dieses Wort hineinlausche, scheint es die Ur-Form des Teilens zu sein und damit vielleicht die größte Herausforderung auf dem Weg des Tantra, auf dem wir entdecken, dass alles verbunden, dass alles eins ist.

Bevor wir also bestimmte Spielarten des modernen Lebens, die sich Tantra nennen, verurteilen oder ihnen zumindest das Recht absprechen wollen, sich Tantra zu nennen, scheint es mir weit sinnvoller, genau da innezuhalten und dem auf die Spur zu kommen, welcher Aspekt des Lebens hier integriert werden möchte, anerkannt werden möchte, und sich dafür des Deckmantels „Tantra" bedient. Je mehr wir uns gegen dieses Innehalten sperren und beim Urteil verharren, desto mehr gibt es genau dort etwas zu lernen. Wie gesagt, wenn Tantra nicht bereits Deckmantel wäre, dann sollte es dafür erfunden werden.

Tantra hat eine enorme Integrationskraft. Tantra hat viele Kulturen überlebt, hat sich immer neuen religiösen und kulturellen Bedingungen angepasst, hat immer neue Varianten hervorgebracht und dabei seinen spirituellen Kern bewahrt. In manchen Kulturen wurden und werden tantrische Praktiken geheimgehalten, aber das hat andere Gründe. Tantra braucht nicht geschützt werden, um seine spirituelle Kraft zu erhalten. Tantra entfaltet gerade dadurch seine Kraft, dass kein Aspekt des Lebens aus unserer Erfahrung ausgegrenzt werden muss, nicht der Schmuddelsex, nicht der Schmerz der Einsamkeit und auch nicht der spirituelle Fastfood des New Age. Je mehr wir uns auf Tantra einlassen, desto mehr wird alles zum Tantra, und damit wird Tantra zugleich leer. Wie können wir Tantra von irgend etwas abgrenzen wollen, ohne dabei selbst vom Tantra abzufallen?

Das tantrische Koan weist uns den Weg. Am tantrischsten wirst du da, wo der Begriff Tantra keinen Sinn mehr ergibt, weil er dich von nichts mehr unterscheidet. Du lebst deine Lust und Liebe. Du begegnest deren Hindernissen. Du fühlst etwas oder du fühlst nichts. Du tust, was du tun willst, oder du tust es nicht. Du bist. Du bist eins mit dir und der Welt und fühlst dich manchmal getrennt. Ist das Tantra? Es ist.

Tantra im öffentlichen Raum

Kostproben aus dem Internet zum Thema Tantra

Die folgenden Beiträge erschienen in einem frei zugänglichen Internetforum. Die meisten – wenn nicht alle – könnten leicht als „untantrisch" disqualifiziert werden. Aber wäre eine solche Disqualifizierung tantrisch? Auch hier ein tantrisches Koan.

Beschreibung eines Kurses

Ich frage mich nunmehr, wie denn die angebotenen Kurse aufgebaut sind. Geht es um das meditieren, um das massieren und streicheln, um das Tanzen oder aber auch um sexuelle Praktiken??

Tantra und Selbstbefriedigung

Was hat Tantra mit Selbstbefriedigung zu tun, das frage ich mich seit langem. Ist es das gleiche oder ist es doch eine andere Form des Seins, die sich einem darbietet …

Dat iss doch hier keen Tantra, oda?

Salü Leutlü von dü Sandü, vor ein paar Tagen bin ich auf dieses Forum ges-
tossen. Uuuuhund finde es sehr recht hooooochünteressant. Das bestätigt
wieder mal meine Überzeugung, dass nähämlich all diese „sogenannten" und
selbsternannten oder „zertifizierten" „Tantra"leererInnen wunderschön über-
zeugende Finanzselbstsanierer sünd. Mit dem buddhistischen Weg des Tantra
hat all das, was die Skydancer, Bieing-Ärzte, Namastiker und so weiter machen,
wenig zu tun."

Was zur Buddha ist Tantra?

Hallo ihr zusammen! Vor kurzem bin ich durch eine Fernsehsendung zum
ersten Mal auf Tantra gestoßen. Ich fand das total interessant und habe mir
inzwischen auch einige Bücher gekauft. Was mich so verwirrt, ist, dass so total
verschieden geschrieben wird, was Tantra eigentlich ist. Vom Buch Herzenslust
bin ich nun ziemlich angetan, aber auch da steht wieder was völlig anderes,
als zum Beispiel in den Büchern von Margot Anand oder Daniel Odier. Hat
irgendjemand Lust, mir ein wenig Aufklärung zu geben?

Tantra – spirituelle Prostitution?

Hallo liebe Leser und Leserinnen, ich habe intensiv in den Kleinanzeigen ge-
forstet und bin ziemlich geschockt über die Ausbeute. Ich musste feststellen,
dass es sich um eine andere, ganz besondere Form der Null-hundert-neun-
ziger-Nummern handelt … ich habe das Gefühl, es ist eine andere Form der
Prostitution. Vielleicht könnte man es als „spirituelle Prostitution" bezeichnen.
Viele Männer suchen dort eine Shakti für tantrische Massage und sind auch
gerne bereit dafür zu zahlen … nun, ich weiß nicht, was ich davon halten soll.
Wünsche ich mir doch sehnsüchtig einen Herzenspartner, mit dem ich eine
tiefe seelische und lustvolle Beziehung eingehen kann …

Tantra Liebe und eine gute Seite für Kontaktsuchende einrichten …

Leider sind im Internet keine gut und groß angelegte Seiten für Tantrakon-
takte ….
Ich finde Tantra und die Chakratherapie wunderbar … Doch kaum Chancen
im nahen Bereich eine passende Shakti zu finden. Dabei sehe ich wirklich sehr
gut aus, habe einen zarten schönen Körper … liebe die geistigen Bereiche ganz

besonders, doch der Markt der Frauen scheint dünn zu sein? Wer kann mich vom Gegenteil überzeugen?

Worum geht es in Wirklichkeit?

Wie seht Ihr das eigentlich – kann es sein, dass es auch in der Tantraszene (oder den Tantraszenen, da gibt's ja nun auch mal wieder 1000 Phänomene, Ansätze, Zusammenhänge … …) so einige lonely hearts, loveseekers gibt, die sich SexpartnerInnen als DIE rettenden Engel erhoffen, die sie aus ihrer Einsamkeit, Frust, Kontaktarmut usw. erlösen und alles wird wieder gut, was m.E. nicht funktionieren kann, und eine weiter gefasste Perspektive ist nicht so recht da??

… Mit dem Begriff Tantra werden in den „Scenes" viele psychologische und sexuelle Phänomene überschrieben, die bei Lichte betrachtet mit der Lebensphilosophie Tantra wenig bis gar nichts mehr zu tun haben. Ich denke auch, dass es häufig einfach um das Finden des „Erlösers aus dem Single-Dasein" geht und nicht verstanden wird, dass das Kultivieren von Alleinsein (nicht zu verwechseln mit Einsamsein!) eine Basis des Tantra darstellt …

Das Erbe eines Tantra-Meisters – ein kosmischer Witz?

Spielen wir mit unserem Ego oder das Ego mit uns?

Wohl kaum jemand hat das moderne Tantra, das bei uns im Westen heute gelehrt wird, so sehr beeinflusst wie Osho, früher unter dem Namen Baghwan Shree Rajneesh. Und kaum jemand hat so ganz unterschiedliche Projektionen auf sich geladen wie er, gerade auch was das Thema Egoismus angeht. Osho hat eine bunte Schar von spirituell orientierten Frauen und Männern inspiriert. Zuletzt behauptete er sogar, er lebe nach dem Verlassen seines physischen Körpers in uns weiter, und auf diese These berufen sich viele seiner Anhänger. Wenn dem so ist, dann scheint Osho eine ganze Menge innerer Konflikte gehabt zu haben, die jetzt allerorten zu Tage treten …

Blasphemie? 1994 nahm ich selbst Sannyas, fühle mich aber oft in erstaunlich kritischer Distanz zu dem, was viele Sannyasins verbreiten. Vielleicht betätige ich mich jetzt als Nestbeschmutzer. Es gibt nämlich nicht weniges in der Osho-

Szene, was mir geradezu wie eine unfreiwillige Karikatur spiritueller Suche erscheint. Die Betonung liegt dabei auf unfreiwillig. Diese Unfreiwilligkeit scheint mir ihre Wurzeln dort zu haben, wo wir uns ein ums andere Mal von unserem Ego ins Bockshorn jagen lassen und uns darum streiten, was denn nun erleuchteter, bewusster, spirituell reifer oder oshogemäßer sei. Solange wir uns nicht mit dem Ego anfreunden, hat es leichtes Spiel. Einige durchaus amüsante, aber auch schockierende Beispiele möchte ich hier beschreiben. Und Konsequenzen daraus ziehen: wenn das Ego schon mit uns spielt, warum spielen wir dann nicht mit dem Ego, anstatt in spiritueller Besserwisserei zu vertrocknen?

Es gab lange Zeit kaum ein Thema, bei dem die Sannyas-Szene paranoider und dogmatischer agierte als beim Thema Aids. In einer Einzelsession in Poona verriet ich meiner Therapeutin, dass ich vor Jahren mal einen grenzwertigen Aidstest gehabt hatte, und ich arbeitete mit ihr an den Resten meiner damaligen Panik, die in der Sitzung noch einmal hochkam. Ich sagte ihr auch, dass die Tests seither wieder klar negativ gewesen seien (eigentlich ja klar, sonst wäre ich ja gar nicht in den Ashram reingekommen, wofür ein negativer Aidstest Voraussetzung ist!). Am nächsten Tag las ich am Eingang des Ashrams – für tausende Besucher sichtbar – eine an mich adressierte Notiz, ich solle mich bitte dringend beim Gesundheitsoffice melden. Ich bekam einen Riesenschreck. Ich dachte zunächst, dass meiner Partnerin etwas passiert sein müsse. Weitere Horrorszenarien gingen durch meinen Kopf, was so dringend sein könnte, mich auf diese Weise ausrufen zu lassen. Im Health-Department wurde ich dann damit konfrontiert, dass ich „einen positiven Aidstest verschwiegen" hätte. Der Sachverhalt selbst war schnell klargestellt und von weiteren Sanktionen wurde abgesehen. Ich war dennoch fassungslos, vor allem darüber, dass die Therapeutin mich hinter meinem Rücken und dann noch unzutreffend denunziert hatte. Ein krasser Vertrauensbruch, der mich um so mehr schockierte, weil es kein individuelles „Vergehen" der Therapeutin war, sondern von der Commune-Bürokratie unterstützt wurde.

Was dieser zunächst so unerfreulichen Begebenheit eine ganz andere Wendung verlieh, war mein innerer Prozess. Ich nahm nämlich gerade an einer Therapiegruppe teil, und mein Thema dort war Vertrauen! Nach dem ersten Schock wachte ich plötzlich auf: „Hey, das passt ja wirklich wie die Faust aufs Auge. Ich arbeite an meinem Mangel an Vertrauen, und dann passiert mir sowas!" Paradoxerweise gab mir diese Erkenntnis ein Vertrauen, das viel tiefer reichte als es mein Vertrauen zu einer Therapeutin jemals könnte: ein Vertrauen in die Existenz, in der nichts unabhängig voneinander existiert, sondern alles miteinander verbunden ist und alles, was mir widerfährt, ein Spiegel meines Innenlebens ist.

Derartige Wendungen habe ich schon oft erlebt, aber der Ashram in Poona scheint ein Platz zu sein, der solcherart Synchronizität besonders eindrücklich zum Vorschein bringt. Wir sind alle miteinander verbunden. Alle unsere Egospiele können daran nichts ändern. Ist dies die Botschaft von Osho?

Es ist schon eine Komödie, wie manche von Osho's Schülern zu Pharisäern wurden, ausgerechnet Schüler von Osho, der kaum etwas mehr aufs Korn genommen hat als Pharisäertum! Als ich im Fotodepartment des Ashrams ein Foto des Meisters bestellen wollte, auf dem er mit einem Weinglas zu sehen ist, wurde mir erklärt, dieses Foto sei nicht mehr frei verkäuflich. Osho habe nie Wein getrunken, und er habe sich zu dieser Fotosession unwillig breitschlagen lassen. Es erwecke ein ganz falsches Bild von ihm, deswegen könne ich es nicht mehr bekommen. Was für ein Witz! Oshos posthume Sachwalter sind um den seriösen Ruf ihres Meisters bemüht, der zu Lebzeiten alles tat, um seinen Ruf in der Öffentlichkeit zu ruinieren! Und obendrein noch die Unterstellung, Osho habe zu solch unflätigen Fotos mit einem Weinglas nicht Nein sagen können. Ich merke, ich könnte mich anhand solcher Begebenheiten auch in Rage schreiben. „Seid ihr denn von allen guten Geistern verlassen!" möchte ich der Frau zurufen, die sich im ashrameigenen Buchladen weigert, mir ein Oshobuch gegen ein anderes umzutauschen und mir statt dessen ein Zitat von Osho unter die Nase hält, um mir zu zeigen, dass ein Buch doppelt zu besitzen mein spirituelles Wachstum durchaus voranbringen kann: weil ich es dann vielleicht noch einmal lese! Auch das ein Spiegel. Für meine Engstirnigkeit, Besserwisserei und Autoritätsgläubigkeit. Für meine Allmachtsphantasien, meinen rebellischen Geist und frühkindliche Erlösungshoffnungen: wenn ich alles recht mache, komme ich doch sicher in den Himmel, oder? Sag ja, Osho! (Er grinst nur sein breitestes Grinsen.) „Ich soll 'ich selbst sein' und Dir nichts nachbeten? Okay, ich gebe mein Bestes!" Ich gehöre wohl doch zum Club. Widerwillig muss ich es eingestehen.

Ich selbst habe Osho nie persönlich kennengelernt, sein Einfluss begann mich jedoch schon Ende der siebziger Jahre zu erreichen, um dann wieder für ein Jahrzehnt unter der Oberfläche meines Bewusstseins zu verschwinden.

Bei mir war es keine Liebe auf den ersten Blick. Als ich 1994 zum ersten Mal in Poona seinen Diskursen von der Videoleinwand lauschte, warfen seine Reden mich in ein Wechselbad der Gefühle. Manchmal kam ich tief berührt und erfüllt aus der Lecture, und andere Male war ich wütend und aufgebracht über so viel Unsinn, den er da erzählte und den Tausende der schweigend lauschenden Jünger zu schlucken schienen: „Gentechnik ist toll" oder „Homosexualität ist unnatürlich" waren solche Reizthemen für mich. Meinen Ärger darüber in Poona offen auszusprechen ließ ich schnell bleiben. Ich wurde meistens mit einem belehrenden Spruch oder einem mitleidigen Lächeln bedacht.

Solcherart Konformität war mir in der Osho Commune schon immer ein Greuel. Aber ich ließ mich nicht davon abhalten, näher hinzuschauen, was da alles in mir berührt wurde. Sannyas nehmen war anfangs noch kein Thema für mich, obwohl ich auch diese meine Verbocktheit immer wieder gespiegelt bekam. „Sannyas nehmen kann man nicht machen, das geschieht einem – wenn man Glück hat", wurde mir freundlich beschieden. Auch dieser Spruch brachte mich auf die Palme. Bis es mir selbst geschah.

Während mehrerer Wochen hatte ich an einer äußerst erschöpfenden Thera-piegruppe teilgenommen und hatte während Oshos abendlichen Videodiskur-sen geschlummert, so dachte ich zumindest. Auffällig war nur, dass ich am Ende des Videos immer auf den Punkt hellwach war, überhaupt nicht so, als hätte ich geschlafen. In diesen Wochen hat es mich anscheinend erwischt. Im Nachhin-ein betrachtet war ich wohl eher in einer Trance gewesen als im Schlaf, mein kritischer Verstand war ausgeschaltet, so dass etwas Tieferes mich berühren konnte. Ich wusste kaum, wie mir geschah. Als ich im Initiation-Office saß und mein Anliegen, Sannyas zu nehmen, vortrug, brach ein Schwall Tränen aus mir heraus, worauf meine Interviewerin bemerkte, ich sei wohl überfällig. Kurze Zeit später hieß ich also Saleem. Ich liebe diesen Namen und er verbindet mich mit meiner tiefsten Sehnsucht, der Sehnsucht nach meiner inneren Stille.

Sannaysin zu sein bedeutet für mich vor allem, mich immer wieder an diese Sehnsucht zu erinnern, ihr Raum und Nahrung zu geben. Wenn ich die heutigen Blüten der Sannyas-Szene wie z.B. die Debatten über Osho als eingetragenes Markenzeichen oder über die Osho-Treue oder Untreue der neuen Erleuch-teten und ihrer SchülerInnen verfolge, dann reagiere ich zunächst nur mit Kopfschütteln. Das darf doch nicht wahr sein! Es bringt mein Ego in Wallung, wenn ich den darin tobenden Machtkampf um Marktanteile sehe. Manchmal könnte ich mich auch darüber totlachen, z.B. wenn ich in einem Osho-Center Osho's Robe wie ein Reliquie aufgebahrt sehe und Sannyasins flüsternd von der enormen Energie faseln höre, die ihr entströmt. Nein, diese Art Heiligkeit geht mir nach wie vor entschieden ab. Aber dann wird mir doch wieder bewusst, dass meine persönlichen Reaktionsweisen auch nicht weniger egobehaftet sind. Aber warum müssen wir denn so tun, als wäre dem nicht so?

Jetzt muss ich wohl aufpassen, was ich sage, denn in der Inquisition des Ego kann alles gegen mich verwandt werden. Bei manchem Zeitgenossen habe ich mich durch diese Zeilen vielleicht als Sannyasin, wenn nicht sogar als spiritueller Mensch schon disqualifiziert, ehe ich ihm oder ihr habe in die Augen schauen dürfen. Und so einer wie ich ist dann auch noch Tantralehrer ...

Bei den Neuerleuchteten sieht es mit dem Ego nicht anders aus. Was soll ich von einem Satsanglehrer halten, der seine kämpferischen Äußerungen gegen die Politik der Osho-Commune als einen Akt des Mitleids ausgibt. Mitleid mit wem? Mit den noch unerleuchteten Sannyasins, die vom rechten Weg abgekommen sind? Oder was halten wir von einem selbsternannten erleuchteten Meister, der nach einer harschen Kritik an seiner Person seine durchaus verständliche Betroffenheit tunlichst zu verbergen und sich zu rechtfertigen suchte?

Um es klar zu machen: die obigen Reaktionen der „Meister" sind mir durchaus sympathisch, weil ich sie mitfühlen kann. Sie sind menschlich allzumenschlich. Aber es sind Betroffenheiten des Ego, so wie du und ich sie doch auch kennen, oder nicht? Warum also das Ego-Versteckspiel? Es kommt mir gerade so vor wie bei einem Kind, das sich die Augen zu hält und glaubt, nicht mehr gesehen zu werden. Was soll ich davon halten, wenn jemand, der sich als erleuchtet betrachtet, mich immer wieder ungebeten dazu auffordert, ich solle doch mal seine Satsangs besuchen? Haben Erleuchtete es nötig zu missionieren? Oder ist es gar ihre spirituelle Pflicht? Die mich etwas beunruhigende aber mehr noch amüsierende Frage ist an dieser Stelle: „Wer durchschaut hier eigentlich wen?"

Auch außerhalb oder am Rande der Sannyas-Szene also dasselbe Spiel. Das Ego schleicht sich ein, ohne dass wir es so recht wahrhaben wollen. Das wird auch so bleiben, so lange wir mit dem Ego auf Kriegsfuß stehen. Dann operiert es nämlich aus dem Verborgenen, und es erwischt uns dort, wo wir es am wenigsten sehen wollen: in unserem spirituellen Selbstbild.

In diesem Geist verläuft die Debatte über Osho's Erbe. Es scheint, dass sich niemand so gerne in die Karten schauen lässt. Dass es bei der Auseinandersetzung um das Copyright von Osho um die Ebene des Ego und der Dualität geht, ist so offensichtlich, dass es schon lächerlich anmutet, wie die Osho Commune ihren meist recht erfolgreichen Kampf um Marktanteile mit spirituellem Vokabular und Osho's Zitaten führte, vor allem wenn man bedenkt, dass Osho gnadenlos Therapieformen aus aller Welt kopieren oder variieren ließ, ohne sich auch nur im Geringsten um Copyrights zu scheren. Nicht weniger scheinheilig erscheinen mir manche Konkurrenten in diesem Kampf um spirituelle Kundschaft, wenn deren Ego im Eifer des Gefechts in Wallung gerät, sie dies aber mit einem Mantel selbstlosen spirituellen Zorns zu verschleiern suchen.

Ich fühle die Versuchung in mir aufkeimen, ebenfalls die passenden Osho-Zitate herauszusuchen, um meine Thesen zu untermauern, doch gerade rechtzeitig fällt mir noch ein, wie albern ich diese Debatten um und in Oshos Namen immer wieder finde. Oshos Reden sind bekanntermaßen für fast jede nur denkbare These ein reichhaltiger Zitatenfundus, und ganz sicher immer auch für die Gegenthese.

Zu behaupten, das Phänomen Osho begriffen zu haben, wäre mit anmaßender Selbstüberschätzung noch gelinde beschrieben. Im Vergleich dazu sind die Auseinandersetzungen unter uns Erben fast allzu leicht begreifbar, weil allzumenschlich.

Wir bleiben auf uns selbst zurückgeworfen und auf die simple Tatsache, dass wir alle auch von egoistischen Motiven getrieben werden. Und ich wage zu behaupten: auch Osho war davor nicht gefeit. Im Gegenteil, kaum einer hat virtuoser oder mit mehr Inbrunst auf dem Klavier des Ego gespielt als er.

Glaubt jemand allen Ernstes, Osho habe die Zuwendung von Millionen von Anhängern nicht auch ganz persönlich genossen? Er habe alle die Trips mit den vielen Rolex-Uhren und fast 100 Rolls-Royces nur ausgespielt, um uns die Knöpfe zu drücken? Er habe die ins Totalitäre abgleitende Ranch in Oregon von Anfang an so geplant, um uns ein lebendiges Lehrstück über Faschismus zu präsentieren? Ich glaube das nicht, und ich fände es auch zynisch, wenn es so gewesen wäre. Ich glaube, Osho war genauso ein Mensch wie du und ich, mit einem Ego wie du und ich, einzigartig wie du und ich. Wobei seine Einzigartigkeit allerdings besonders auffällig war. Und er schien Spaß mit seinen Egospielen zu haben. Und das könnte vor allem heißen, dass er sie gespielt hat und nicht die Spiele ihn. Er konnte sie auch sein lassen.

Was ihn möglicherweise am meisten unterschied war sein Bewusstsein darüber, dass ihn eigentlich nichts von uns unterscheidet, dass ihn nichts von uns trennt, und er liebte derartige Koans. Womit ich dann doch der Versuchung unterlegen wäre, meine Sicht von Osho in die Debatte zu werfen.

Ich stelle mir gerade vor, wie befreiend es wäre, wenn wir alle, die wir auf dem spirituellen Weg sind, mit dem Versteckspielen aufhören könnten. Wenn wir uns selbst und einander die Blüten unseres Ego unverblümt eingestehen könnten. Ja, das Ego ist nicht die Wahrheit, aber warum sollten wir uns nicht unsere Träume erzählen? Warum so tun, als wären wir traumlos wach oder wunschlos glücklich? Macht uns der Kampf gegen den Schlaf nicht vielleicht müder und damit schläfriger, als wenn wir uns zuweilen hemmungslos dem Schlaf des Vergessens hingeben, um dann erfrischt wieder „aufzuwachen"?

Wer will sich da zum Hüter der Wahrheit aufschwingen? Wer will entscheiden, was im Sinne Osho's ist und was nicht? Und warum überhaupt? Die Leitungscrew der Osho-Commune, obwohl offiziell nur für die Organisation zuständig, scheinen sich da doch sehr wichtig zu nehmen. Dissidenten unerwünscht.

Auf einem Pinboard im Ashram von Poona wurden neue Redaktionsmitarbeiter der Osho Times gesucht. Neugierig ging ich zu einem Treffen im Boddhidharma Teagarden, der Teestube im Ashram. Als ich anbot, sehr persönlich über meinen Weg zu Sannyas zu schreiben, stieß das auf große Gegenliebe. Als ich allerdings andeutete, wie sehr ich manchmal mit Oshos Äußerungen im Clinch lag und dass ich durchaus nicht jede seiner Thesen, die er irgendwann mal geäußert hatte, voll unterschreiben würde, sondern dass ich seine Botschaft vor allem jenseits seiner Thesen verstanden hätte, da erntete ich Stirnrunzeln und mir wurde vorsichtig aber bestimmt erklärt, dass die Osho Times nicht das geeignete Medium wäre, um Osho anzuzweifeln.

Ich glaube, wir kommen früher oder später um die Erkenntnis nicht herum, dass uns die Verantwortung für unser Leben niemand abnehmen kann, kein Satsanglehrer, kein Osho, keine Commune. Wir kommen alle aus derselben Quelle, wir fließen alle in dasselbe Meer, und doch sind wir auf dem Weg dorthin in eine individuelle Existenzform eingebunden. Wir identifizieren uns mit einem Ego, wir leben mit der Illusion einer getrennten Existenz. Wer das nicht kann, wird psychisch krank und ist in dieser Welt kaum lebensfähig. Wer das allerdings für die letzte Wahrheit hält, schließt sich selbst von der grenzenlosen Erfahrung aus, nach der uns allen dürstet. Ich erlebe diese Erfahrung als Liebe und Stille.

Wenn wir von dort aus die Eskapaden unserer Egos betrachten: sind sie nicht durchaus amüsant? In ihrer Trotteligkeit, Verbohrtheit, Ahnungslosigkeit genauso wie in ihrer Raffinesse, Zielstrebigkeit und ihrem großen Wissensschatz durchaus liebenswert. Wenn wir dagegen zu Felde ziehen, sei es gegen uns selbst oder gegen den Ego-Splitter im Auge des Nächsten: könnte es sein, dass wir gerade wieder den Balken vor unser eigenes Auge geschoben haben? Lasst uns mit den Balken spielen, wie wir es als Kinder mit Bauklötzen getan haben. Dafür müssen wir sie allerdings bewusst zur Kenntnis nehmen. Es sind nur Bauklötze, nicht mehr und nicht weniger.

Ich wünsche mir sehnlichst vom Satsanglehrer das Geständnis, dass er versucht, seinen lauten Furz zurückzuhalten, während alle andächtig mit ihm schweigen. Ich wünsche mir eine Osho Times mit den unflätigsten Witzen – nein nicht nur mit Witzen von Osho, sondern auch mal mit Witzen über Osho! Ich wünsche mir einen öffentlich ausgeschriebenen Wettbewerb, in dem prämiert wird, wer Osho am besten mit seinen eigenen Zitaten widerlegen kann. Ich wünsche mir ein Faschings-Gipfeltreffen aller Neuerleuchteten. Alle spielen vermummt und kostümiert blinde Kuh und erkennen sich an ihrer Energie … Bist Du es, „Swami Anand Große Stille"? Nein, ich bin's, „Ma Prem Glückselige Einfalt"! Wenn wir so miteinander und mit unserer Erleuchtung spielen können, dann möchte ich auch erleuchtet sein, und keinen Tag früher! Dann brauche ich mir nämlich um einen Rückfall keine ernsten Sorgen zu machen. Bis dahin spiele ich lieber unerleuchtet, stolpere über meine Bauklötze und lasse mir zuweilen – nicht immer! – in meine Ego-Karten schauen. In dieser Intimität, in dieser Freiheit und Ungezwungenheit erlebe ich immer mal wieder das Wunder der Liebe. Nicht immer, aber immer öfter …

Der Raum des Nicht-Wissens

„Ich weiß, dass ich nichts weiß!", dieser Ausspruch des antiken griechischen Philosophen Sokrates gilt zwar als Klassiker tiefer Weisheitslehren. Im Alltag kann unsere Kultur dem Nicht-Wissen aber noch nicht allzuviel abgewinnen. Im Gegenteil, Nicht-Wissen gilt als Schande, sie wird schamhaft verschwiegen oder großspurig überdeckt. Wir müssen uns wohl noch gedulden, wenn wir darauf warten, dass ein ranghoher Politiker öffentlich verkündet: „Ich weiß auch nicht weiter!", obwohl dies doch oft und offensichtlich den Tatsachen entspricht.

Zumindest wenn es um unser unmittelbares Erleben, unsere Liebe und die Quellen unserer Lust geht, dann steht uns unser Wissen oft gewaltig im Weg. Dies zu erkennen ist ein Anfang, der zum Erforschen einlädt: Wer bist du – jenseits allen Wissens?

Die Lust des Nicht-Wissens

Als Teenager ging ich auf ein Jungengymnasium und hatte wahnsinnige Angst auf Mädchen zuzugehen. Die Lust erwachte und ich hatte keine Ahnung, wohin damit. Ich war heiß auf Aufklärungsbücher. In Büchern konnte ich all das erfahren, was ich im konkreten Leben nicht in Erfahrung bringen konnte. Wie sehen Mädchen aus, wenn sie ganz nackt sind? Wie sieht ihr Geschlecht aus? Wie funktioniert Sex? Was fangen Männer und Frauen alles miteinander an, wenn sie zusammen ins Bett gehen?

Meine Wissbegier in Sachen Lust und Liebe hat mich lange weiter begleitet, wurde durch konkrete Erfahrungen nicht weniger. Ich wollte ES wissen. Nein, nicht mehr nur aus Büchern, ich wollte es wissen durch die Erfahrungen im prallen Leben. Auch mein Weg zum Tantra beinhaltete diesen Aspekt: ich wollte die Mysterien von Sex, von Liebe, von Beziehung und Partnerschaft, vom Leben selbst entschlüsseln. Mir war inzwischen klar, dass dieser Weg durch die Höhen und Tiefen des eigenen Erlebens hindurch führt. Ich „wusste" auch, dass es dabei ans Eingemachte geht, dass auch meine wunden Punkte und Schattenseiten ans Licht kommen. Das kamen sie auch.

Ich lernte „The Art of Being" kennen, in der der „Raum des Nicht-Wissens" eine große, vielleicht die entscheidende Rolle spielt. Ich erfuhr, dass jede Art von Wissen sich immer auf Vergangenes bezieht, und damit der Intimität des Augenblicks im Wege steht. Auch das wusste ich jetzt. Seit vielen Jahren leite ich nun Gruppen in diesem Geist. Ich weiß, wie es geht, eine Gruppe so zu leiten, dass sich die Magie des Augenblicks entfalten kann. Und ich weiß auch, dass ich dies gar nicht wissen kann, weil es in jedem Moment neu ist. Ich weiß, dass all dies ein wunderbares Paradox ist, dass das Leben paradox ist. Osho sprach so umfassend über alle möglichen Themen, als wüsste er alles. Und er war sich doch nicht zu schade, sich immer wieder selbst zu widersprechen. Und darauf hinzuweisen, dass Wissen tot und Worte nur Schall und Rauch sind, Fingerzeige in die Stille ... Ja, ja, ich weiß, es geht nicht ums Wissen ... und ich will es immer noch wissen, wider besseren Wissens.

Der Hunger nach Wissen scheint in unserer Kultur sehr tief verankert zu sein. Das Volk der Dichter und Denker. Für unsere unbändige Lust sind wir weniger bekannt. Leidenschaftlich leben ist Leben wider besseren Wissens. Wissen ist Macht, das ist lange bekannt. Nicht-Wissen ist Lust. Wer immer das schon herausgefunden hat, sollte es tunlichst schnell wieder vergessen! Vergiss es! Jetzt!

Liebesbeziehungen sind, wie wir ja alle wissen, ein gnadenloser Spiegel für uns selbst. Auch nach vielen Jahren Erforschung meiner Sexualität und Liebesfähigkeit erlebe ich in meiner Beziehung, wie hartnäckig ich manchmal Situationen erschaffe, die mich verdammt stark an frühere Situationen erinnern. An Situationen wohlgemerkt, auf deren Wiederholung ich nicht scharf bin. Muster nennt man das. Ich weiß zuviel, um mich noch in die Naivität des Opferstatus flüchten zu können. Ich verstehe, mein Frauenbild, meine Mutter, es sitzt in meinen Zellen, „Wiederholungszwang" nannte es Herr Freud; wir erschaffen unsere Realität selbst, sagen die Avatare, zum Teufel noch mal, alles klar. Ich verstehe schon.

Und ganz unabhängig davon – von all dem Gewussten unbeleckt – passiert immer wieder das Unfassbare. Ich befinde mich im Neuland, Lust und Liebe fließen wie im Garten Eden. Ja! Ja! Mehr!!! Verweile doch, Augenblick, du bist so schön! Und schon ist der Wissensteufel zur Stelle und liefert mir seine treffende Analyse, wie ich es diesmal geschafft habe, aus meinen Mustern auszusteigen. Saleem, du warst ganz im Hier und Jetzt! Saleem, du hattest den Mut, dein Herz zu öffnen, obwohl du an dieser Stelle schon oft verletzt wurdest! Saleem, du hast dir in deiner animalischen männlichen Lust vertraut und dir ein Okay dafür gegeben, wie du bist und fühlst! Saleem, du hast losgelassen! Saleem, genau so geht's, von jetzt an weißt du es, mach es wieder, immer wieder!!! Manchmal süßlich, manchmal drohend flüstert ein kleiner Teufel mir ins Ohr: „Höre auf mich! Dann ist dir das ewige Paradies sicher!" Ich würde mit diesem Herrn keine Risikolebensversicherung abschließen, aber das Versprechen ewiger Lust und Liebe … da werde ich schwach. Ja, ich will es wissen!

Es kann unglaublich lustvoll sein, mit einem anderen Menschen intim zusammen zu kommen, und echt nicht zu wissen, wie es geht. Aber es geht nicht so einfach. Wir sind aus dem Garten Eden vertrieben worden, weil wir vom Baum der Erkenntnis gegessen haben. Wenn wir leidenschaftlich und voller Lust leben wollen, müssen wir wider vermeintlich besseren Wissens leben. Und niemand kann dir verraten, wie das geht. Wer dennoch, wider besseren Wissens, konkrete Anregungen haben möchte: hier sind einige Übungen für deine unbändige Lust. Sie funktionieren hundertprozentig, vor allem, wenn du dich nicht daran hältst:

- Frage dich, was für dich verboten ist im Sex, was du gerne verheimlichst, dir nur selbst in außergewöhnlichen ehrlichen Momenten eingestehst. Schwelge darin! Spüre die Versuchung! Und tue es nicht! Es ist verboten!
- Frage dich, was für dich echt gefährlich ist, wenn du einer Person des anderen Geschlechts begegnest. Wann du Angst bekommst. Und doch einen gewissen Kitzel verspürst und es so gerne doch mal riskieren möchtest. Nein, nicht jetzt! Verschiebe es auf später, es ist noch zu gefährlich!
- Führe ein Interview mit deinem Lingam bzw. deiner Yoni (falls du es nicht weißt: das sind die tantrischen Begriffe für dein Geschlecht). Frage sie, wie dein Leben aussähe, wenn es ganz nach ihm, ganz nach ihr ginge. Sprich mit ihnen wie mit einer eigenständigen Person. Lass dich überraschen, was sie dir mitteilen. Frage sie speziell danach, wie sie sich von dir behandelt fühlen und was sie sich von dir wünschen. Dann schüttele deinen ganzen Körper wie in der ersten Phase der Kundalini. Stelle dir dabei vor, dein ganzer Körper sei ein Lingam oder eine Yoni.
- Verabrede dich zu einem Rendezvous mit dir selbst, tue alles, was dich antörnt, speziell aber was du dich im Beisein anderer nie trauen würdest. Stimuliere dich selbst bis kurz vor dem Höhepunkt. Mehrmals. Atme tief und werde laut dabei. Höre dann auf. Du darfst nicht kommen. Aber du darfst jetzt tanzen. Tanze deine ganze Lust, oder deine Wut darüber, dass du nicht kommen darfst, tanze alle deine Gefühle. Wilde und zarte. Und dann sei still.
- Schreibe eine erotische Liebesgeschichte, die dich selbst total anmacht. Folge deinen Vorlieben, deinen prickelnden Phantasien. Vielleicht magst du es romantisch, vielleicht eher direkt? Wenn die Geschichte soweit ist, dass sie dir so richtig gefällt, dich in Wallung bringt und dein Herz berührt, dann schenke sie jemandem, der überhaupt nicht damit rechnet.

Du möchtest diese Übungen nicht machen? Du weißt es besser oder willst lieber nichts davon wissen? Oder hast einfach nur so ein mulmiges Gefühl? Auch gut. Wenn du aber auch nur einen der Tipps zu befolgen in Betracht ziehst, dann wirst du dich wahrscheinlich bald in inneren Konflikten wiederfinden. Leidenschaftlich zu leben ist gefährlich! Aus gutem Grund bekommen wir Angst oder hören innere Stimmen, die uns davor warnen, wider besseren Wissens, d.h. gegen unsere Interpretation früherer Erfahrungen, zu handeln. Wir finden uns wieder zwischen unserer Lust und unserer Angst.

Inmitten der pulsierenden Unsicherheit des Augenblicks finde ich immer wieder eine Quelle, sie ist unglaublich köstlich. Ich finde sie, wenn Lust und Angst wirklich da sein dürfen, ohne mich vollkommen gefangen zu nehmen. Wie das geht? Oh, ich würde es doch so gerne wissen! Und ich weiß es nicht!

Leiten durch Nicht-Wissen

Was ist nötig, um Gruppen für alle Beteiligten erfolgreich zu leiten?

Der Titel klingt wie eine Provokation. Würde ich einen Buchhaltungskurs bei jemanden buchen, der von Zahlen keine Ahnung hat? Würde ich mich bei jemandem für eine Massageausbildung anmelden, der nichts von Anatomie versteht? Würde ich etwas über Liebe von jemanden lernen wollen, der keine langfristige Liebesbeziehung zustande bringt?

Bei den ersten beiden scheint die Antwort klar, bei der letzten Frage wird es bereits komplexer. Sobald wir uns in das Feld wachstumsorientierter Gruppen hineinbegeben, ist es nicht mehr so leicht festzustellen, welche Qualifikation jemand dafür hat und welche Qualifikation dafür erforderlich ist.

Dass Wissen und Erfahrung für einen Gruppenleiter hilfreich sind, ist klar. Sonst bräuchte es auch keine Ausbildungen. Allerdings lege ich großen Wert darauf, dass die Schüler in der Ausbildung nicht zu sehr an Gelerntem festhalten, sondern mehr und mehr dem vertrauen, was weder gelernt werden kann noch gelernt werden braucht: das unmittelbare Dasein. Was heißt das?

Die meisten Leserinnen und Leser, die schon einmal an Selbsterfahrungs- oder Therapiegruppen teilgenommen haben, kennen den Unterschied: bei dem einen Leiter fühlst du dich sogleich – oder zumindest nach der anfänglichen Unsicherheit – wohl, frei, heimatlich, angenommen, inspiriert oder sonstwie erwartungsfroh. Bei jemand anderem spannst du dich an, kämpfst, fühlst dich nicht gesehen oder ziehst dich zurück. Anfangs glauben wir, es liegt hauptsächlich am Leiter oder der Leiterin. Mit zunehmender Erfahrung relativiert sich diese Einschätzung und wir erkennen, dass wir unterschiedliche Aspekte unserer Elternerfahrung auf die Leitung projizieren. Es ist deswegen ein gutes Zeichen, wenn du beide Seiten auf ein und dieselbe Person projizieren kannst. Das ist ein Zeichen, dass die Spaltung anfängt zu heilen. Es kann deswegen nicht mein Ziel als Leiter sein, nur die positiven Projektionen auf mich zu ziehen. Im Gegenteil, die ersten Krisen in einer Gruppe zeigen an, dass es nun tiefer gehen kann.

Es gibt jedoch eine andere Art von „Wohlfühlen", das sich in einer Gruppe einfinden kann und das weit unterhalb der mehr oder weniger hohen Wellen der Emotionen liegt. Ich habe es insbesondere bei meinem Lehrer Alan Lowen kennengelernt, und wir haben es dort oft die „Art of Being – Luft" genannt. Ich fand durchaus nicht alles toll, was Alan gemacht hat. Entscheidend war für mich aber, dass ich einen Raum vorgefunden habe, in dem ich SEIN konnte. Es war anfangs nur eine diffuse Ahnung, was das heißt, und diese diffuse Ahnung hat sich zu einem sich offenbarendem Nicht-Wissen entwickelt. Eines der Seins-Merkmale ist ihre paradoxe Qualität, und einer unserer Assistenten hat es einmal amüsiert „Paradoxose" genannt.

Als ich Alan Lowen vor vielen Jahren zum ersten Mal traf, leitete ich bereits selbst Gruppen und Workshops. Ich befand mich parallel dazu in einer körpertherapeutischen Fortbildung bei einem Lehrer, der uns unterschwellig suggerierte, dass man alles lernen könne, um jede therapeutische Situation unter Kontrolle zu halten und korrekt zu handhaben. Die Folge von seinem Perfektionismus war eine sehr tiefliegende Anspannung in der Gruppe. Es war hier nicht wirklich okay, Fehler zu machen. Diese Anspannung – oder genauer gesagt Angst-Spannung – war in der Gruppe nicht thematisierbar, sie gehörte zum heimlichen Fundament unseres Zusammenseins.

Im Kontrast dazu erlebte ich besonders deutlich, dass meine Seele im „Art of Being-Raum" aufatmete. Ich ging hier wie dort durch schmerzhafte wie freudvolle Prozesse. Irgend etwas in mir spürte jedoch sehr deutlich, dass ich hier nicht erst etwas tun muss, um sozusagen mein Dasein zu rechtfertigen, und dass ich auf dieser Grundlage plötzlich viele Dinge tun konnte, vor denen ich früher zu viel Angst gehabt hätte: es durfte auch schief gehen!

Im Being with People-Training leiten oft die TeilnehmerInnen eine Gruppensession, mit anschließendem Feedback und Supervision. Dabei finde ich es immer wieder beeindruckend, was passiert, wenn „grobe Fehler" gemacht werden. Dabei kommen Gruppenprozesse in Gang, die ihre eigene Dynamik und auch eine Art Weisheit entfalten, die sich niemand hätte ausdenken können. Entscheidend ist allerdings die Bereitschaft aller Beteiligten, wirklich DA zu sein. Eine herausragende Gruppensession kam z.B. durch eine Übung zustande, in der reihum immer wieder jemand anderes die Gruppe leitete, in bestmöglicher Kontinuität zu dem, was die vorherige Leitung getan hatte und wo die Gruppe gerade stand. Eine Vorbereitung war nicht möglich, da ich wie aus heiterem Himmel jeweils einen Namen rief, und die genannte Person war für fünf oder zehn Minuten die Leiterin, bis ich einen neuen Namen rief. Ich glaube, selten wurden in so kurzer Zeit so viele Fehler gemacht. Und all den dadurch provozierten Turbulenzen zum Trotz – oder vielleicht gerade deswegen? – wurde die einer Gruppendynamik innewohnende Weisheit und Selbstregulation so sichtbar wie selten. Beim Leiten aus dem Nicht-Wissen nutzen wir diese Dynamik, anstatt sie durch Interventionen aus unserem angelernten Wissen schachmatt zu setzen. „To make people happen is hard work, to let people happen is fun" (Alan Lowen) ist ein schöner Wegweiser, um in diese Art Gruppenökologie hineinzufinden.

In einer anderen Ausbildungssequenz – es ging um das Thema „Was kann ich mir als Gruppenleiter erlauben?" – gab ich die Aufgabe, vor der Gruppe zu stehen und etwas zu tun, was ich als Gruppenleiter niemals tun würde. Dann kamen Äußerungen zustande wie „Ich habe heute keine Lust auf euch! Hoffentlich ist es bald vorbei!" oder „Mit dir möchte ich nach der Gruppensession ins Bett gehen!" oder „Schaut mich nicht so blöd an, was wollt ihr schon wieder von mir!", also echte Knaller in der Rolle eines Leiters. Ausnahmslos alle waren überrascht, wieviel Lebendigkeit in diesen Tabuzonen des Leitens steckt. Mit unserem Wissen, was ich als Leiter darf oder nicht darf, blockieren wir also möglicherweise unser unmittelbares Dasein. Die Lösung besteht sicher nicht darin, diese Ausbildungsaufgabe in anderen Gruppen eins zu eins umzusetzen. Wir können aber der Spur der Lebendigkeit folgen, die wir in der Tabuzone aufgespürt haben und die uns direkt in das Land der Ungewissheit führt.

Die wesentlichen Heilungsprozesse kann niemand tun, auch nicht der genialste Gruppenleiter oder Therapeut. Bei all dem positiven Feedback, das wir mit unserer Arbeit bekommen, ist mir meistens klar, dass das Entscheidende nicht unser Wissen, nicht unsere persönliche Ausstrahlung, nicht unsere therapeutische Qualifikation und auch kein anderer Aspekt unserer Persönlichkeit ist, sondern das Vertrauen in und die Einladung an etwas, was über uns hinaus geht. Die wirklich beglückenden, magischen, wegweisenden und grenzüber-schreitenden Erfahrungen geschehen dann, wenn Nicht-Wissen im Spiel ist. Wir konnten es unzählige Male beobachten, bei unseren Teilnehmern und auch bei uns selbst. Inzwischen weiß ich, dass die besten Gruppensituationen dann entstehen, wenn ich in den Gruppenraum komme und erstmal keine Idee habe, was ich als nächstes tun soll. Unsere TeilnehmerInnen behellige ich damit meistens nicht. Die meisten kommen mit der Vorstellung: „Du hast mehr Erfahrung als ich, also zeige mir, wie es geht!" Bis zu einem gewissen Grad bedienen wir diese Erwartung, und geben gleichzeitig unterschwellig der Magie des Seins Zeit, ihr Werk zu tun. Je länger eine Gruppe auf solche Weise zusammen ist, desto mehr trauen sich die TeilnehmerInnen mit ihrer Wahrheit heraus. Die Herausforderung ist dann, mit unserem Wissen und Handeln nicht den unmittelbaren Geschehnissen im Weg zu stehen. Sein ist alles andere als passiv und schon gar nicht langweilig, wie man das vielleicht missverstehen könnte. Es ist alles: es ist still und dynamisch, lustvoll und schmerzhaft, kreativ und rezeptiv, es ist lebendig.

Wenn nun also dem Nicht-Wissen die entscheidende Rolle beim Gruppen-leiten zukommt, was gilt es dann für angehende Gruppenleiter überhaupt zu lernen? Sollten sie nicht jede Ausbildung meiden, um sich nicht mit Wissen zu vergiften? Da sind wir wieder beim Paradox: Gruppen aus der Haltung des Nicht-Wissens heraus zu leiten ist lernbar. Ich habe es bei mir selbst gesehen, und ich sehe es bei vielen TeilnehmerInnen unserer Trainings. Es geht auch nicht darum, in den seligen Zustand einer dummen Kuh zurückzukehren: auch das ist es nicht! Ich sehe es eher so: wir lernen, wir machen Erfahrungen, wir reifen, wir wissen immer mehr, wir wenden unser Wissen an, um uns dann von dort aus in den Raum des Nicht-Wissens fallen zu lassen. Es ist wie der Sprung von einem Sprungturm. Je höher wir die Erfahrungsleiter erklimmen, desto größer ist der mögliche Sprung ins Ungewisse. Das ist Chance und Herausforderung zugleich. Der Anfänger hat gar keine andere Chance, als zuweilen nicht zu wissen, was er tut. Das macht den Charme von Anfängergruppen aus. Die erfahrene Leiterin kann sich allzu leicht auf das bereits Erfahrene zurückziehen, und die Gruppen können dann mit zunehmender Kompetenz ihre Magie verlieren.

Es braucht also Mut, sich auch nach langjähriger Erfahrung immer wieder auf das Ungewisse einzulassen. Diesen Mut zu finden und zu stärken ist eines meiner Hauptanliegen in der Ausbildung, für die TeilnehmerInnen wie auch für mich selbst. Ganz bewusst erschaffe ich mir dort auch selbst Situationen, die Risiken beinhalten, und ermögliche so erst die Erfahrung, dass Sicherheit jenseits unserer Kontrolle liegt und dass das Sein uns trägt.

„Ich lege mich jetzt hier in die Mitte auf eine Matte und wünsche mir von allen, die dazu bereit sind, liebevoll berührt zu werden. Nach zehn Minuten gebt mir bitte Bescheid." Mit diesen Worten begann ich – ohne weitere Vorwarnung – eines Tages eine Ausbildungssession. Das mag für andere Gruppenleiter eine leichte Übung sein, für mich war es ein Sprung mitten hinein in das Risiko, mich unmittelbar und ohne Vorbereitung in meiner Bedürftigkeit zu zeigen. Ohne die bewusste Bereitschaft, mich auf Ungewissheit einzulassen, hätte ich mich das nie getraut. Und es war sicher eine Hilfe, dass es sich um eine Ausbildungsgruppe handelte, denn was auch immer „schiefgehen" sollte, würde wertvolles Lernmaterial sein. Ich wurde weit liebevoller berührt, als ich es mir hätte vorstellen können und die Gruppe empfand diese meine „Dreistigkeit" sogar als Geschenk. Dieselbe Aktion könnte unter anderen Umständen auch eine völlig andere Bedeutung haben und ist deswegen nicht unbedingt zur Nachahmung empfohlen. In meiner Erfahrung ging es darum, als Leiter mein persönliches Risiko und meine Ungewissheit zu spüren und beide wohldosiert in die Leitung der Gruppe einfließen zu lassen. Die Belohnung dafür erfolgt natürlich nicht immer in Form von liebevoller Berührung (wo wäre dann das Risiko?), aber sehr oft in Form von wachsendem Engagement und steigender Lebendigkeit aller Beteiligten.

Es gibt Grundbedingungen und Wegweiser, die das Leiten aus dem Nicht-Wissen heraus ermöglichen oder zumindest erleichtern. Einige möchte ich hier besonders hervorheben:

- Mit dem eigenen Körper und den Gefühlen umgehen. Es gibt viele Esoterikseminare und Psychotrainings, die sich um diesen Punkt herum drücken. Wir können mit Techniken wie Affirmationen, Visualisierungen u.ä. zwar einiges im Leben verändern, aber wir müssen dann dafür sorgen, dass unsere Bewusstheit, mit der wir diese Techniken anwenden, die Oberhand gegenüber unseren dunklen und verdrängten Seiten behält, und vertiefen damit oft noch die innere Spaltung. Vieles, was als Transformation verkauft wird, ist nicht viel mehr als Verdrängung im Esoterikgewand. Sich in die Tiefen des Körpererlebens und die Ungezähmtheit unserer Gefühle hineinbegeben zu können, die auftauchenden Empfindungen wahrzunehmen und bereit zu sein, sie alle so wie sie sind zu umarmen, ist eine der besten Voraussetzungen, um aus dem Nicht-Wissen heraus mit Menschen zusammen zu sein.

- Verantwortung übernehmen. Mit zunehmendem Kontakt zu unseren Gefühlen werden oft kindliche Reaktionsmuster reaktiviert, mit denen wir gelernt haben Schmerz zu vermeiden und unsere Umwelt zu manipulieren. Die Verantwortung für mich und mein Erleben zu mir zurück zu nehmen und die Verantwortung für ihr Erleben anderen zu überlassen, ohne mich dann davon abschneiden oder immerfort zu Hilfe eilen zu müssen, das alles ist ein Prozess, in dem wir immer tiefere Ebenen unseres Seins zurückgewinnen und unser Vertrauen in das pure Dasein vertiefen können.

- Resonanzen erkennen. Erfolg und Misserfolg sind unsere treuen Begleiter, sobald wir etwas in dieser Welt erschaffen wollen. Sie sind wertvolle Resonanz auf mein inneres Befinden. Wenn ich nur auf Erfolg aus bin und die Erfahrung eines Misserfolges nicht wirklich zulasse, dann verpasse ich die Wegweiser zu meinen blinden Flecken. Eine der für mich beeindruckendsten Erfahrungen in den Ausbildungen ist es, in welchem Ausmaß der Erfolg oder Misserfolg der angehenden GruppenleiterInnen auf dem „freien Markt" ein Spiegel für die jeweilige Persönlichkeit ist. Und es ist befreiend, sich den eigentlichen „Ur-Sachen" zuzuwenden anstatt sich in – durchaus wichtigen – Marketingstrategien oder dem Jammern über den Konkurrenzdruck im Psychomarkt zu verlieren.

- Fehler machen. Leiten aus dem Nicht-Wissen heißt auch bereit zu sein, Fehler zu machen, sich von den Konsequenzen der Fehler berühren zu lassen, sich mit Fehlern zu zeigen und aus Fehlern zu lernen, um dann möglicherweise wieder neue Fehler machen zu können. Am Ende einer meiner Ausbildungen bekam ich zu hören, ich könne das alles recht gut, ich müsse nur noch lernen, Fehler zu machen. An diesem Koan habe ich lange gekaut, und ich ehre es als einen Schatz. Die ersten drei Punkte Fühlen und Annehmen, Verantwortung übernehmen und die Resonanz auf meine Handeln anerkennen und an mich heranlassen helfen enorm dabei, aus Fehlern – und dem Fehlen von Fehlern –zu lernen.

- Die Balance von Sicherheit und Herausforderung. Den meisten Spaß und die zugleich auch größte Herausforderung beim Gruppenleiten nenne ich „hoch am Wind segeln". Dabei bewege ich mich entlang meiner eigenen Herausforderungen, ohne dabei meine möglichen Überforderungen und Begrenzungen zu leugnen: niemand segelt gegen den Wind! Es ist natürlich okay, auch mal quer zum Wind oder mit Rückenwind zu segeln oder sich in Flauten treiben zu lassen. In einer Flaute kann nicht soviel passieren und wir können eher loslassen. Ohne sie wäre es auf die Dauer ziemlich anstrengend. Aber „am Wind", das heißt mit dem Gespür für ein verkraftbares Maß an Risiko, entsteht eine sehr starke Resonanz mit der Gruppe und dem Gruppenprozess. Um so stärker diese Resonanz ist, desto mehr kann ich mich auch in bewegten Zeiten dem Nicht-Wissen überlassen.

Gruppen zu Leiten aus dem Nicht-Wissen ist ein Abenteuer für alle Beteiligten, ein Abenteuer, wie die meisten Menschen es in Zeiten der Rundum-Sorglos-Versicherungen kaum noch einzugehen vermögen und es zugleich massenweise im Fernsehen, im Kino, in Krimis oder Abenteuerromanen sehnsüchtig mitverfolgen.

Ich propagiere hier sicher keine Augen-zu-und-durch-und-alles-wird-schon-okay-sein-Gruppenleiter-Haltung, wie dies früher in manchen Encountergruppen vielleicht üblich war. Natürlich trage ich als Gruppenleiter Verantwortung für die Gruppe, die ich leite. Verantwortung ist jedoch etwas anderes als Kontrolle.

Kontrolle wird meistens aus vermeintlichem Besserwissen geboren und begrenzt die Bereitschaft, andere ihre eigene Wahrheit entdecken zu lassen und dadurch einen Raum zu schaffen, der größer ist als die eigene Persönlichkeit. Für Buchhaltungskurse mag das kaum Bedeutung haben, für Massagekurse schon eher und ganz sicher ist das wichtig, wenn Menschen zusammen kommen, um persönlich zu wachsen, zu reifen, zu heilen oder zu erwachen. Immer mehr Menschen tragen diese Seins-Haltung in ganz unterschiedliche Felder und Berufe hinein: Lehrerinnen, Kindergärtner, Unternehmensberater, Ärzte und Heilpraktiker, Sozialpädagogen, Psychotherapeutinnen, Seminarleiter. Es macht oft noch Mühe, die bezaubernde Qualität der Ungewissheit menschlichen Zusammenseins auch im beruflichen Feld anzuerkennen und ihr den gebührenden Platz zu geben. Du kannst es selbst beobachten, wenn du das nächste mal an einem Seminar teilnimmst und der Leiter oder die Leiterin Schwächen zeigt oder nicht alles unter Kontrolle hat. Würdest du das anerkennen?

Längst haben wir gehört und gelesen, dass die Wissenschaft ihre eigene Begrenzung anerkennen muss und über ihre Subjektivität nicht wirklich hinaus gelangen kann. Diese Erkenntnis ist in unserem Alltagsbewusstsein oft noch nicht angekommen, und nicht zuletzt im Esoterikmarkt steht die Anerkennung der eigenen persönlichen Begrenzungen nicht all zu hoch im Kurs. Ich wünsche mir mehr und mehr Menschen, die sich trauen, das Land jenseits unseres Wissens zu entdecken. Kühne Pioniere, die uns aus diesem Land berichten, nennen es Liebe.

Einen Raum schaffen für die Liebe

Wo bleibe ich da als Therapeut?

Was ist von der Person des Therapeuten gefordert, damit Liebe wirken kann? Das Thema finde ich enorm spannend. Dabei geht es um das Herz meiner Arbeit, und weit darüber hinaus. Seit ich selbst begonnen habe, Leute im Leiten von Gruppen auszubilden, drängt sich mir die Frage noch mal mehr auf: welche Fähigkeiten und welches Bewusstsein braucht ein Berater, eine Therapeutin, eine Seminarleiterin oder ein Heiler, um wirksam die Liebe ins Spiel zu bringen? Denn dass es die Liebe ist, die heilt, ist für mich keine Frage. Aber was muss ich tun, was muss ich unterlassen, damit Liebe heilen kann?

Seit Wochen schiebe ich es nun vor mir her, dieses Kapitel zu schreiben. Ich kenne solche Widerstände, die ich erst überwinden muss, bis ich in Schreiblaune komme. Aber diesmal schienen mir die inneren Saboteure besonders stark zuzusetzen. Bis ich mich gefragt habe: was ist da eigentlich los?

Dann habe ich mich daran erinnert, dass ich ähnliche Gefühle auch manchmal vor Workshops habe. Ich habe nicht so recht Lust, möchte lieber in meinem kuscheligen Zuhause bleiben und mich nicht in öffentliches Rampenlicht begeben. Im Unterschied zu diesem Kapitel kann ich den Beginn des Workshops nicht vor mir herschieben. Wenn der Workshop allerdings begonnen hat, dann berührt mich das, was dort geschieht, so stark, dass meine Unlustgefühle sich meistens schnell auflösen.

Ich würde es nicht unbedingt in jeder Gruppe gleich zu Beginn verkünden, dass ich keine Lust auf Workshop-Leiten habe. Aber das Erstaunliche ist, dass meine persönlichen Vorlieben und Abneigungen keinen bedeutenden Unterschied machen. Sie sind überhaupt nicht entscheidend dafür, dass ein Raum von Liebe entsteht. Es überrascht mich immer wieder selbst, aber mit jedem Workshop wird mir klarer: was dort geschieht, ist nicht mein Werk. Es kann nicht getan werden. Ich kann mir Übungen und Strukturen ausdenken und die Gruppe damit anleiten. Aber das ist nur Oberfläche, in gewissem Sinne Placebo. Im Kern geht es um etwas anderes. Es kann nicht getan werden.

Aber es kann sehr wohl verhindert werden. Denn nicht in jeder Therapie, nicht in jedem Gruppenprozess kann Liebe ihre Wirkung entfalten. Ich kann mich also nicht einfach in die Hängematte legen und darauf vertrauen, dass die Liebe mir die Arbeit abnimmt. Meine Arbeit besteht vielleicht im Wesentlichen darin, dass ich die Gruppe leite und gleichzeitig mit meiner egobehafteten Persönlichkeit dem Wirken von Liebe nicht im Wege stehe. Wie geht das? Wie selbsterfahren muss ich dafür sein? Sollte ich dafür mein Ego transzendiert haben? Offensichtlich nicht.

Was ich in meinem Leben und in besonders konzentrierter Form in unseren Workshops beobachten kann, ist dies: mein Ego spielt, strampelt, tobt und schmollt, will Anerkennung, manipuliert und ist unersättlich. Alles andere als erleuchtet. Und da ist dennoch auch Liebe, die wirkt. Wie geht das zusammen? Welches Geheimnis sorgt dafür, dass mein Ego der Liebe nicht im Wege steht? Und schon tritt es auf den Plan, flüstert mir ins Ohr: „Du bist klasse, Saleem! Du hast Dein Ego voll im Griff. Du brauchst es noch nicht einmal transzendieren. Schreib dieses Buch so, dass alle es merken. Aber eher dezent, nicht so aufdringlich, das törnt ab!" Ich merke, wie mein Ego mich mit diesen süßen Sätzen im Griff hat. Und ich merke, wie sich der Griff löst. Das Geheimnis heißt: das Ego wahrnehmen, annehmen und anerkennen! „Die Kurve hast du gut gekriegt, Saleem, das wird dir jeder abkaufen, deine Offenheit lässt jeden Zweifel an deiner Kompetenz dahinschmelzen …" flüstert es wieder. Es gibt nicht auf. Mit einem „Ein-für-alle-Male-Anerkennen" ist es nicht getan. Es ist ein permanenter Prozess. Es ist auch Arbeit. Es beinhaltet, immer wieder zu merken, wo und wie ich der Liebe im Wege stehe, und ihr Platz zu machen.

Was heißt das konkret für das Leiten von Gruppen? Kann und darf ich meine persönlichen Vorlieben und Abneigungen ungefiltert auf die Gruppe loslassen? Meine Unlust? Auch meine Lust? Sollte ich als Therapeut meine Klienten lieben? Und auch meine Klientinnen? Darf ich sie überhaupt lieben? Wo ist die Grenze zum Missbrauch?

Wenn wir Liebe nicht nur als das romantische Phänomen verstehen, das allerorten ersehnt, besungen und trivial oder auch tragisch ständig neu inszeniert und wieder zerstört wird, sondern als die universelle Kraft, die alles Sein zusammen hält, dann bekommt auch die Liebe des Therapeuten einen anderen Geschmack. Liebe bedeutet dann mehr, das dasein zu lassen, was ist. Ich glaube von Milton Erickson stammt der Satz: „Wenn du von deinem Therapeuten nicht auch gehasst worden bist, dann bist du von ihm beschissen worden." Liebe in einem weiten Verständnis schließt keine unserer Gefühlsregungen aus, womöglich noch nicht einmal unseren Hass. Wenn ich als Therapeut meine Klientin nicht auch hassen kann, dann blockiere ich damit das Wirken von Liebe. Dann darf in diesem Kontakt nicht das sein, was ist. Dann vertraue ich nicht kompromisslos der Wahrheit des Seins. Dann reduziere ich Liebe zu gutgemeintem Wohlwollen, das jeder Magie verlustig gegangen ist.

Wenn ich mir nun mehr und mehr erlaube, ich selbst zu sein, und meinen Seminarteilnehmern und -teilnehmerinnen authentisch begegne, dann komme ich schnell an eine andere Grenze, die noch mehr tabuisiert ist als der Hass: Sex. In weiten Bereichen der Heilkunde, Psychotherapie und Esoterik wird dieser Bereich sorgfältig umschifft. Sexuelle Kontakte zwischen TherapeutIn und KlientIn werden entweder vermieden, verheimlicht, skandalisiert und dämonisiert oder verharmlost. Ich hatte Gelegenheit, Vertreter verschiedenster Positionen zu diesem Thema in ihrer Arbeit mitzuerleben. Ich habe gesehen, wie sexuelle Kontakte zwischen Leiter und Teilnehmerin offensichtlich traumatisch waren. Ich habe auch gesehen, wie Gruppenleiter in ihrem Bemühen, eine sexuell reine Weste zu behalten, ihre Klientinnen auf andere Weise von sich abhängig gemacht und missbraucht haben. Ich habe niemals den Eindruck gehabt, dass sexuelle Kontakte in einem solchen Machtgefälle völlig unproblematisch gewesen wären, wohl aber, dass dies manchmal von allen Beteiligten in trister Einigkeit proklamiert wird. Ich habe aber auch gesehen, wie aus problematischen, vielleicht sogar traumatischen Kontakten höchst wertvolle Wachstumsimpulse ausgingen, und zwar für beide Seiten.

Ich habe meinen moralischen Standpunkt, den ich früher vehement vertreten habe, verlassen und für mich beschlossen, dass sexuelle Kontakte zu Teilnehmerinnen mir schlicht zu brisant sind. Im Ergebnis ist das zwar kein großer Unterschied, in meiner Haltung aber schon. Die Kuh ist durch das sexuelle Tabu nicht vom Eis, und das ist gut so. Sex aus dem Reich der Liebe zu verbannen wäre wohl mindestens so unheilig wie Hass auszugrenzen. Und im Tantra geht es gerade darum, Sex und Liebe wieder zu verbinden. Aber was mache ich damit, wenn eine Teilnehmerin mich sexuell antörnt? Was mache ich damit, wenn ich in unseren Gruppen Szenen miterlebe, auf die ich neidisch bin und in denen ich am liebsten selbst mitspielen würde?

Zuallererst atmen, spüren und wahrnehmen, was in mir vor sich geht, und es mir selbst eingestehen, was in mir passiert. Es hilft auch, mich darüber mit meiner Partnerin auszutauschen. Um solche für mich selbst brisanten Situationen in einer Gruppe oder auch in einem einzelnen therapeutischen Kontakt zuzulassen, brauche ich vor allem Raum in mir: einen Raum, in dem all das sein und spürbar werden darf. Einen Raum, in dem ich nicht unbedingt etwas damit machen, mich aber auch nicht davon abschotten muss. Nicht selten konfrontiert mich dieser Raum mit Bedürfnissen und Sehnsüchten in mir, die auch in meinem Privatleben mehr Raum brauchen. Je mehr Raum ich dem Spüren meiner eigenen Bedürftigkeit gebe, desto weniger laufe ich Gefahr, meine TeilnehmerInnen für meine eigene Befriedigung auszunutzen.

Und damit bin ich beim eigentlichen Spagat, mit dem mich das Leiten von Tantragruppen konfrontiert: wie kann ich einen Raum kreieren, der weit genug ist für Essenz, Transzendenz, Göttlichkeit, Liebe, Wahrheit oder wie immer wir diese Ebene unserer Existenz nennen wollen, und der gleichzeitig nichts ausschließt, in dem wir alle mit unseren Begrenzungen, Egos, Macken, Trips, mit unseren Verletzungen, Narben und Strategien der Vermeidung da sein können? Ich auch? Ich auch!

Heißt das, ich darf z.B. mein Geltungsbedürfnis hemmungslos ausleben und Gruppenteilnehmer dafür einspannen? Was mache ich mit dem Machtgefälle, das allein schon durch die Rollenaufteilung Leiter – Teilnehmer entsteht? Auch ohne das sexuelle Tabu zu brechen gibt es genug Möglichkeiten, mit denen sich ein Leiter oder Therapeut oder Guru narzisstische Bestätigung holen kann. Viele Menschen neigen dazu, jemandem zu huldigen, der vermeintlich oder auch wirklich weiter, reifer, weiser oder gar erleuchtet ist. Neue Meister schießen heutzutage wie Pilze aus dem Boden.

Was mich bedenklich stimmt an dieser modischen Entwicklung ist die Bequemlichkeit und letztlich die Oberflächlichkeit, in der das Heil erwartet wird. Kann höheres Bewusstsein tatsächlich in uns einfließen wie in einem osmotischen Prozess, der allein schon durch das „Erleuchtungsgefälle" garantiert wird? Brauchen wir uns um unsere Macken und Verletzungen nicht mehr zu kümmern, Big Enlightened Daddy wird's schon durchsickern lassen, dass wir all das gar nicht sind, sondern einfach nur reines Bewusstsein?

Bin ich neidisch auf das Genre, in dem sich der Meister nur auf einen bequemen Sessel setzen, Stille ausstrahlen und weise Ratschläge verteilen muss, während unsereins seine Gebete schwitzt? Vielleicht. Aber hey, möchte ich denn wirklich damit tauschen? Möchte ich auf einen Deut geballte Lebendigkeit, Erotik, Liebe und Transzendenz vermischt mit den Egotrips dutzender TeilnehmerInnen, Assistenten und von uns Leitern verzichten? Manche Satsangs mögen durchaus tief berührend sein, aber das Setting der auf den Meister ausgerichteten Gemeinde scheint mir einseitig und begrenzt die Vielfalt möglicher Lebensäußerungen. Und ich habe Zweifel, inwieweit es in den Alltag hineinwirkt.

Oder hängt alles vielleicht an der richtigen Methode? Auch mit vielversprechenden Methoden werden wir im spirituellen Markt überschwemmt. Es gibt viele sehr hilfreiche Übungswege, aber auch durch Übungspraxis werden wir nicht darum herum kommen, uns mit unseren persönlichen Unzulänglichkeiten anzufreunden. Alles andere ist Sisyphusarbeit.

Die Liebe muss sich all unsere Egospiele gefallen lassen. Was heißt muss? Sie will! Aus der Perspektive der Liebe sind unsere Egospiele der Spielplatz, wo sie am meisten gebraucht wird. Lassen wir sie mitspielen? Die Liebe ist kein so sanftes Pflänzchen, das umschmeichelt werden müsste. Das sanfte Pflänzchen sind wir selbst, in unserer Verletzlichkeit, und wir haben uns selbst eingemauert, gepanzert und Kriege dafür geführt, uns zu schützen. Manchmal so lange, dass wir nicht mehr spüren, worum es bei diesem inneren Krieg eigentlich geht. Es wächst kein Kraut mehr. Der Schutz ist Selbstzweck geworden. Liebe bleibt außen vor.

Der innere Krieg kann nicht einfach entsorgt werden, von keinem Meister und durch keine noch so grandiose Methode. Er braucht unsere eigene Sorge, unsere eigene Aufmerksamkeit, er braucht die Anwesenheit von liebevoller Präsenz. Ich habe als Gruppenleiter wie auch für mich persönlich eine Aufgabe: in der Wahrnehmung wieder alles zusammen zu führen, die Liebe, das Pflänzchen und die Kriege, die wir darum herum führen. Dann kann die Liebe ihr Werk tun, das keine Person, kein Therapeut, kein Gruppenleiter und kein Guru tun kann. Wenn wir uns vor dem Pflänzchen und unseren Kriegen aus dem Staub machen, wie kann dann etwas heilen? Irgendwann holt uns der Alltag ein und wir finden dort den selben Salat vor, den wir zuvor verlassen hatten.

Heilserwartungen gibt es viele, und nur zu verständlich ist der Wunsch, mit der richtigen Pille, der richtigen Methode, der richtigen Behandlung oder der richtigen Erleuchtung von all unserem Schmerz befreit zu werden. Auch im Tantra suchen viele Menschen zunächst die heile Welt. Aber auch im Tantra gibt es Schmerz und Verzweiflung, Beziehungskisten und Kontaktvermeidung, Krisen und Enttäuschung. Hoffentlich, denn sonst ist Tantra nichts weiter als ein weiterer Fluchtversuch. Der Heilserwartung auf der Seite der Teilnehmer entspricht das — bewusste oder unbewusste — Heilsversprechen auf der Seite des Therapeuten oder der Gruppenleiterin. Aber was kann ich denn versprechen, wofür bekomme ich mein Geld, was kann ich denn denjenigen abnehmen, die in eine Gruppe kommen?

Ich persönlich kann gar nichts abnehmen. Niemandem. Auch wenn manche das nicht sehen können und wollen: ich stehe nicht jenseits von unserem Prozess, ich bin mit dabei, mit allen Höhen und Tiefen. Aber was ich tun kann, ist einen Raum zu schaffen, in dem wir uns über all das, was in uns geschieht, mehr und mehr bewusst werden können. Der Raum ist im Prinzip leer, und ich fülle ihn als Leiter nur so lange und soweit, wie es nötig ist, um die Bereitschaft zu wecken und lebendig zu halten, da zu sein. Je mehr dieser Raum entsteht, desto weniger braucht es mich als Person und Gruppenleiter. Und um so mehr kann ich mit allen meinen Neigungen und Abneigungen einfach da sein, kann meine Besonderheit loslassen und damit noch mehr Raum geben für das, was ist.

Der Raum macht den Weg frei für die Liebe, und er fordert zugleich die Bereitschaft zur Verantwortung. Ohne Verantwortung geben wir der Liebe keine Chance. Meine Verantwortung als Leiter liegt darin, Raum für Liebe zu schaffen. Da gibt es einiges, was ich dafür tun kann. Einen solchen Raum zu schaffen ist ein permanenter eigener Lernprozess und ein Gruppenleiter braucht dafür nicht die eigene Menschlichkeit überwunden zu haben. Die Verantwortung, diesen

Raum für sich und die eigenen wesentlichen Anliegen auch zu nehmen, bleibt bei jedem Teilnehmer, jeder Teilnehmerin. Ihr die Verantwortung abzunehmen heißt, ihr den Raum zu nehmen und ist letztlich Liebesentzug, zugunsten einer Wertschätzung des Therapeuten.

Ob ich es will oder nicht: am Anfang orientieren sich die meisten TeilnehmerInnen an der Leitung. Bis der Raum geschaffen und genug Vertrauen entstanden ist, den Raum auch zu nehmen und darin lebendig zu werden, braucht es meine klaren Vorgaben als Leiter, auf der Ebene meiner Persönlichkeit aber ein gewisses Maß an Zurückhaltung. Je mehr Vertrauen entstanden ist, desto mehr kann ich die Zurückhaltung auch loslassen.

Zurückhaltung ist allerdings auch eines meiner persönlichen Themen. Aufgrund meiner Geschichte tue ich mich eher schwer damit, mich in einen Kontakt hineinzustürzen, ich warte erstmal ab. Wenn ich mich sicher genug fühle, kann ich mich um so tiefer einlassen. Teilnehmer unserer Kurse bekommen diese meine Macke mit. Manche sind darüber hoch erfreut, weil ich mich in ihren Prozess nicht ständig einmische. Andere fühlen sich erstmal verunsichert, wissen nicht, ob und inwieweit ich für sie da bin, wenn sie mich brauchen. Wieder andere sehen in mir ihren unnahbaren Vater und reagieren entsprechend mit ihrem eingespurten Muster.

Muss ich nun meine eigenen Verletzungen und Macken vollständig überwunden haben, um andere in ihrem Prozess zu begleiten? Ich habe gelernt, Gruppen auf eine Weise zu führen, in der ich nicht ständig in direktem Kontakt mit Teilnehmern sein muss. Ich bin präsent, ich bin da, aber ich gebe nicht ständig meinen Kommentar ab und bin nicht selten im Hintergrund des Geschehens. Das hat Vorteile, ich gebe dadurch viel Raum. Es gibt Teilnehmer, die schwören auf diese Art der Führung, weil sie ihnen sehr viel Freiheit und Verantwortung gibt. Ich sehe diese Qualität, die durch meine zeitweilige Zurückhaltung entsteht. Aber ich sehe auch die Gefahr, mich von positivem Feedback darüber hinwegtäuschen zu lassen, dass da eine Wunde in mir ist, die immer wieder meine Aufmerksamkeit braucht. Möglicherweise verlangt es mein eigener Heilungsprozess, die größten Fans zu ent-täuschen: meine Zurückhaltung ist nicht nur unendliche Geduld, weites Herz, Mitgefühl und geschehen lassen; sie ist auch meine Macke, mein Schutz. Ich merke es während ich das hier schreibe: mich dahinter zu zeigen ist ein Risiko.

Mich dem Risiko zu stellen fordert mich vor allem in meinem Vertrauen in die

Wahrheit. Wo ich noch nicht heil bin, bin ich noch nicht heil, und dies anzu-erkennen ist heilsam. Wahrheit ist heilsam. Wahr ist nicht nur unsere Essenz. Wahr ist auch, dass wir uns oft von unserer Essenz abschneiden und unsere Liebe nicht mehr spüren. Sehr viele TeilnehmerInnen haben mir gesagt, dass es sie sehr ermutigt, wenn ich mich auch mit meinen Begrenzungen zeige. Es ermutigt sie, sich ihre eigenen Begrenzungen anzuschauen und doch nicht dabei stehen zu bleiben und daran festzuhalten.

Spirituelle Entwicklung ist auch Arbeit. Diese Arbeit hat ihre Höhen und Tie-fen. Manchmal weichen wir davor zurück, haben keine Lust uns einzulassen. So wie die Unlust vor dem Schreiben dieses Kapitels oder dem Beginn eines Workshops. Vielen Teilnehmern geht es übrigens ähnlich: Sie melden sich voller Begeisterung an, aber wenn der Termin näher rückt, kommt ihnen die Frage, welcher Teufel sie wohl geritten hat, sich für diesen Workshop anzumelden. Das sind typische Signale, dass unsere Bequemlichkeit, unsere vermeintliche Sicherheit (die nicht viel mehr ist als die Sicherheit des Gefängnisinsassen) in Gefahr ist. Eigentlich ein gutes Zeichen!

Manchmal lassen wir uns aber lieber von Verheißungen heiler Welten in spiri-tuelle Illusionen entführen, sei es durch Tantra, Satsangs oder andere Highlights der psychospirituellen Szene. Manchmal fallen wir auf esoterische Erfolgsga-rantien herein: „Du brauchst es bloß richtig affirmieren, dann kannst du alles haben, was du dir wünschst!". Mancher quält sich vielleicht lieber mit deutsch-masochistischer Arbeitsmoral, die besagt, dass nur mühsame und schmerzhafte Prozesse uns weiterbringen.

Jeder dieser Wege kann uns etwas lehren, und jeder hat seine Tücken. Sie sind weder richtig noch falsch, aber irgendwann begrenzt. Die Existenz, das was ist, ist unser bester Lehrmeister. Mein Anliegen ist es – in meinem Privatleben genauso wie als Tantralehrer – einen Raum zu schaffen, in dem das Leben selbst mich immer neu lehren und führen kann. Wenn ich Gruppen leite, dann möchte ich einen Raum schaffen, in dem wir die Lehren der Existenz eher hören und annehmen können. Das Leben schenkt uns seine Lektionen mit unendlicher Liebe und Geduld. Ich bin sehr dankbar, dass ich diese Art Gruppen zu leiten lernen durfte. Ich habe meinen Lehrer Alan Lowen als ei-nen Gruppenleiter erlebt, der stets den Raum geschaffen hat, in dem ich sein durfte, wie ich bin, in dem allerdings auch er war, wie er ist, mitunter auch mit seinen Macken und Begrenzungen. Ich habe es manchmal verflucht und darüber gewütet, aber unter dem Strich bin ich dankbar, dass er mich damit vor der vielleicht größten Therapeutenfalle bewahrt hat: den Anspruch an mich selbst, perfekt zu sein oder zumindest weiter zu sein als meine Teilnehmer. Wieviel Lernmöglichkeiten hätte ich mir damit selbst genommen? Es fühlt sich befreiend an, diesen Anspruch loszulassen, ohne damit mich oder meine Arbeit zu entwerten.

Methoden wie Körper- und Atemarbeit, Tanz, Meditation, tantrische Rituale usw. sind nicht viel mehr als die schönen Requisiten in einem Raum, in dem wir zusammen kommen, um einfach zusammen zu sein. Wir sind zusammen und haben die Möglichkeit, bewusst alles mit einzubringen, was wir mitgebracht haben oder was spontan in uns auftaucht. Wir können uns öffnen für all das, was in unser Leben tritt. Was dann heilt, ist das, was jetzt geschieht. Liebe geschieht und Liebe heilt uns durch das Bewusstsein unserer Verbundenheit. Ich muss, ich kann, ich darf nichts besonderes mehr sein. Das ist herausfordernd und befreiend zugleich. Wie die Liebe, die mich herausfordert und befreit.

Dank

Da die einzelnen Texte für dieses Buch über einen Zeitraum von mehr als zehn Jahren entstanden sind, haben sehr viele Menschen indirekt daran mitgewirkt.

Ich bedanke mich bei allen Frauen und Männern, die den Mut hatten, sich zu einer Entdeckungsreise in die Kunst des Seins auf zu machen, und die ihre Erfahrungen mit mir geteilt haben. In vielen Seminaren, Workshops und Trainings, in Einzel- und Paarsitzungen, wurde mir sehr Intimes anvertraut, was mich immer wieder ins Herz der Dinge hat lauschen lassen. In all diesen Begegnungen durfte ich auch selbst Lernender bleiben. Im gegenseitigen Spiegel wurde vieles von dem offenbar, was sich in diesem Buch niedergeschlagen hat.

Insbesondere möchten ich Sugata Wolf Schneider und der Crew der Zeitschrift „Connection Spirit" danken, die viele der hier zusammengefassten Texte veröffentlicht haben und mich mit ihrer Resonanz ermutigt haben, weiter zu schreiben.

Danke auch meinem Freund Stefan Eigenmann und einigen weiteren Vorableserinnen für die Anregungen und Korrekturen und das aufbauende Feedback.

Danke an Alan Lowen, von dem ich die Kunst des Seins lernen durfte und der mir dabei alle Freiheit ließ, meinen eigenen Zugang zu dieser Kunst immer wieder neu zu finden und weiter zu entwickeln.

Danke meiner Exfrau Gabrielle Riek für die fruchtbare Zusammenarbeit und das Dableiben durch die Höhen und Tiefen unserer Beziehung hindurch.

Danke an die Existenz für die immerwährende großzügige Einladung, lieben zu lernen und mein Lernen mit anderen wunderbaren Menschen teilen zu dürfen.

Der Autor

Saleem Matthias Riek ist Tantralehrer, Paar- und Sexualtherapeut und Diplom-sozialpädagoge und lebt bei Freiburg im Breisgau. Er leitet seit 1989 Seminare und Trainings rund um Liebe, Sexualität, Partnerschaft und die Kunst des Seins.

Geboren 1959 in Düsseldorf, baute er in den 80er Jahren eine Männer-Bera-tungsstelle in Berlin auf. Nach Ausbildungen bei „The Art of Being©"- Gründer Alan Lowen gründete er 1994 zusammen mit Gabrielle Riek das Freiburger „The Art of Being" - Institut.
Seit dem Jahr 2000 bildet er im Rahmen des „Being with People"-Trainings" Gruppenleiter aus. 2010 gründete er die „Schule des Seins".

Seine große Leidenschaft gilt der Wiederverbindung von Liebe, Erotik und Spi-ritualität und der Frage, wie wir voller Freude Verantwortung für unsere Liebes-fähigkeit übernehmen können. Er ist Autor folgender weiterer Bücher

- Herzenslust. Lieben Lernen und die tantrische Kunst des Seins (J.Kamphausen 1999)
- Herzensfeuer. Eine Liebeserklärung an die Paradoxien des Lebens (Hans-Nietsch-Verlag, 2008)
- Lustvoll Mann sein. Expeditionen ins Reich männlicher Sexualität (zusammen mit Rainer Salm, J.Kamphausen 2015)
- Mysterien des Lebens (BoD, 2016)

Kontakt:
Schule des Seins, Vaubanallee 43, 79100 Freiburg
Telefon: +49 (0)761 4566 7566, E-Mail: info@schule-des-seins.de
Website: www.schule-des-seins.de

Buchtipps

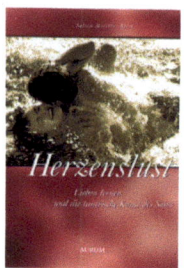

Saleem Matthias Riek: Herzenslust.
Lieben Lernen und die tantrische Kunst des Seins
Broschur 280 Seiten * ISBN 978-3-89901-451-8
Hörbuch 3 CDs * ISBN 978-3-86266-038-4

"Dieses Buch ist eine Einladung, sich von dem echten Leben berühren zu lassen, das in uns allen fließt." Alan Lowen

Saleem Matthias Riek und Rainer Salm
Lustvoll Mann sein. Expeditionen ins Reich männlicher Sexualität * Broschur 312 Seiten und E-Book * ISBN 978-3-89901-920-9

"Ich empfehle allen Sexual- und Paartherapeuten aller Geschlechter die Lektüre dieses Buches."
Prof. Dr. Volkmar Sigusch

Saleem Matthias Riek
Herzensfeuer. Eine Liebeserklärung an die Paradoxien des Lebens
* Broschur 280 Seiten und E-Book * ISBN 978-3-88334-4544-0

"Herzensfeuer ist ein konfrontierender, aber immer freundlicher Augenöffner." Connection Spirit Magazin

Saleem Matthias Riek
Mysterien des Lebens. Wie uns Liebe, Eros und Bewusstsein verwandeln
* Broschur 200 Seiten und E-Book * ISBN 978-3741240065

„Der ekstatische, erotische Liebestanz kann beginnen!"
Sylvia Vette-Rüggen